中小学安全教育手册

综合实践活动课程与示例

ZHONGXIAOXUE ANQUAN JIAOYU SHOUCE
ZONGHE SHIJIAN HUODONG KECHENG YU SHILI

杨碧君 王玲玲 王 迪 ◎编著

北京师范大学出版集团
BEIJING NORMAL UNIVERSITY PUBLISHING GROUP
北京师范大学出版社

图书在版编目(CIP)数据

综合实践活动课程与示例/杨碧君,王玲玲,王迪编著.—北京:北京师范大学出版社,2022.3(2024.2重印)
(中小学安全教育手册)
ISBN 978-7-303-26536-7

Ⅰ.①综… Ⅱ.①杨…②王…③王… Ⅲ.①活动课程—中小学—教学参考资料 Ⅳ.①G632.3

中国版本图书馆CIP数据核字(2020)第232897号

图书意见反馈　gaozhifk@bnupg.com　010-58805079
营销中心电话　010-58802755　58800035
北师大出版社教师教育分社微信公众号　京师教师教育

ZHONGXIAOXUE ANQUAN JIAOYU SHOUCE——ZONGHE SHIJIAN HUODONG KECHENG YU SHILI
出版发行:北京师范大学出版社　www.bnupg.com
北京市西城区新街口外大街12-3号
邮政编码:100088
印　　刷:北京虎彩文化传播有限公司
经　　销:全国新华书店
开　　本:787 mm×1092 mm　1/16
印　　张:14.25
字　　数:290千字
版　　次:2022年3月第1版
印　　次:2024年2月第2次印刷
定　　价:55.00元

策划编辑:郭　翔　　责任编辑:马力敏　李　迅
美术编辑:焦　丽　　装帧设计:焦　丽
责任校对:康　悦　　责任印制:马　洁

序

PREFACE

当前未成年人的安全问题值得我们担忧。我们常常看到报道，因为安全意识的缺乏，造成了一些未成年人的伤亡。如果早期进行安全教育，许多伤亡是可以避免的；因此，安全教育实是学校教育不可缺少的重要内容。

安全是学生生活、学习的基础。学校在运行过程中，要把安全放在第一位；同时，要对全体师生进行安全教育。安全教育可在尊重和保护生命的基础上，提高学生自我保护意识和防范与处理事故的能力。为了教育学生，首先，老师要掌握安全教育知识。其次，学校要设置安全教育课程和避难体验演练活动。同时，各科老师要随时注意对学生进行安全教育，要把安全教育融合到各科教学之中，使学生知道生活中会遇到哪些危险，从而增强防范的意识和避难的能力。

“中小学安全教育手册”丛书，不仅详细介绍了涵盖班会、团队会、校会、研究性学习活动、社会大课堂活动、学科实践活动等方面的安全教育综合实践活动课程与示例，还突破了安全教育的常规时空范围，从十五个学科视角探讨了学科教学中开展安全教育的框架、路径与示例，体现了《中小学公共安全教育指导纲要》所划分的六大模块，即社会安全，公共卫生，意外伤害，网络、信息安全，自然灾害以及影响学生安全的其他事故或事件。该丛书对安全教育进行了理论研究、政策分析、案例示范与解析，还介绍了域外先进经验，为一线教师开展安全教育提供了生动、细致、个性化的参考方案，能在安全教育中发挥重要作用。

2021 年 6 月 17 日

序言

PREFACE

近年来，全国社会治安稳定，群众满意度大幅提高。但有的地方还是发生了一些校园安全事故，对青少年的成长造成了不良影响。2007年教育部颁布了《中小学公共安全教育指导纲要》。纲要明确指出，公共安全教育的主要内容包括预防和应对社会安全，公共卫生，意外伤害，网络、信息安全，自然灾害以及影响学生安全的其他事故或事件六个模块。可见加强对以上六个方面安全教育问题的研究，对提高青少年、教师群体和家长群体的公共安全意识，减少青少年公共安全事故，具有关键性的指导意义和促进作用。这些年政府极为重视学校安全的建设，为校园平安投入了大量的人力、物力与财力，并取得了巨大的成效。

开展安全教育是政府和社会的责任，更是学校的责任。虽然各个学校都有预案，但是个别预案中有一部分内容是为了应付检查，实用内容所占比例还有待提高。另外，少数学校安全教育教材不足，教学素材较少。有些地区的中小学安全教育教学还需进一步规范。

针对当前学校安全教育的难点和困境，北京市朝阳区教育科学研究院系统地研发了安全教育的课程内容，形成了《中小学安全教育手册：学科教学融合框架、路径与示例》《中小学安全教育手册：综合实践活动课程与示例》两本书，将中小学安全教育上升为生命范畴的教育。青少年安全教育是对学生生命的保护与尊重，是落实立德树人根本任务的基础。《中小学安全教育手册：学科教学融合框架、路径与示例》这本书通过全面梳理各学科国家教材中蕴含的安全教育资源，挖掘与安全教育六大模块中各维度内容的结合点，探究安全教育与学科教学融合的各学科课程开发和课程实施策略，研发出了操作性强、效果好、易推广的安全教育与各学科教学融合的基本理论、模式、策略、方法、范例等。这套丛书可以很好地破解中小学安全教育面临的缺少专业教师、课时不足、实效性低等问题，使安全教育常态化，从而提高学生的安全素养，保障学生的生命质量。这种融合方式开拓了一种安全教育实施的新样态，是安全教育有效落实的一条必由之路；加强了学科教学与真实世界的关联度，拓展了学科教学的深度和广度，找到了教育新的生长点，实现了教与学方式的变革。在学科教学中培养学生的安全素养存在的问题之一是，学科知识的领域性会限制安全教育情境的综合性。真实的安全教育情境往往更加综合，需要多学科知识的综合运用。因此，北京市朝阳区教育科学研究院配套研发了《中小学安全教育手册：综合实践活动课程与示例》，将不太容易自然融入学科教学的安全教育内容开发成了综合实践课程，形成了“学科—综合”的深度学习模式。《中小学安全教育手册：综合实践活动课程与示例》一书中提供了日本、美国和一些欧洲国家安全教育的优秀案例。活动实例灵活多样，包括实战化演练、实地考察体验、案例研讨分析、角色扮演、情景剧等，为国内开展综合类安全教育实践提供了新的视角和启发。

学校要把中小学公共安全教育贯穿于学校教育的各个环节，在学科教学中渗透公共安全教育内容，挖掘隐性的公共安全教育素材，与显性的公共安全教育内容一起，帮助中小学生牢固树立“珍爱生命，安全第一，遵纪守法，和谐共处”的意识，使其具备自救自护的素养和能力。《中小学安全教育手册：学科教学融合框架、路径与示例》《中小学安全教育手册：综合实践活动课程与示例》体现了在安全教育方面的理论与实践创新，两本书相得益彰。这套丛书中大量的实践框架、路径和鲜活的案例为全国各地开展安全教育提供了很好的实践样例，相信广大的中小学教师通过阅读这套丛书能够比较好地理解安全教育的真谛，也会理解如何站在生命的高度落实学科立德树人任务。

王大伟

2021 年 6 月 23 日

目录
CONTENTS

第一章 重要话题

安全是社会发展的前提，是人类生存发展、学习进步的基础。青少年是国家发展和社会进步的希望。对中小学来讲，安全重于泰山，防范高于一切。我国政府和社会历来重视广大中小学生的生命安全和健康成长。自 1996 年开始，国家就把每年 3 月最后一周的星期一定为全国中小学生的安全教育日，并出台了《中华人民共和国未成年人保护法》《中小学幼儿园安全管理办法》《教育系统突发公共事件应急预案》《中小学公共安全教育指导纲要》《中小学安全工作指南》等专门的安全教育法规。近年来，全国各地校园安全事故偶有发生，性质日趋严重，中小学安全问题多现新闻报端，对我国青少年的健康成长和国家教育事业的发展造成了一定的影响，同时也暴露了目前我国中小学公共安全教育方面的漏洞与薄弱问题。安全教育是学生教育的一个重要内容，提高学生的安全意识，培养他们的安全防范技能，避免安全事故发生，对维护学校正常教学秩序、构建和谐稳定的校园和保障学生生命财产安全及幸福健康成长都是非常有必要的。但涉及安全教育的内容还没有纳入课程教学范畴，大多数以文件形式要求学校落实。学校的安全教育呈现滞后性、随意性、僭越性和微利性等特点，缺乏科学化、系统化和规范化。我们非常有必要对安全教育准确定位，对安全教育的内容、范围、途径和手段进行探讨，以期安全教育常态化、课程化和科学化，让学生远离危险，健康安全成长。

第一节 安全教育的社会时代背景

当今中国，社会公共安全呈现出的总体态势是稳定的，但也面临诸多风险和问题：一方面，要应对全球化带来的各种冲击以及融入世界时所面对的各种风险；另一方面，要应对国内社会转型带来的不稳定性与脆弱性。而信息化的互动性、流动性，更加剧了社会问题政治化、现实问题网络化、国际问题国内化、国内问题国际化的趋势。社会公共安全态势面临严峻的挑战。① 2018 年的

---

① 马振超、张晓菲：《中国社会公共安全面临的突出问题及态势分析——非传统安全视角》，载《中国人民公安大学学报(社会科学版)》，2014(3)。

全国教育大会上，国务院副总理孙春兰提出，我国有51万多所学校、2.7亿名在校学生、1600多万名教师，教育体量世界最大，但区域、城乡之间和校际的发展还不平衡，群众的教育需求差异很大。如此体量庞大的教育系统，加之目前更加复杂的社会环境，对安全教育工作提出了更高的要求和需求。

20世纪50年代后，信息技术的飞速发展催生了互联网，加快了国际信息、知识、技术等资源的传播，打破了人与人之间时空距离的限制。人类进入了“信息时代”，世界变成了一个“地球村落”，各类新事物、新现象层出不穷，国际环境和社会环境与以往相比都发生了翻天覆地的变化。这也对安全教育提出了许多新的内容要求。例如，2007年教育部颁布了《中小学公共安全教育指导纲要》，在其中明确提出，网络、信息安全教育是安全教育的重要内容。[①] 另外，也增加了安全问题的曝光度和学校管理问题的复杂性，特别是当社会矛盾不能得到妥善解决时，或者学校内部问题没有得到妥善解决时，就会带来极其复杂的社会影响。

第二节　安全教育的基本概念

尽管安全教育还没有统一界定，但安全教育应定位于保障学校及其学生和教职工的人身财产安全，维护中小学正常的教育教学秩序。只有在这个目的下的安全教育才是真的安全教育。欧文姬将学校安全教育概括为：学校管理者和教育者根据不同阶段学生的实际情况(如年龄特征、心理特征、文化程度、社会经验、学业安排、日常生活、生活环境等各方面)，对其在安全意识、习惯、知识、技能等方面分阶段进行的培养和训练。[②] 蔡之青等人从安全教育目标的视角出发认为学校安全教育包括三个维度的目标：第一个维度的目标是领会安全知识与技能，使学生在安全问题上建立起“是”与“非”、“可”与“否”的概念，从旁观者的角度去认识安全知识与技能；第二个维度的目标是掌握知识构建及实际操作的过程与方法，也就是在操作层面上培养学生运用知识的能力；第三个维度的目标是培养正确的安全思想观念，理性支配自身行为，这是学校安全教育的核心内容和最终目的。[③] 刘畅认为，中小学安全教育旨在加强中小学生对周围环境中潜在危险的认识，增强防范与处理事故能力以及自我保护意识和能

① 教育部：《中小学公共安全教育指导纲要》，http：//www.moe.gov.cn/jyb_xxgk/moe_1777/moe_1778/tnull_27696.html，2020-07-15。

② 欧文姬：《应试教育归因下学校安全教育的异化》，载《小学德育》，2010(6)。

③ 蔡之青、陶渊博、徐培全：《安全教育三维设计的基本构架》，载《科学咨询(科技·管理)》，2010(3)。

力，提高其预见性和保护技能，减少意外伤害发生，提高生命质量。[①] 但可以看出，中小学教育者和学校管理者针对不同阶段学生的身心发展规律及认知特点，增进他们对潜在危险的认识，养成他们应对潜在危险的技能、习惯和意识，提高他们的自我保护意识和防范能力，以提升学生的生命价值和生命质量等是中小学学校安全教育的基本要义之所在。[②]

第三节 安全教育的政策支持

保护中小学生人身安全，加强中小学公共安全教育，是全社会应该参与、必须重视的大事。学校安全直接涉及整个社会的稳定，直接关系学生家庭的幸福。学校安全事故的发生不仅会使学生的身体受到伤害，而且会危及他们的心理健康，甚至会产生持久的消极影响。因此，如何防止学生安全事故的发生，如何构建安全、和谐的校园环境是每个教育者迫切需要考虑的问题。我国在中小学安全教育方面已经有了比较完备的法律法规，从国家宪法到地方法规再到学校的条例通知，有很完善的体系，如下表所示。

中小学安全教育的部分相关政策法规

颁布时间	名称
1986年4月12日	《中华人民共和国义务教育法》
1991年9月4日	《中华人民共和国未成年人保护法》
1999年6月28日	《中华人民共和国预防未成年人犯罪法》
2002年3月26日	《学生伤害事故处理办法》
2006年9月1日	《中小学幼儿园安全管理办法》
2007年2月7日	《中小学公共安全教育指导纲要》
2012年3月28日	《校车安全管理条例》
2015年8月18日	《关于加强中小学幼儿园消防安全管理工作的意见》
2016年6月16日	《关于进一步强化学校校园及周边食品安全工作的意见》
2016年11月1日	《关于防治中小学生欺凌和暴力的指导意见》
2016年11月30日	《中小学(幼儿园)安全工作专项督导暂行办法》

① 刘畅：《中小学安全教育目标的构建与实现条件》，硕士学位论文，四川师范大学，2008。

② 王等等、薛瑞英：《十年来国内中小学学校安全教育研究述评》，载《现代教育科学》，2017(1)。

力、教唆犯罪等禁止内容的网络游戏，及时预警、封堵查处。2017 年全国各级文化行政部门和文化市场综合执法机构办理网络领域案件 719 件，共有 35 款游戏被列入文化市场黑名单。下一步将继续试点并探索分类管理网络游戏，在“网络游戏适龄提示工程”试点工作的基础上，根据游戏的复杂激烈程度、价值导向性等特点，指导运营企业对游戏所适宜的用户年龄进行提醒，引导未成年人及其监护人选择合适的游戏产品。中央宣传部进一步加强对网络文化的监督管理，督促网络文化产品创作者和传播者增强责任意识、职业道德意识和法律意识，多创作生产健康有益、积极向上的文化产品，传播正能量，保证青少年接收信息的纯洁性与健康性。

(三)关于学校体育运动风险问题

教育部提出要全面提升保障体系建设，为青少年成长保驾护航，重视青少年学生的安全和健康。2015 年，教育部印发了《学校体育运动风险防控暂行办法》，明确了学校体育运动各个环节的风险管理责任，为建立健全学校体育运动风险防控制度、规范学校体育运动各环节风险防控提供了基本遵循。2017 年，国务院办公厅印发了《关于加强中小学幼儿园安全风险防控体系建设的意见》，其中特别强调要“建立多元化的事故风险分担机制”，提出有条件的地方可积极探索体育运动伤害等领域的责任保险，各地可根据实际情况进行具体落实。① 对于学校来讲，除了加强学校体育设施建设，把学校体育经费纳入教育公用经费并逐步加大投入以外，学校还应该积极响应和大力宣传、开展阳光体育运动，通过体育课程的形式，鼓励学生走向操场、走进大自然、走到阳光下，形成青少年体育锻炼的热潮。学校也可以在体育课程中通过邀请奥运冠军和体育明星进课堂的形式，指导青少年体育运动，对学生进行体育运动安全知识和风险防控的教育。

教书育人，是学校工作的核心；确保学生安全，是学校办学的底线。这些具有创新性、系统性和可操作性的解决措施、保障机制，将对构建学校安全风险预防、管控和处置体系，切实维护师生和校园安全，起到重要促进作用。

第四节　安全教育的国际经验

安全教育不仅是中国政府与社会高度关注的问题，同时也是世界各国政府

① 《关于政协十二届全国委员会第五次会议第 3644 号(教育类 365 号)提案答复的函》，http：//www.moe.gov.cn/jyb_xxgk/xxgk_jyta/jyta_twys/201803/t20180309_329414.html，2020-07-15。

与社会重视的热点问题。尽管不同国家在开展安全教育的过程中有不同的政策支持和实践模式，但普遍将安全教育视为学校教育的重要有机组成部分。

一、美国安全教育的政策与实践

美国的安全教育可以追溯到1968年美国学者杰·唐纳·华特士创建的"阿南达学校"推行的生命教育理论，而安全教育属于生命教育的一部分，两者互相支撑。迄今为止，美国安全教育已有50多年的历史，无论在内容设置、实施途径、管理策略，都形成了较为系统的经验。

(一)美国安全教育的政策支持

早在1965年美国《高等教育法案》第四章第485节就规定了校园犯罪与安全的法定条例，此条例被称为《高校校园犯罪统计报告法》，简称《克莱瑞法案》。该条例要求各学校每年向教育部提供一份安全报告，内容包括该校校园安全政策信息以及校园犯罪数据。各学校必须遵守该条例以获得联邦政府的资助项目，合格的学校必须签订《项目参与协议》。该协议还列出了学校需要遵循的其他条件，如必须证明其已经设立校园安全警察，并遵循了法案中对信息公布的要求。如果法案认定该学校未能遵循法案的相关要求，学校将失去获得项目支持的资格，还有可能受到民事处罚。违反相关规定或者误报相关数据的高校，将会被处以最高不超过25000美元的处罚。为协助高校达到相关要求，教育部还制定了《校园犯罪报告指导手册》，内容包含相关程序及案例等。①

1990年，美国颁布的《校园安全法》正式确认了校园警察制度，从而以联邦法的形式确立了校园警察体制的法律地位，使校园安全保卫工作的开展有了充足的法律依据。1994年美国发布的《2000目标：教育美国法》，提出八个具体的教育目标，其中第七个目标："到公元2000年使美国每所学校都成为无毒品、无暴力、未经授权不携带武器和酒精制品的场所，并成为纪律好、充满好学上进风气的场所。"为实现这个目标，美国政府颁布了相应的保障性法律《学校安全法》(又称《珍妮·克雷莉法》(Safe Schools Act of 1994))和《学校禁枪法案》(Gun-Free Schools Act of 1994)，开创了联邦政府拨专款用于地方学区学校安全建设和保障的先河。作为《学校安全法》修正法案的《校园、社会禁毒及安全法》也随之出台，为防止校园暴力提供法律支持。1996年，美国又更新了其《国家健康教育学习标准》(National Health Education Learning Standards)，其中涉及安全教育课程标准。它提供了一个比传统安全教育主题更具体的框架，规定了学生需学习的必要知识和技能，并且更侧重于学习安全行为和安全决策技能，同时也为学校全面的安全教育评估提供了基本标准。

---

① William T. Glockman, *School Crime, Safety and Threats*, New York, Nova Science Publishers, Inc, 2009, pp. 11-14.

2001 年，布什政府签署《不让一个孩子掉队法案》(NCBL)，要求每个学区必须对校园暴力事件进行统计，并定期公开信息，每个州必须对“长期处于危险境地的学校”做出说明和认定，保证学生和家长的知情权。2010 年奥巴马政府颁布的《教育改革蓝图》，作为支持这一法案的研究总结。同年 5 月美国教育部又颁发了 6 份文件，其中一份专门谈到了学校安全，学校安全成为优先改革和保障的重点领域之一。奥巴马政府承诺，将优先建立新的保证学生安全的教育模式，支持家庭、社区全面参与学校安全建设。奥巴马政府延续了《不让一个孩子掉队法案》中的学校安全年度公告制度，要求各学区对校园暴力事件进行详细统计，并将结果公之于众。该法案规定，每个州必须对“长期处于危险境地的学校”做出说明和认定，充分保证学生的知情权。奥巴马政府的教育改革和发展蓝图鼓励家庭和社区全面参与学校安全建设，并设立专款，帮助学校进行紧急疏散、预防暴力或恐怖袭击等演练，训练学生的预测、判断危险和求生能力以及应对歹徒入侵校园等紧急情况的反应能力。2018 年，特朗普在枪击案后召开控枪会议、与立法者会晤，国会通过《停止校园暴力法案》(Stop School Violence Act)。这项法案授权将在 10 年内为学校提供 5 亿美元的联邦拨款以改进校园安全，但并未涉及与枪支有关的内容。

州一级的学校安全立法将美国学校安全上升为教育决策。联邦政府通过制定各种法案来督促地方政府采取有效的措施来保障校园安全。《校园禁枪法》就曾规定所有接受联邦教育基金的州必须通过并执行《改善校园环境法》，否则将被取消领取联邦教育基金的资格。① 以加利福尼亚州为例，1997 年州政府通过了学校安全领域的标志性立法《学校安全综合规划法案》，该法案要求每所学校都要拟定校园安全综合计划，制定与社区紧密合作的综合安全措施与项目，形成年度评估与更新制度。② 2000 年，纽约州颁布《拯救计划》法案，专门治理校园安全，将攻击教师、学校职员与学生的罪名从原来的行为不检上升为 D 级重罪，加强保障师生安全。并对幼儿园到十二年级学生提供礼仪人格教育及预防暴力课程，要求所有学区制定一套完整的校园安全法规，提供职员防范暴力训练，学校要公开所有校园暴力事件的信息，建立起新的防范暴力计划。美国学校安全与否及是否在校园安全上做出改善，成为政府评价学校及是否给予资金支持的重要评判标准，成为政府管理教育事业的、行之有效的重要手段。

美国是一个多民族的移民国家，枪支弹药管理比较松散，各种校园暴力等危害师生安全的事件时有发生，所以按照联邦和地方立法的要求，所有学校都必须建立系统、严格的安全保卫措施和危机管理机制。一些有条件的学校已安装金属探测仪、监控摄像、护栏等设施。例如，设立门禁或来客登记制度，

---

① 尹晓敏：《美国如何加强校园安全管理》，载《中小学管理》，2007(4)。

② 王小飞：《美国：逐级立法完善校园安全》，载《中国教育报》，2010-06-01。

96%的公立学校要求来客登记；80%的公立学校实行封闭的教学环境管理，不允许学生在午餐时间外出；53%的公立学校对校内建筑物实行严格的限制。[①]美国中小学一般都聘有校园警察(或称校园辅导员，并成立校园辅导员协会专事指导和监督校园辅导员的工作)，制止校园内的各种非法行为，保护师生安全和维持正常的教学秩序。关于校园安全管理，美国也有较为成熟的经验。

第一，教育行政部门，特别是州政府和地方学区为保障学校安全提供必要的人、财、物的支持，各种专项资金源源不断地充实学校的保卫工作。第二，地方政府特别是警力对校园安全的支持。一方面，地方警察局帮助学校制订适合学校特点的校园安全计划，组织对教职员工和学生的校园安全培训和教育；另一方面，警察进驻校园。近年来，美国几乎所有的中小学都聘请了经过宣誓、得到执法机关认证、被授予警察资格的专业人员组成的校园警察，其职责是执法和服务，可携带枪支、拘捕犯人、按地区法及州法律和联邦法律办事。第三，家长、社区和教师组成的安保系统渗透到学校安全的每一个角落。第四，先进而全面的校园安全措施和设备。

聘请专业的安全评估机构对校园进行评估是美国中小学确保校园安全的又一措施。学校安全服务署对学校进行细致的考察和评估，根据学校实际情况制订可行的安全计划，使学校充分利用现有的资源，改善校园安全状况。此外，美国还建立了全面的安全预警机制，以预防犯罪发生，根据《校园安全法》，美国校园安全管理部门建立了完善的犯罪警报体系，定期排查和发布安全信息成为保护校园安全的又一屏障。公开发布的安全信息要求：第一，只要学校开放，必须每天发布安全信息；第二，年度安全报告；第三，犯罪信息统计，一旦校内外或当地有案件发生，犯罪警报将被及时发布，特别是有关犯罪嫌疑人的资料，包括案件发生的时间、地点，嫌疑人的性别、肤色、年龄、身高、衣着、体貌特征、携带物品，案件的主要过程和后果，防止此类犯罪发生的建议，公布联系方式并希望得到相关线索等；第四，即时警报，当有恶性事件发生时，必须第一时间将案情公之于众，以引起师生和家长的重视，做到防患于未然；第五，制定紧急事件预案，要求包括疏散程序和步骤。

(二)美国中小学安全教育的实践经验

在中小学安全教育方面，马里兰州的巴尔的摩市(Baltimore)中小学开展的安全教育是比较成功的。巴尔的摩市学区和民众认为，在永久性地解决人们的安全问题方面，与其他机构相比，学校有着无法比拟的优势。[②] 因此，巴尔的摩市中小学依据四个方面的指导性原则，积极开展了安全教育。这四个原则是：

---

① 凤凰网新闻，美国纽约州推行校园安全法案，2004-04-05。

② Julien H. Harvey，"Contemporary problems in accident prevention and safety education，" Journal of Educational Sociology，2004，88(2)，pp. 78-84.

满足社会目的；确定相关价值；活动呈现的适时；以学生为中心。[①] 由于将安全问题引入到课程中，巴尔的摩市中小学生的受伤害和死亡人数急剧下降，这证明对学生进行安全教育取得了成效。巴尔的摩市开展中小学安全教育时主要有以下举措：在所有科目中渗透安全教育；举办安全讲座；让学生参与安全活动；成立儿童安全委员会和安全巡逻队；开展安全竞赛、模拟和演习；争取家长与社区的支持等。

除巴尔的摩市之外，还可以南卡罗来纳州为例进行分析，把握美国中小学安全教育的整体概貌。南卡罗来纳州在贯彻实施《国家健康教育学习标准》时将课程标准细分为更具体、更精确的绩效指标，分三个年级段来说明学生应该掌握的知识和技能。这些标准是组织开展安全教育和评价学生成就的依据。[②] 不同学段安全教育的内容要求、教学目标不同，所强调的重点也不同，即小学以游戏和模拟为主、初中以活动和体验为主、高中以体验和辨析为主。小学阶段的安全教育主要集中在日常生活中的危险预防上，都是初级的安全知识。中学关注的是更高一层的安全知识教育。

为了增加学生对安全知识的学习热情，培养安全意识，掌握安全事故防范与处理的方法与技能，养成安全习惯，美国中小学明确规定对安全教育内容的选择要坚持以下原则：课程内容必须有足够的灵活性以定期纳入新的、真实可信的内容，使学生掌握最新的安全知识，如防暴力、网络安全教育等。除此之外，南卡罗来纳州还提出了更为具体的要求：第一，安全教育内容必须适合不同年龄、不同学习方式以及进一步学习的学生的实际需要，分阶段、循序渐进地设置具体的教育内容；第二，由于课堂时间有限，安全教育的内容可以跨学科教授，有清晰的相互联系点；第三，由于安全教育的有效性受到家庭生活的高度影响，内容应该包括适合课堂以外父母参与的活动。其互动活动可能包括父母与子女的家庭作业和项目，还可能涉及父母使用社区资源和参与特别活动，如安全博览会、父母子女座谈会等。

另外，美国中小学安全教育的课程内容还要符合以下标准：一是均衡介绍相关内容，内容要充足、有深度；二是内容组织要反映目前的安全教育理论和原则，有助于促进安全知识和技能的掌握，并需要有高层次的思维过程的参与；三是内容安排要考虑到不同学习水平的学生，具有可读性；四是内容有助于以技能为基础的多种教学方法的运用；五是课程要有高品质的补充材料；六是在审美支持方面，内容编排要有视觉吸引力，书本纸张、印刷等质量要过关，语

---

① John A. Nietz, “Guiding principles in the construction of a safety—education curriculum,” Journal of Educational Sociology, 2005, 89(3), pp. 165-170.

② South Carolina State Board of Education, “South Carolina Health and Safety Education Curriculum Standards,” http: // north. uscb. edu/library/Warren/WarrenSCHealthandsafetyeducationcurriculumstandards. pdf, 2010-04-04.

言要符合当前的使用习惯等。

此外，值得一提的是，美国消防协会开发研制的“关注危险”安全教育课程在全美得到成功推广，是中小学生接受安全教育的主要途径之一。由美国家庭安全委员会提供资金支持，美国消防协会开发研制的“关注危险”安全教育课程是专为中小学生设计的综合性伤害预防课程，该课程的最大特点是将伤害预防知识和技能融入中小学的课程之中，并提供完整的课程指导资料，使课程容易实施且便于推广。

1998年，美国消防协会在众多专业技术组织和各领域权威专家的帮助和支持下，推出“关注危险”安全教育课程。“关注危险”安全教育课程是第一个专门为课堂授课设计的综合性防灾课程，以教育学、哲学、心理学、医学、地理学等学科为基础，课程的内容、实施手段和方式等都经过专家的认定，更具科学性。而且，这套课程按照同一个模式和程序来实施，非常有利于推广。更为重要的是，课程得到了美国启蒙计划(美国最大的联邦幼儿教育计划，是对抗贫穷计划的一部分，已有2000万个孩子完成了计划启蒙课程)的资助，从2000年开始在全美纵向推广，并成立了“关注危险优胜者管理团队”以支持课程在各地市的实践，短短十年时间已经取得了巨大的成效。

“关注危险”安全教育课程将威胁少年儿童的主要事故，如交通意外、火灾、食品安全等作为主要内容，并根据受教育者的身心发展特点将课程分为五个教学阶段，以学校的核心学科为依托，循序渐进地开展安全教育。此外，便捷的课程资源共享机制、有效的师资培训、其他社会组织机构的协作等也是“关注危险”安全教育课程获得成功的原因。例如，“关注危险”安全教育课程将学校、社区、家长和安全专家联系起来组成技术同盟，教会青少年分析各种突发情况、权衡行为后果，学习怎样做出安全的决定和判断环境，增加安全知识和提高安全技能，并不断向青少年灌输自尊自爱和正面的价值观。目前该课程已在美国50个州和加拿大部分地方得到推广，是影响力最大的安全教育课程之一，得到了学校、青少年、家长的广泛认可。

二、加拿大安全教育的政策与实践

加拿大的校园安全问题日渐暴露，人们逐渐意识到校园安全对于学生的学业进步和全面发展有重要影响，对于校园安全问题的关注也日益增多。

(一)加拿大中小学安全教育的政策支持

学校是安全教育中相当重要的一个环节，但是加拿大的安全教育不仅仅针对在校学生，其适用对象包括休学、停学等的学生。另外，安全的学校不会凭空出现，它们是由致力于确保积极、相互尊重的关系和环境的人们创造和维持的。角色和责任包括各级教育部门、合作机构、学生及其家庭。因此，加拿大安全教育提出了以下三条指导原则：每个学生都有权利尽其所能地学习；每个学生都有权享有一个安全、关爱的学习环境，安全是学习的前提；安全学校是政府部门、行政人员、教师、受托人、支持人员、学生、家长、警察和社区伙伴之间的社区伙伴关系的责任。其目的是营造积极的学习环境和校园氛围，为学生的学业进步及全面发展扫清障碍。

为了使得安全教育得以实行，加拿大安全教育政策非常强调多方利益相关体共同参与，其中尤其强调学校、社区和教育部门的合作。具体措施包括：各部委、董事会、学校和社区机构应审查和协调对有精神卫生需要的学生的早期识别、治疗和支持，包括为那些在政府批准的护理或治疗、监护和社区机构中的学生提供教育项目；确保通过社区外展，使用开发和持续的沟通建立伙伴关系，积极吸引家长、社区领导、当地组织和个人；建立安全学校咨询委员会，反映教师、家长、学生和社区的意见；社区应确保为青年提供娱乐机会。为了使得各种措施政策能够落实到位，加拿大教育部门建立了严格的特色鲜明的问责制度，其关键原则之一是教育委员会采用基于证据的决策，结合省级措施和当地社区环境相关的措施。加拿大教育问责的实施机制包括以下内容。

第一，绩效政策的颁行：分为全国性政策和地方性政策。加拿大联邦政府在 1989 年设置了省教育厅长会议(CMEC)，开始提供两个绩效责任方案，实施教育计划。其中最主要的两个绩效政策是：学校绩效指标计划(SAIP)和泛加拿大教育指标计划(PCEIP)。SAIP 对学生学业进行测试，PCEIP 为利益相关者提供咨询，发展教育评估的指标体系，反映地方政府所关注的教育绩效。关于地方性政策，各省教育政策略有不同，但是共同取向是关注教育绩效责任，包括学生评量与考试计划、发展并完成指标体系、提供教育绩效的官方报告。

第二，问责机构的设立：主要有系统绩效局、成就局和评量局。系统绩效局的目的是追求整个省教育系统的绩效表现，主要由问责契约、学校计划委员会和学区审查三个部门组合而成。成就局负责省立课程。评量局主要负责大规模的升学考试与评量，包含基础技能评估与毕业科目考试、省立奖学金和奖项、学校成绩报告卡政策等。

第三，绩效指标的构建：加拿大各省都在研究适合自身需求的绩效指标，基本涵盖教育活动的“输入—过程—输出”三个过程。这些指标是反映学校基本教学质量的重要依据。

另外，评估作为问责的重要形式之一，在加拿大教育问责中分为学校自我评估与外部评估，新老教师评估与学生评估。这其中涉及学校管理层自我反思，外界的问题发现和教师、学生的意见反馈。

以上的问责制是针对加拿大教育的，关于安全教育的问责制也基本被涵盖在内。在安全教育问责制中，学校中保存的各种安全记录是其基础，它使学校和教育委员会能够评估为使学校尽可能安全、有爱心和有秩序而采取的反应和行动的影响。有效的问责机制能够使结构中的问题及时暴露并得到修复，使得整个结构的各部分能够高效运转，以达到维护学校安全、创设良好校园环境的目的。

加拿大安全教育政策要求，在解决校园安全问题时要直面问题，端正态度，做出承诺，付诸行动并建立健全问责制。安全教育政策对安全学校这一概念进行了解释：安全学校是指学校社区成员不担心受到伤害，包括来自学校内外的潜在威胁；同时也提出了安全学校的一些特征，即让学生和家长更容易、更安全地将安全问题告知校方等。

(二)加拿大中小学安全教育的实践经验

为了达到中小学安全教育这一目的，加拿大安全教育非常关注学校文化建设，因为安全教育与良好的学校氛围有着密切的联系。良好的校园文化建设要求安全教育不仅要确保学校物理空间和硬件设施的安全，更要在校园内营造良好的精神风貌，建设积极的人际关系，促进学生的身心健康和全面发展，保证学校文化环境即软件环境上的安全(重点关注校园暴力、欺凌与骚扰问题)。符合这种要求的学校可以被概括为安全、关爱、有序的学校。

因此，学校被要求努力发展积极和受欢迎的学校文化并致力于创造最佳的学习环境。学校需要创造和维持一个有教养的环境，采取一系列措施促进学生积极的行为发展，保护他们的身心健康。这其中的措施包括：注重对学生的心理健康教育；加强与学生的交流；平等对待学生；给学生反映问题提供可靠的途径；加强与家长的联系等。教育部门特别强调，在为学生解决问题时要注意保护人权，维护学生的隐私，避免潜在的危险；解决问题要迅速有效，避免失去学生的信任。

一般学校进行安全教育的具体做法大致分为三个阶段，这三个阶段可以被概括为：深入了解、记录保存和结果反馈。在第一个阶段，学校会渗入学生日常生活，比如教师加入学生课间活动等，这可以增加成年人的可见性和可用性，帮助学生更安全地报告安全问题，并让报告安全问题成为一种普遍做法。在第二个阶段，学校对在第一阶段了解到的学生安全事件进行记录，这其中包括学生的暴力事件和其他严重不当行为以及一些破坏行为。另外，还有学校的安全日志，详细记录有关安全问题的报告，其中涉及学校的硬件安全，有的学校也记录学生的不良行为。这两个信息系统共同帮助学校和教育委员会检测安全问题，并制订综合计划来解决这些问题。在第三个阶段，第二阶段记录的问题会被处理。例如，在必要的时候会通知有不良行为的学生的家长等，并在保密的基础上告知报告该问题的人问题已经解决等。除此之外，学校被要求不断更新自己的做法，不断反思检讨，尽可能使学校安全有序。

第五节　安全教育存在的问题与挑战

党中央和国务院高度重视学校安全教育工作，各级党委、政府、教育部门、有关部门和学校采取了一系列措施，各地各校也都把安全工作提高到学生生命安全高于一切的政策层面，采取了很多措施。例如，建立健全学校安全管理制度、致家长的一封信、开展主题班会、跟踪家访，社会各部门也通力合作加大宣传力度等。尽管如此，实践中仍存在着一些问题。例如，安全教育与预防应对机制不够全面、科学；管理体系不够健全、完善，没有形成合力；处置机制不系统、不全面，各方责任不明确。安全教育只是停留在文件中、会议内、口头上、检查资料记录里，还没有真正深入学生心灵深处，为学生提供能够满足他们需求的可操作性的安全教育模式。安全问题仍是基层教育部门、学校面临的难点问题，也是人民群众和媒体舆论最为关注的教育热点问题之一。① 教育家叶圣陶先生说过："教师所从事的不是工业流水线，而是培养一棵棵茁壮成长的幼苗。"的确，广大教育者所面临的是一个个鲜活的生命，教师只有尊重这些生命个体，保证其安全无忧，才能进一步谈教育，否则，教育便无从谈起。安全，是学校教育的保证。但在实际的开展过程中，安全教育还存在以下几个问题，也面临着不少挑战。

一、安全教育应有的教育立场

教育在于帮助和促进人的全面健康发展，安全教育作为教育的重要组成部分，对于人的安全意识、安全常识、安全事故预防和应对能力的形成具有重要的塑造性作用。但在学校中开展安全教育与社会其他部门开展安全教育有本质的不同，它不仅是要传授安全知识，培养安全意识，具备安全防御和应对能力，更为重要的一点是学校是一个育人的地方，是一个传递爱、温暖、关怀和建构积极社会关系的地方。因此，学校开展的安全教育必须以学生为本，在尊重和保护中小学生生命的基础上，提高中小学生自我保护能力和防范与处理安全事故的能力，使中小学生更加珍惜生活、珍爱生命，与他人友好相处，为社会贡献积极力量。

目前开展的安全教育往往忽视了这一点，有的学校甚至认为要"绝对"安全，就要限制学生的活动。许多学校为了不发生安全事故，该组织的活动不组织了，

---

① 教育部政策法规司：《〈关于加强中小学幼儿园安全风险防控体系建设的意见〉有关情况》，http://www.moe.gov.cn/jyb_xwfb/xw_fbh/moe_2069/xwfbh_2017n/xwfb_17050401/170504_sfcl01/201705/t20170504_303758.html，2020-07-15。

该实践的活动也不实践了，一放学就立马“关门大吉”，节假日也宁愿让学校的各种设施“睡大觉”，为了安全起见不对学生开放，为的就是安全。正所谓“安全第一牢记心，素质教育抛脑后”，显然安全因素已经成为学校实施素质教育的一大障碍。① 这种做法严重束缚了师生的手脚，扼杀了孩子们好动、爱幻想的美好天性，把一个充满生机的校园搞得死气沉沉，都不像一所学校。一方面，我们提倡学校要进行素质教育，培养学生的实践能力，多让学生接触自然、感知社会，学会生存、学会做人；另一方面，却又受“安全”制约，取消活动、限制活动。这样的“安全”只能造成无实践能力的“书呆子”，素质教育又从何谈起。② 过分的自我保护和“避难”意识并没有形成和谐安全的社会氛围，反而导致人与人之间愈发冷漠，缺少生而为人该有的人性、善良等品德。这对正在形成世界观和价值观、处在身心发展关键时期的中小学生会产生不良的影响。

因此，对于处在生长发展关键时期的学生而言，安全教育还应当承担对其珍爱生命、善待他人、热爱生活等必要品质的培养，提高其对安全事故的预防、预警意识，将安全事故发生的源头扼杀于摇篮。所以，我们呼吁安全教育重在育人，应该赋予学生一颗善良、温暖的心灵，培养学生基本的道德品质，不能忘记教育的初心，这才是在学校开展安全教育的出发点。

二、忽视日常生活中的安全事项

目前中小学开展的安全教育大多重视防灾、消防等重大安全事故的应对能力，同时也较为重视校园暴力、防拐骗等偶发恶性事件的预防应对策略，而对于中小学生日常生活中存在的安全隐患涉及较少。例如，家庭生活中的用电安全、运动项目中的身体保护等。荷兰的研究成果表明，荷兰中小学中安全事故多发的第一项就是运动安全。而我们往往为了预防运动伤害，甚至取消了一些儿童动作技能发展过程中必要的运动项目，这显然不利于儿童的发展。即便开展了一些日常生活中的安全事项教育，我们也往往重视知识的传输，而忽视能力的培养。近年来，随着部分地区教育资源的丰富和环境的改善，不少学校开展了实地体验的活动，如在模拟的街角开展交通安全教育，在地震房体验地震的感受，这对于学生将知识转化为能力非常有帮助。例如，荷兰的部分学校在开展交通安全教育时，会让每个学生都画出自己从家到学校的路线，根据每个学生的实际情况，讲解并体验不同的安全隐患。有的学校也会通过桌游等丰富多彩的教育形式，帮助学生还原安全事故可能发生的现场，让学生有机会综合运用自己所学到的安全知识，并将其付诸行动。这就很好地解决了安全教育中知识与能力分割的问题，同时也意味着未来我们的安全教育不仅要在内容上丰富，重视日常生活中的安全

---

① 徐远跃：《莫让安全捆住手脚》，载《教学与管理》，2004(29)。

② 张春梅：《谨防安全教育步入误区》，载《中小学管理》，2001(3)。

教育问题，更要为孩子们提供深入、细致、个性化的教育解决方案。

三、安全教育流于形式化

在高度应试的压力下，学校安全教育往往不被重视，被边缘化了。陈爱忠在《走出中小学安全教育困境的思考》中指出：在应试教育的影响下，许多学校仍然把升学作为主要目的，安全教育并没有受到应有的重视，表现在安全教育让位于文化课、流于形式以及重视管理轻视教育这三个方面。为了完成对学生的安全教育任务，教师往往在缺乏科学的安全教育教材的情况下，给学生讲一些抽象的安全知识，安全教育流于走过场，只是一种形式而已。王玉政的研究结果表明，中小学开展安全教育的主要途径为主题班会，此外还有专题教育、学科渗透和以活动、实践为形式的安全教育实践课。中小学进行安全教育的时间主要集中在班会课、每周一的升旗仪式还有校长和政教主任、德育主任进行的讲话上。① 易丹的研究表明，目前国内中小学校安全教育的方式主要包括专门式和渗透式两种。就专门式而言，一般表现在“安全与健康”“品德与社会”“品德与生活”这三门课程中，时间大部分在15分钟以内。就渗透式而言，学校一般会在安全事故多发期间、过节放假前或开学后以及在升旗仪式上进行口头的安全教育。此外，还会在各科教学中渗透，渗透安全教育最成功的科目是体育课和语文课。同时也会利用营造安全氛围、通过小黑板及信息栏等介绍安全知识的方法渗透，但是大多数学校对这几种方法利用得不好，对学生也没有产生影响。②

此外，安全教育是一个长期而且连续不断的过程。教育者要进行言传身教，才能使学生掌握必要的安全知识、技能以及防范措施，但是目前学校的安全教育大多仍然缺乏系统性、规范性，也没有相应的评价体系。鉴于此，一些中小学制定了大量的安全规章制度，但这些规章制度大多流于形式，没能真正落到实处，用于指导实践。③

四、缺乏专业教材设施和专业教师

教材是学校开展安全教育的重要资源，但是由于目前我国的安全教育发展比较落后，也没有形成教育的理论基础和系统的课程材料，这就导致安全教育的落实工作受到阻碍，教师在进行安全教育课程和活动时无所依照、无所限制，往往容易导致安全教育工作实施偏离重点、效率低下。此外，学校的安全设施

---

① 王玉政：《中小学安全教育现状与问题研究——以J区中小学为例》，硕士学位论文，南京师范大学，2011。

② 易丹：《重庆市义务教育阶段校园安全教育研究》，硕士学位论文，西南大学，2009。

③ 李开勇、冯维：《论我国中小学安全教育存在的问题及其解决对策》，载《现代教育科学》，2009(10)。

设备也是重要的影响因素。基础设施如教室、操场等有些还存在问题，尤其是农村地区的学校设施落后，教室质量不佳、数量不足，导致每个班级学生人数过多过挤，这些都极易引发安全问题。对于专门用于进行安全教育的设施设备问题更多，很多学校缺乏专业的设施设备，或者设施设备比较老旧等，这些都是中小学安全教育发展的绊脚石。

学校教师是经过一定的专业知识的学习和专业技能的训练而成的专门人员，掌握教育教学的技巧。在学校教育中，教师扮演着重要的角色。而在学校的安全教育中，教师起着主导的作用。要扎实有效地开展安全教育，教师具备安全教育素质是关键。但由于过去我国师范教育在培养教师安全素质方面缺乏相应的课程，造成了我国中小学教师安全教育素质的结构性缺失。① 校园安全教育的师资队伍建设成为制约我国校园安全教育发展的瓶颈之一，而中小学安全教育的师资队伍建设中最明显的问题就是校园安全教育教师流动性大。从调查统计结果来看，学校实施安全教育的师资构成是班主任、其他科任教师，小学主要集中在思想品德课教师，中学集中在思想政治教师和体育课教师。另外就是交通、消防等部门工作人员，包括班主任都是兼职的，没有专门的校园安全教育教师。②

五、缺乏学科融合的思考与探索

安全教育从本质上看属于生命教育的范畴，对生命的保护与尊重是一种价值体观，更是教学追求价值体系的必备要素。许多学科知识中隐含了丰富的安全教育资源，学科教学对安全教育的适宜融入体现了“教育性教学”的理论意蕴。但是，由于当前安全教育的形势紧迫，许多省市的教育行政部门均要求学校把安全教育的内容纳入学校课程体系中，学校要开设此类课程并开足一定的课时。然而，对于学校来说，在执行的过程中却遇到了现实的困难。首先，学校的课时总数有限，学校在完成国家课程任务之余，剩下的学校课程极其有限，这些就成了诸多部门争抢的对象。因此，学校课时的现实限制常常使学校难以完成安全教育的任务。其次，安全教育尚未形成独立的课程形态。虽然《中小学公共安全教育指导纲要》要求把安全教育纳入教学内容，但是没有独立形态的课程，最终因为缺乏课程标准而难以真正贯彻落实。③

安全教育与学科有机结合无疑对教师能力和课程设计过程提出了严峻的挑战。目前我国的安全教育发展尚待成熟，缺乏学科融合的科学思考与实践探索。有学者也提出，因为种种现实条件约束，安全教育与学科融合存在一定的限度。

---

① 杜德栎：《安全教育素质是教师必备的素质》，载《教学与管理》，2011(18)。

② 王玉政：《中小学安全教育现状与问题研究——以J区中小学为例》，硕士学位论文，南京师范大学，2011。

③ 黄洪霖：《安全教育与学科教学融合的适度及限度》，载《教学与管理》，2017(3)。

两个内容需要融合，首先，需要找到二者之间的共同要素。在此基础上，教师进一步研究和分析教学设计，使学科教学内容与安全教育目标有机融合而不出现裂痕。在教学设计中，注意情境的创设，避免为了完成上级的安全教育检查而生搬硬套、牵强附会，让人感到一种刻意的雕琢。其次，学校组织教师与相关方面的安全教育专家对安全教育与学科资源的融合进行研讨，使教师能够捕捉有效的教学切入点，并在持续性的研讨中培养教师自主的课程资源整合意识与整合能力。这些融合目标的实现需要教师有较好的综合素养作为行动支撑，而这种素养的训练和形成并非短期内能够实现。因此，教师的个体操作能力也制约着安全教育与学科教学融合的实现。最后，安全教育与学科教学的融合是长期性的，安全教育不是几节课就能完成的，安全教育内容的广泛性和情境性决定了安全教育的长期性，二者融合应该走向常态化。而如何把融合后的内容体系化、课程化并最终走向常态化是一个技术难题。①

① 黄洪霖：《安全教育与学科教学融合的适度及限度》，载《教学与管理》，2017(3)。

第二章　课程纲要

综合实践活动是从学生的真实生活和发展需要出发，从生活情境中发现问题，再转化为活动主题，通过探究、服务、制作、体验等方式，培养学生综合素质的跨学科实践性课程。综合实践活动是国家义务教育和普通高中课程方案规定的必修课程，与学科课程并列设置，是基础教育课程体系的重要组成部分。该课程由地方统筹管理和指导，具体内容以学校开发为主，自小学一年级至高中三年级全面实施。[①] 安全教育综合实践活动应该以《中小学综合实践活动课程指导纲要》为依据和标准，将安全教育的内容和理念进行深层次的融合，从生活中的安全问题出发，帮助学生通过实践活动的方式习得安全知识和常识。安全教育综合实践活动的内容是多样的，主要来源于以下几个方面。

第一，班会。开展以“安全”为主题的班会是学校开展安全教育的主要形式之一，是班主任或者班委会对班级安全教育进行有效引导、指导、监督、反馈的重要途径。以班会为载体的安全教育活动，具有针对性、时效性、整体性的优势。通过选取贴近学生学校生活、家庭生活的鲜明主题，开展班委预备会、正式班会，通过发布主题、小组研讨、自主表达、班主任点评等环节，可以充分发挥班级管理的优势，提高学生的安全危机意识。

第二，团队会。安全教育需要充分挖掘团队会的教育契机，通过引导学生群体中的榜样人物和先进群体，以爱国主义、社会主义、集体主义为载体，形成学校开展安全教育的第一条防护线。例如，发挥少先队员、共青团员的先锋模范作用，在校内设立“文明监督岗”“法律咨询站”“爱心资助站”“急救箱代管处”等公益服务小站点。一方面，可以调动团队队员的参与安全教育和应急救险的主动性；另一方面，也起到了榜样带头作用。

第三，校会。开学典礼、毕业典礼、升旗仪式是校会的主要形式。如果有效利用全校师生的集会，可以抓住开展安全应急演练的最好契机。例如，围绕地震、火灾、校园突发暴力事件、踩踏事件等安全主题，通过“创设”突发事件，开展学生应急避险逃生测试、教师应急预案实施、学校安全漏洞查找，是弥补和检验学校、教师、学生安全防御系统和技能训练实效的重要选题和手段。

---

① 教育部：《中小学综合实践活动课程指导纲要》，http：// www. moe. gov. cn/srcsite/A26/s8001/201710/t20171017 _ 316616. html，2020-07-15。

第四，研究性学习活动。研究性学习是教育部2000年1月颁布的《全日制普通高级中学课程计划(试验修订稿)》中综合实践活动板块的一项内容。它是指学生在教师的指导下，从学习生活和社会生活中选择和确定研究专题，主动获取知识、应用知识、解决问题的活动。安全教育领域是学生开展研究性学习的重要来源。学生可以从发现选题、了解安全事故或者事件发生机制、调查事故发生的原因、探究问题解决的途径和办法、形成解决方案，开展一系列有研究价值、贴近生活实际、解决真实问题的研究性学习活动。

第五，社会大课堂活动。安全教育不是学校范围内的事，提升学生的安全素养更需要举全社会之力。充分发挥社会资源的多样性、丰富性、真实性、系统性、专业性的优势，为学生提供“有营养”的安全教育，才能切实减少安全事故带来的惨痛教训。开展社会大课堂背景下的安全教育，要挖掘省、市、区、社区丰富的人文、自然、场馆资源，通过课外、校外活动，促进安全资源共享。

第六，综合实践性活动。此处的综合实践活动是指作为国家规定的要进入学校课表的“综合实践活动”这门必修课，包含了研究性学习、劳动技术教育、社区服务、社会实践四个部分。作为一种独立的课程形态，它强调实践性、活动化，鼓励通过开展探究、考察、调查、访问、操作、服务、劳动实践和技术实践的形式来展开学习。在这一背景下，安全教育就有了更丰富的载体和更多元的活动方式。例如，可以围绕“食品安全”开展社会调查，可以围绕“雾霾天的防护”设计班级应对方案，可以围绕“运动损伤”形成班级应急处理方案，可以围绕“学校安全漏洞及改进”开展系列项目式学习等。

第七，学科实践活动。根据国家课改精神，从2017年下半年开始要求在不增加学科课时数的情况下，用不少于10%的时间开展学科综合实践活动课。把安全教育与学科教育融合在一起，站在生命的高度对学生展开知识与能力的培养。学科内容包含了人文、自然、科学，与安全教育有着天然不可分的联系。尤其在地理、化学、体育、物理等学科中，其选题就更加丰富。打破课堂上的说教，通过学科实践活动把安全教育落到实处，为学生预防和应对学校生活、家庭生活的安全隐患和事故提供了最有价值的教育资源和途径。

第一节　课程目标

加强安全教育，培养中小学生安全意识，旨在通过实现安全知识与技能、过程与方法、情感态度与价值观等有机整合，把中小学安全教育贯穿于学校教育的各个环节，从而提升和培养广大中小学生自救自护的素养和能力。

通过开展安全教育，旨在实现以下四大教育目标。

一、培养学生的安全责任感，逐步形成安全意识

通过亲历、参与学校安全教育实践活动、课程和主题安全教育活动等，获得有积极意义的价值体验。理解并遵守基本的安全行为规范，初步形成珍爱生命、自我保护、善待他人、预防安全事故等思想观念。围绕安全教育现实问题开展活动，能应对处理生活中的基本安全问题，初步养成自理能力、自立精神、热爱生活的态度，具有勇敢、乐观、不畏困难的积极心态和担当意识。

二、掌握必要的安全行为的知识和技能

能在教师的引导下，结合学校、家庭生活中的安全问题及有关现象，发现并提出自己感兴趣的问题，通过对安全类问题的探究和学习获得相应的安全教育知识和常识。能将实际的安全问题转化为研究小课题，提出自己的想法，形成对安全问题的初步解释，并培养自身对于安全问题的解决能力。

运用一定的操作技能解决生活中实际的安全问题，将一定的想法或创意付诸实践，在实际问题中予以实施，提出应对安全问题的创新想法并能动手操作形成一定的安全保护成品，如小手工、海报等。

三、养成正确应对日常生活和突发安全事件的习惯

对日常生活和突发安全事件进行预防的难度较大，往往是意外发生。“意外”是指一种潜在有害的、无意识和意料之外的突发事件，它可能造成伤害，也可能不造成伤害，通常属于偶然的、不可预知的和无法控制的。然而，伤害是有因可究、有源可寻，可以被认识和预防的。在安全教育综合实践活动中，在教师的带领下，学生熟知安全知识和常识，认识不同的安全器材，养成正确应对突发事故的习惯。

四、了解相关的法律常识，强化日常规范规则意识

我国已经初步形成了关于社会公共安全的相关法律法规，根据不同年龄阶段的学生，并结合学生已有的法律知识基础对其进行相关法律法规常识的普及和介绍，培养学生的基本法律常识和自我保护知识。在面对不安全情形时，学生可以运用法律武器捍卫自己的权益，保护自己和他人的人身安全。同时，强化学生在日常生活中遵循规范、遵守规则的意识。

第二节　课程内容

中小学安全教育的课程内容应该根据不同学段的学生设计贴合学生年龄特点的安全知识和内容，使学生发展不同阶段应有的安全知识和自我保护能力。2007 年教育部颁布的《中小学公共安全教育指导纲要》对中小学生安全教育的主要内容给出了明确的建议，主要包括六大模块(详见下表)的内容。

一是社会安全领域。社会安全事件主要包括造成或者可能造成重大人员伤亡、财产损失、文化安全、涉外危机等内容，一般是重大刑事案件、恐怖袭击事件、涉外突发事件、金融安全事件、规模较大的群体性事件、民族宗教突发群体事件以及其他社会影响严重的突发性社会安全事件的统称。学校是学生和社会的一道防火墙，开展这一领域主题下的安全教育，一方面要充分考虑社会安全领域事件可能对学生、家庭、学校造成的影响和冲击，另一方面要考虑学校内部应对社会事件的预案和举措。

二是公共卫生领域。公共卫生事件具体包括对重大疾病尤其是传染病的预防、监控和治疗；对食品、药品、公共环境卫生的监督管制，以及相关的卫生宣传、健康教育、免疫接种等。学校在设计该领域课程内容时，可以在学校背景下的健康教育、卫生习惯养成、学校环境教育等层面展开，也可以在社会背景下的食品安全、疫苗安全、传染病预防等方面展开。

三是意外伤害领域。意外伤害可以分为三个层面：第一，迅速危及生命的，如溺水、触电、重大交通事故、中毒、外伤大出血等事件，这类事故要争分夺秒地实施抢救，防止可以避免的死亡；第二，虽不致命但也会引起严重后果的事件，如烧烫伤、骨折、有毒动物或携菌动物咬伤(如毒蛇、狗等)；第三，轻微的意外伤害需要进行简单处理避免出现其他损伤，如小刀割伤、擦伤、轻微烫伤等。针对该领域事件的特点，安全教育的重点有两个："预防为主"和"增强安全技能训练"。

四是网络、信息安全领域。开发网络信息安全教育领域的课程，就是引导青少年正确认识网络、正确运用网络，营造安全、文明、和谐的网络环境，树牢维护网络安全人人有责、人人尽责意识，文明上网，培养健康积极的上网习惯。

五是自然灾害领域。在这一领域设计课程内容，要围绕常见和典型的自然灾害，了解灾害、防灾、应对灾害的知识，开展防灾减灾行动技能训练，树立对于灾害的警觉意识、正面积极的态度与价值观，切实提高学生的防灾素养，减少灾害面前人员的伤亡，提高学生的求救、自救和在一定程度上协助他人的意识和能力。

六是影响学生安全的其他事故或事件。除了以上五个领域，在学校公共安全领域可能发生的其他事故或事件，都属于这个范畴，与心理健康教育、德育的内容有重合，侧重于引导学生建立良好的人际关系，在面对语言暴力和肢体暴力时具备自我保护的意识和能力，从而能够正确处理人际冲突、校园暴力冲突、道德冲突等方面的问题。

中小学生公共安全素养框架

六大模块	小学一至三年级	小学四至六年级	初中年级	高中年级
模块一：社会安全	1. 了解社会安全类突发事故的危险和危害	1. 认识社会安全类突发事故或事件的危害和范围，不参与影响和危害社会安全的活动	1. 增强自律意识，自觉不进入未成年人不宜进入的场所。逐步养成自觉遵守与维护公共场所秩序的习惯	1. 自觉遵守与生活紧密相关的各种行为规范
	2. 了解并遵守各种公共场所活动的安全常识	2. 自觉遵守社会生活中人际交往的基本规则以及公共场所的安全规范	2. 不参加影响和危害社会安全的活动，形成社会责任意识	2. 了解考试泄密、违规的相关法律常识。养成维护考试纪律和规范的良好行为习惯
	3. 认识与陌生人交往中应当注意的安全问题，逐步形成基本的自我保护意识	3. 学会应对可疑陌生人的方法，提高自我防范意识	3. 理解社会安全重要意义，树立正确的人生观和价值观	3. 自觉抵制影响和危害社会公共安全的活动，提高社会责任感和国家意识
		4. 了解应对敲诈、恐吓、性侵害的一般方法，提高自我保护能力	4. 学会应对敲诈、恐吓、性侵害等突发事件的基本技能	4. 基本理解国际政治、经济、宗教冲突现象，努力维护国家和社会的稳定与团结
				5. 继承和发扬中华民族传统优秀文化，汲取其他国家文化的精华，抵制不良文化习俗的影响

续表

六大模块	小学一至三年级	小学四至六年级	初中年级	高中年级
模块二：公共卫生	1. 了解基本公共卫生和饮食卫生常识	1. 加强卫生和饮食常识学习，形成良好的个人卫生和健康的饮食习惯	1. 了解重大传染病和食物中毒、生活水污染的知识及基本的预防、急救、处理常识；了解简单的用药安全知识	1. 基本掌握和简单运用突发公共卫生事件卫生应急的相关技能，进行自救、自护。有报告事件的意识和了解报告的途径和方法
	2. 了解常见的肠道和呼吸道等常见疾病的预防常识，养成良好的个人卫生和健康行为及饮食习惯	2. 了解常见病和传染病的危害、传播途径和预防措施	2. 了解青春期常见问题的预防与处理；形成维护生殖健康的责任感	2. 掌握亚健康的基本知识和预防措施，了解应对心理危机的方法和救助渠道，促进个体身心健康发展
		3. 初步了解吸烟、酗酒等不良习惯的危害，知道吸毒是违法行为，逐步形成远离烟酒及毒品的健康生活意识	3. 了解艾滋病的基本常识和预防措施，形成自我保护意识	3. 掌握预防艾滋病的基本知识和措施，正确对待艾滋病毒感染者和患者
		4. 初步了解青春期发育基础知识，形成明确的性别意识和自我保护意识	4. 学习识别毒品的知识和方法，拒绝毒品和烟酒的诱惑	4. 自觉抵制不良生活习惯和行为，具备洁身自好的意识和良好的卫生公德
			5. 了解和分析影响生命与健康的可能因素	5. 了解有关禁毒的法律常识，拒绝毒品诱惑
				6. 学习健康的异性交往方式，学会用恰当的方法保护自己，预防性侵害。当遭到性骚扰时，要用法律保护自己

续表

六大模块	小学一至三年级	小学四至六年级	初中年级	高中年级
模块三：意外伤害	1. 学习道路交通法的相关内容，了解出行时道路交通安全常识	1. 培养遵守交通规则的良好习惯，形成主动避让车辆的意识	1. 增强自觉遵守交通法规的意识；主动分析出行时存在的安全隐患，寻求解决方法；防止因违章而导致交通事故的发生	
	2. 初步识别各种危险标志；学习家用电器、煤气（柴火）、刀具等日常用品的安全使用方法	2. 提高自我保护意识，了解私自到野外游泳、滑冰等活动的危害；学习预防和处理溺水、烫烧伤、动物咬伤、异物进气管等意外伤害的基本常识和方法	2. 正确使用各种设施，具备防火、防盗、防触电及防煤气中毒的知识技能	
	3. 初步具备使用电梯、索道、游乐设施等特种设备的安全意识	3. 形成对存在危险隐患的设施与区域的防范意识，了解与学习和生活密切相关的特种设备安全知识	3. 了解和积极预防在校园活动中可能发生的公共安全事故，提高自我保护和求助及逃生的基本技能	
	4. 初步学会在事故灾害事件中自我保护和求助、求生的简单技能。学会正确使用和拨打110、119、120电话	4. 学会有效躲避事故灾害的常用方法和在事故灾害发生时的自我保护和求助及逃生的基本技能		
		5. 使学生初步了解与学生意外伤害有关的基本保险知识，提高学生的保险意识		

续表

六大模块	小学一至三年级	小学四至六年级	初中年级	高中年级
模块四：网络、信息安全		1. 初步认识网络资源的积极意义和了解网络不良信息的危害	1. 自觉遵守与信息活动相关的各种法律法规，抵制网络上各种不良信息的诱惑，提高自我保护和预防违法犯罪的意识	1. 树立网络交流中的安全意识，养成良好的利用网络习惯，提高网络道德素养
		2. 初步学会合理使用网络资源，努力增强对各种信息的辨别能力	2. 合理利用网络，学会判断和有效拒绝的技能，避免迷恋网络带来的危害	2. 树立不利用网络发送有害信息或进行反动、色情、迷信等宣传活动以及窃取国家、教育行政部门和学校保密信息的牢固意识
		3. 学会控制自己的行为，防止沉迷网络游戏和其他电子游戏		
模块五：自然灾害	1. 了解学校所在地区和生活环境中可能发生的自然灾害及其危险性	1. 了解影响家乡生态环境的常见问题，形成保护自然环境和躲避自然灾害的意识	1. 学会冷静应对自然灾害事件，提高在自然灾害事件中自我保护和求助及逃生的基本技能	1. 基本掌握在自然灾害中自救的各种技能，学习紧急救护他人的基本技能
	2. 学习躲避自然灾害引发危险的简单方法，初步学会在自然灾害发生时的自我保护和求助及逃生的简单技能	2. 学会躲避自然灾害引发危险的基本方法	2. 了解曾经发生在我国的重大自然灾害，认识人类活动与自然灾害之间的关系，增强环境保护意识和生态意识	2. 了解有关环境保护的法律法规；能结合当地实际情况，为保护和改善自然环境做贡献
		3. 掌握突发自然灾害预警信号级别含义及相应采取的防范措施		

续表

六大模块	小学一至三年级	小学四至六年级	初中年级	高中年级
模块六：其他事故或事件	1. 与同学、老师友好相处，不打架；初步形成避免在活动、游戏中造成误伤的意识	1. 形成和解同学之间纠纷的意识	1. 了解校园暴力造成的危害，学习应对的方法	1. 自觉抵制校园暴力，维护自己和同学的生命安全
	2. 学习当发生突发事件时听从成人安排或者利用现有条件有效地保护自己的方法	2. 形成在遇到危及自身安全时及时向教师、家长、警察求助的意识	2. 学会克服青春期的烦恼，逐步学会调节和控制自己的情绪，抑制自己的冲动行为	2. 树立正确的安全道德观念，在关注自身安全的同时，去关注他人的安全，并提供力所能及的援助
			3. 学会在与人交往中有效保护自己的方法，构筑起坚固的自我心理防线	

第三节 课程实施

近年来，教育部将中小学生安全教育摆在重要位置，不断完善顶层设计，持续深入开展安全教育，为落实立德树人根本任务奠定了坚实的基础。

一、实施原则

(一)育人为本的原则

安全知识和防范技能应该是中小学生知识结构的重要组成部分，安全意识和安全责任也应是中小学生人文素养的重要内容，法律意识和法制观念又是实现学生全面发展的前提条件和根本保障。因此，中小学安全教育的实施必须以学生为本，以培养学生的基本品质和素养为主，培养学生预防事故发生、防微杜渐的自我保护意识，避免进入“仅培养学生应对事故的能力”误区。

中小学安全教育的对象是广大的中小学生，中小学生正处在心理和身体成长发育的时期，教育对其产生的影响是基础性、根本性的，这一时期学生的首要任务是健康快乐地成长，学会珍惜生活和生命。因此，要十分注意对其进行安全教育的内容和方式，应充分考虑学生的心理特点，选取合适的方式将安全教育的内容融入课程和活动中，可以采取情境教学、活动课程的方式潜移默化地将自我保护意识、安全常识渗透给学生，让安全意识扎根学生心中。

（二）情境教育的原则

如何将安全教育的内容融入学生的日常学习和课程中，这对教师工作提出了挑战。安全教育内容融入课程既要保证其安全教育的功能得到良好发挥，又要具有一定的趣味性、吸引力，保证学生乐学、爱学，并且深入其中地学。对于教师来说，安全教育的实施需要跨学科教师共同合作研发课程，设计情境活动，将适合学生心理程度的教育内容与课程恰当地结合起来，利用活动学习和情境设计帮助学生深入情境，体会到安全知识的重要性，从而自发地习得和建立起安全意识。安全教育不再仅仅是安全教育教师的责任，而是全体教师共同的责任；对于学生来说，学生需要在教师的指引下将安全教育的内容与自身的日常生活结合起来，注意将课堂知识迁移到实际的生活情境中进行理解。

安全教育综合实践活动应面向学生完整的生活世界，引导学生从日常学习生活、社会生活或与大自然的接触中提出具有教育意义的安全活动主题，使学生获得关于社会安全，公共卫生，意外伤害，网络、信息安全，自然灾害以及影响学生安全的其他事故或事件的真实体验，建立安全知识与常识和现实生活的有机联系。要避免仅从理论知识的普及出发进行活动设计。在活动实施阶段，教师要创设真实的情境，为学生提供亲身经历与现场体验的机会，让学生经历多样化的活动方式，促进学生积极参与活动过程，在现场考察、设计制作、实验探究、社会服务等活动中发现和解决问题，体验和感受学习与生活之间的联系。要加强对学生活动方式与方法的指导，帮助学生找到适合自己的学习方式和实践方式。教师指导重在激励、启迪、点拨、引导，不能对学生的活动过程包办代替，还要指导学生做好活动过程的记录和活动资料的整理。

（三）进阶性原则

安全教育的落实应该根据不同年级和年龄阶段的学生体现出教育的进阶性。不同阶段的学生具有的知识背景和接受能力是不同的，因此，应按照学生年级的进阶，将安全教育的内容和形式进行分配和划分，使其适应学生特点的同时体现出安全教育知识的系统性和层次性。例如，北京师范大学出版社出版、刘晓哲主编的系列《安全教育读本》就分年级进行读本设计，不同年级的读本设计不同的内容，随着年级的提升，读本内容也更加深入和抽象，知识覆盖面也逐步扩大。七年级学习一般的应急知识和急救知识及操作等，在高中阶段就会涉及一定的安全法律知识等。

安全教育综合实践活动课程的内容设计应基于学生可持续发展的要求，设计长短期相结合的主题活动，使活动内容具有递进性。面对不同年级和年龄阶段的学生活动内容应该有所区分，使不同年龄阶段进行的安全教育活动可以环环相扣、不断递进发展，要促使活动内容由简单走向复杂，使活动主题向纵深发展，不断丰富活动内容、拓展活动范围，促进学生综合素质的持续发展。要处理好学期之间、学年之间、学段之间活动内容的有机衔接与联系，学校要随着学生年级的升高不断深化安全教育实践活动的实际内容。

二、实施策略

(一)组织方式

综合实践活动以小组合作方式为主，也可以个人单独进行。小组合作范围可以从班级内部，逐步走向跨班级、跨年级、跨学校和跨区域等，要根据实际情况灵活运用各种组织方式，引导学生根据兴趣、能力、特长、活动需要，明确分工，做到人尽其责，合理高效。教师既要让学生有独立思考的时间和空间，又要充分发挥合作学习的优势，重视培养学生的自主参与意识与合作沟通能力。教师要鼓励学生利用信息技术手段突破时空界限，进行广泛交流与密切合作。

(二)教师指导

在综合实践活动实施过程中，要处理好学生自主实践与教师有效指导的关系。教师既不能“教”综合实践活动，也不能推卸指导的责任，而应当成为活动的组织者、参与者和促进者。教师的指导应贯穿于综合实践活动实施的全过程。

(三)实施过程

在活动准备阶段，教师要充分结合学生经验，为学生提供活动主题选择以及提出问题的机会，引导学生构思选题，鼓励学生提出感兴趣的问题，并及时捕捉活动中学生动态生成的问题，组织学生就问题展开讨论，确立活动目标内容。要让学生积极参与活动方案的制定过程，通过合理的时间安排、责任分工、实施方法和路径选择，对活动可利用的资源及活动的可行性进行评估等，增强活动的计划性，提高学生的活动规划能力。同时，引导学生对活动方案进行组内及组间讨论，吸纳合理化建议，不断优化完善方案。

在活动总结阶段，教师要指导学生选择合适的结果呈现方式，鼓励多种形式的结果呈现与交流，对活动过程和活动结果进行系统梳理和总结，促进学生自我反思与表达、同伴交流与对话。要指导学生学会通过撰写活动报告、反思日志、心得笔记等方式，反思成败得失，总结个体经验，促进知识建构，并根据同伴及教师提出的反馈意见和建议查漏补缺，明确进一步的探究方向，深化主题探究和体验。

三、实施建议

（一）成立专门的安全教育教师团队

在安全教育方面，专业的教师不但要具备过硬的理论知识，还要具有丰富的教育实践。因此，专门的安全教育教师团队可以由两部分构成：一部分是在安全教育方面有着丰富经验的本校优秀教师；另一部分可以是学校保卫人员、警察、医生等相关专业人员，他们各自在安全防卫、交通、消防和卫生等方面有着丰富的经验。此外，对于学校的安全教育教师应该定期进行必要的安全知识培训，增强其专业性，从而更好地完成学校的安全教育工作。

（二）开发适合学校特色的安全教育教材和课程

目前，市面上销售的安全教育教材多种多样，缺乏一定的规范性、科学性和系统性，并不适用于每一所学校。学校有必要结合本校的安全教育实际水平和学生现实情况开发出一套内容详细、涉及面广、符合学生身心发展特点的安全教育教材，以便更好地服务本学校安全教育工作的开展。

（三）丰富安全教育的内容和形式

安全教育的内容和形式对于学生学习兴趣的激发具有重要作用，课程主题的多样性和丰富性可以大大提高安全教育的趣味性，从而吸引学生的学习兴趣，提高教育质量。在安全教育内容上要注意两点：一是要结合学生的实际发展情况；二是要结合社会安全问题的发展情况。在内容方面，不但要介绍溺水安全、自然灾害等方面的内容，还要向学生介绍社会安全、性安全以及网络安全等内容。所以，在安全教育的内容上不但要全面，而且还要具体针对其中的某几项关键性的内容开展深入讲解，尤其是与中小学生身心发展密切相关的部分。教师还可以结合实际问题情境，带领学生学习和了解《中小学幼儿安全管理办法》《中小学公共安全教育指导纲要》《中华人民共和国未成年人保护法》等法律法规。

（四）推进安全演练实战化

2014年教育部印发了《中小学幼儿园应急疏散演练指南》，指导更好地开展针对地震、火灾、校车交通事故等的应急疏散演练。该指南对演练的各个环节、步骤提出了明确的指导性意见和规范性要求，并要求中小学每学期开展5次，幼儿园每季度开展1次应急疏散演练；中学生和小学生应分别在2分钟和3分钟内完成疏散。各地各校应按照指南的要求，开展多部门协调配合的安全应急演练活动，通过演练优化应急预案，完善应急准备，提高演练的针对性和科学性，推进演练实战化，确保演练实效。教育部以研学旅行教育基地建设为契机，支持建设地震馆、气象馆、水利展示馆等有关安全的场馆，各学校可以定期组织学生参观安全实践基地和模拟演示，让学生感知灾害危险性及发生时应采取的措施，熟练掌握自救自护技能，不断提高突发事件时的反应速度和应对能力。

（五）构建安全教育多方合作机制

教育部先后联合相关部门出台了《关于贯彻落实〈校车安全管理条例〉进一步加强校车安全管理工作的通知》《关于加强中小学生水上交通安全工作的通知》《“保护生命、平安出行”交通安全宣传教育工程实施方案》《关于加强学校消防安全工作的通知》《关于加强学校卫生防疫与食品卫生安全工作的意见》等一系列文件，要求各地各校密切联系公安、司法、科协、交通、卫生防疫等部门，共同构建学校安全教育的长效合作机制。各地各校以家长学校为主阵地，依托全国23.6万个城乡社区家长学校或家庭教育指导服务站点，以及妇女之家、儿童之家等阵地，面向家长广泛宣传安全教育知识，开展丰富多彩的安全教育主题实践活动，将安全教育作为家庭教育指导的一项重要内容。①

对于安全教育工作的落实来说，仅仅依靠学校一方的力量是不够的，学校、家庭、社会三个方面应该通力合作，共同助力安全教育的发展。对于学生来说，学校、家庭和社会以不同的形式占据着其成长发展的整个时间和空间，学校教育、家庭教育、社会教育互相依存、互相渗透、互相影响、互相制约。安全教育的理念不仅要贯穿在学校教育中，而且要体现在家庭教育和社会教育中。安全教育的实施必须考虑三种教育的协调一致，建立起完善的教育网络。只有这样，才能保证安全教育时空的衔接，才能保证整个安全教育在方向上的高度一致，最终让学生在教育中，真正掌握安全知识和技能，健康地成长。

第四节　课程评价

综合实践活动情况是学生综合素质评价的重要内容。各学校和教师要以促进学生综合素质持续发展为目的设计与实施综合实践活动评价，要坚持评价的方向性、指导性、客观性、公正性等原则。

（一）突出发展导向

坚持学生成长导向，通过对学生参与安全教育活动过程的观察、记录、分析，促进学校及教师把握学生的成长规律，了解学生的个性与特长，不断激发学生的潜能，为更好地促进学生成长提供依据。评价的首要功能是让学生及时获得关于安全知识和问题学习过程的反馈，改进后续活动。要避免评价过程中

---

① 《关于政协十二届全国委员会第五次会议第1647号(教育类152号)提案答复的函》，http：//www.moe.gov.cn/jyb_xxgk/xxgk_jyta/jyta_jijiaosi/201803/t20180312_329713.html，2020-07-15。

只重结果、不重过程的现象，重视学生在安全教育活动过程中对于安全问题情境的参与度等。

（二）做好写实记录

教师要指导学生客观记录参与活动的具体情况，包括活动主题、持续时间、所承担的角色、任务分工及完成情况等，及时填写活动记录单，并收集相关事实材料，如安全教育活动现场照片、研究报告、活动反思、实践单位等。活动记录、事实材料要真实、有据可查，为综合实践活动评价提供必要的基础。

（三）建立档案袋

在活动过程中，教师要指导学生分类整理、遴选具有代表性的重要活动记录、典型事实材料以及其他有关资料，编排、汇总、归档，形成每一个学生参与安全教育实践活动的活动档案袋，并纳入学生综合素质档案。档案袋是学生自我评价、同伴互评、教师评价学生的重要依据，也是招生录取中综合评价的重要参考。

（四）开展科学评价

原则上，每学期末教师要依据安全教育活动课程目标和档案袋，结合平时对学生活动情况的观察，对学生综合素质发展水平进行科学分析，写出有关安全教育综合实践活动情况的评语，引导学生明确努力的方向。高中学校要结合实际情况，研究制定学生综合实践活动评价标准和学分认定办法，对学生综合实践活动课程学分进行认定。

安全教育目标

【安全知识目标】知道陌生人的多样性和复杂性，了解与陌生人交往的重要原则和技巧。
【行动技能目标】能够识别坏人的欺骗形式，能够使用恰当的方式拒绝陌生人的请求。
【情感态度目标】通过帮助学生在遇到陌生人时学会沉着、冷静、不慌乱，积极地寻求保护自己的办法，增强警觉，形成较强的自我保护意识。

安全教育资源

【学校资源】安全教育在学校中随处可见，我们的宣传橱窗有安全教育的内容，图文并茂，适合各个年龄段的孩子；课本中也会涉及安全教育的主题，或文章，或事例；班级的安全教育专题也会结合学生的生活实际、社会中出现的问题来讨论，有理有据。教师们也会就社会中的热点事件等及时分析事件的经过，找到应急处理方法，让学生有一定的处理问题的能力。
【社会资源】社会安全教育有有形的，如路牌提示、指示牌、警示牌等，一些公共设施的设置；还有无形的，如各大节日中会有安全宣传等。不仅如此，还有网络安全助力，有专门的中小学安全教育频道等，通过活动学习和专题认知，内容丰富。特别值得一提的是怀柔区安全教育体验馆，成立于 2009 年，是一家将安全知识与实际操作相结合的体验馆。在这里，学生可以动手操作，从而真正地学到安全教育知识，掌握自救与互救的本领，是“寓教于乐”式教育的典型代表。在与陌生人的交往中，记者们专门录制了一些防拐公益短片，供孩子和家长借鉴。短片的真实呈现，让观者身临其境，感触极深，教育效果具有时效性。

活动方式

【场景体验】设计符合学生生活的场景，让学生在复杂情境中处理问题。
【视频观察】观看防拐公益短片，体验人物感受。
【案例分析】通过分析案例中小朋友的办法，阐述自己的观点。

活动准备

【教师准备】多媒体课件：包括视频、演示文稿，故事设计，安全测试题。
【学生准备】学习用具；做到课上积极参与，展示自我。
【注意事项】活动参与组织有序，让学生理解自己需要做什么；注意调动学生参与的热情，体验才能更好地理解；做好师生、生生互动。

活动实施

一、问题导入

设计意图：创设问题情境，使学生对陌生人的概念有初步的了解。

教师提问：同学们，大家都会被美食吸引。如果有一个你不认识的人拿着一串你非常喜欢吃的糖葫芦想要送给你，你会怎么做呢？(引出与陌生人相处的情境)我们一般用什么词来形容“不认识”呢？什么样的人称之为陌生人呢？(引导学生总结“什么是陌生人”)

活动实施
二、案例讨论 教师小结：陌生人一般指不认识的人，有时候也指不够熟悉的人。今天我们重点讨论《如何对待陌生人》。 设计意图：通过和陌生人交往的具体事例，帮助学生树立安全意识，知道如何在具体情境中正确处理问题。 情境一：有一天傍晚，5 岁的小方正在路边挖沙子玩，这时一个陌生的男青年热情地凑过来和他一起“建城堡”，还送给他一支漂亮的小水枪。几分钟后，小方就和“叔叔”混熟了，最后，小方就跟着这个“叔叔”去吃肯德基了。 教师提问：结果会怎样？小方应该怎么做呢？ 预设一(好的结果)：“叔叔”也许是好人，就是单纯喜欢小方，和他玩，没发生危险。但是这种可能性太小了，因为玩了之后，还带着走了，去吃肯德基。有点儿不合情理。 小方不应该在家长不知道的情况下要小水枪，而且还去吃肯德基。 预设二(坏的结果)：“叔叔”是个坏人，通过这一手段把小方带走了。 小方和“叔叔”玩一会儿可以，但是不应该要小水枪，更不应该和“叔叔”去吃肯德基，给坏人做坏事提供了方便。 情境二：有一个 8 岁小女孩，因为热心给陌生人带路，不料竟被拐骗走了。警察叔叔经过 9 天的调查，终于将小女孩解救回来。 教师提问：听了这个故事后，你们有什么感想呢？生活中总会有陌生人出现在我们身边，我们该如何对待呢？ 教师小结：遇到有人问路，如果自己认识可以指一指，千万不能给带路，如需带路，请他找别人，或告知身边的大人，请求帮助。 **三、问题处理** 设计意图：设计生活中的情境，让学生参与其中，在解决问题的过程中学会正确面对陌生人。 (一)陌生人来敲门 角色扮演：当你独自在家时，一定要把门锁好。如果有人敲门要会应对。请分组表演以下几种情况： 1. 给爸爸送东西。 2. 抄电表。 3. 不肯离开。 小组讨论：同学们处理问题的方式，你认为谁的比较好，说出理由。 教师小结：一个人独自在家时，切记不可给陌生人开门，有事情可以问清楚，记下来，之后转达给父母。这样做既保证了自己的安全，又没有耽误事情。 (二)案例研讨 一名 9 岁的小女孩放学后，正等待父母接她回家，忽然被一个声称是其母亲的好友的中年妇女叫住。“你妈妈正忙着，让我来接你去玩，汽车就在前面停着。”她一边说，一边还急着想把小女孩抱起。小女孩疑惑地退后，突然机敏地甩出一句：“你认识我妈，那她叫什么名字？”妇女一时张口结舌，无言以对。小女孩见状立即转身向不远处的同学呼救，并跑了过去。那妇女马上慌慌张张地逃跑了。

教师提问：说一说，小女孩的机智表现在哪些地方？如果换作是你，你会怎么办？

教师小结：

1. 突然问妈妈的姓名(既然是妈妈的好友，应该知道)。

2. 小女孩见妇女张口结舌断定有问题，及时向不远处的同学呼救，并跑过去，远离了危险。

3. 如果遇到父母不能亲自来接的情况，可以提前跟老师联系，或者设定接人密码，不让坏人有可乘之机。

(三)观看视频：防拐公益短片

爸爸妈妈经常教育我们要注意安全，不能跟陌生人走，看一看我们短片中的孩子是如何做的。(很有信心的教育，却没能抵挡住陌生人)

教师提问：看了视频中的内容，你有什么感受？

教师小结：

1. 虽然爸爸妈妈都觉得教育得很到位，但是孩子的警戒心还是不够强，都以失败告终。

2. 一旦发生意外，爸爸妈妈都接受不了，非常痛苦。(实验的结果都很痛心)

3. 没有跟爸爸妈妈联系之前，不能跟任何人走。

四、安全儿歌

设计意图：通过朗朗上口的儿歌，帮助学生记住处理问题的方法，学会保护自己。

陌生人，要提防，给糖果，不要尝。
一个人，在家中，敲门问事不答应。
我自己，上学校，问我什么不知道。
放学后，别人接，先问父母要明确。

五、安全小测试

设计意图：结合课上内容，通过完成测试题来检测学生的学习效果。

1. 亮亮独自在家时，听见有人敲门，他应该怎么做：

(1)不给陌生人开门。

(2)直接跑去开门。

(3)询问是谁，如果是找爸爸妈妈的就去开门。

2. 当父母不在场，有人给你玩具和食物时，你应该怎么做：

(1)可以接受玩具，但不能接受食物。

(2)应该毫不犹豫地全部接受。

(3)坚决不能接受。

3. 当陌生人给你食物，并询问你家庭情况时，下列做法正确的是：

(1)可以接受食物，但是不告诉他家庭信息。

(2)可以接受食物，并把家庭信息告诉他。

(3)立即远离他，并去告诉老师、家长。

4. 如果有陌生人在门外坚持让你开门，你应该怎么做：

(1)立即拨打电话给父母。

(2)不理他。

(3)立即给他开门。

5. 有一位陌生的叔叔来看小张，说是他爸爸的同事，要接他出去玩。他应该怎么做：
(1)和他出去玩。
(2)把他赶出去。
(3)先打电话向爸爸确认，确定后再去。
6. 当被陌生人跟踪时，下列做法正确的是：
(1)立即跑向人多的地方，并拨打电话向父母或警察求助。
(2)跑向偏僻处。
(3)和陌生人反抗。
7. 在外面遇到陌生人时，下列做法正确的是：
(1)肚子饿了，接受陌生人的食物。
(2)迷路时，随便跟陌生人走。
(3)如果发现有陌生人跟随自己，要向人多的地方靠近并寻求警察的帮助。
8. 如果敲门的陌生人说是抄电表的，你应该怎么做：
(1)让他进来。
(2)让他等父母回来以后，再来抄电表。
(3)从猫眼看一下他的外貌，如果不像坏人，就让他进来。
9. 下列做法正确的是：
(1)没有父母的允许，不要随便和陌生人走。
(2)放学时，如果有人说是你家人让他来接你，你可以跟他走。
(3)随便跟陌生人走。

六、课堂总结

设计意图：通过问题回顾，强化课堂学习到的处理问题的方法。
教师提问：这节课你学到了什么？
1. 独自在家有陌生人来怎么办？
2. 路上遇到陌生人给好吃的、好玩的怎么办？
3. 放学时陌生人来接怎么办？

实效性评价

本课通过案例的讨论，让学生们了解了陌生人的骗人手段，知道了正确处理问题的方法；通过场景的体验，学生玩在其中，乐在其中，知道了与陌生人交往的原则和技巧；视频观察中，能够看到有些同学流泪了，有些同学从体验的欢愉变得沉默了，他们体会到遇到陌生人时要学会沉着、冷静、不慌乱，积极地寻求保护自己的办法，增强警觉，懂得了安全的重要性。

利用测试题检查学生是否增强了安全防范意识，对问题的处理方式是否正确，90%以上的学生处理得非常到位，形成了较强的自我保护意识。

案例2 安全事故我不怕

【案例推介】

此次活动针对三年级学生的年龄特点进行交互式的公共安全模拟训练体验，以教育游戏的方式通过逼真的模拟日常复杂的公共安全环境现场，使学生在角色体验、参与训练的过程中，通过情境模拟、互动游戏、体验操作等学习与游戏结合的方式，在游戏中学习公共安全的相关知识与技能，提高学生的安全意识。

活动基本信息					
课名	安全事故我不怕				
领域	综合实践	**学段**	小学	**年级**	三年级
设计者	杨晓明	**单位**	北京第一师范学校附属小学		
活动背景分析					
社会安全包括社会治安(用每万人刑事犯罪率衡量)、交通安全(用每百万人交通事故死亡率衡量)、生活安全(用每百万人火灾事故死亡率衡量)和生产安全(用每百万人工伤事故死亡率衡量)。交通事故和火灾是学生生活中较为常见的意外灾害。小学生是交通安全中的弱势群体，通过学校安全教育，让学生从小掌握一定的自护自救知识，这是很有必要的。					
学生特点分析					
三年级学生的年龄在8～9岁，开始从被动学习向主动学习转变，他们的思维水平从具体形象向抽象逻辑水平过渡，但形象思维仍占优势。这一时期的学生通过新旧知识经验间反复的、双向的相互作用过程而建构出对知识新的理解。故对三年级学生进行安全教育，要尽量在具体的情境中开展。学生通过学校的安全教育讲座以及安全疏散演习等，能够掌握基本的安全知识，但对于社会安全事故中的交通事故、火灾等突发事件的应对缺乏具体真实的体验和自护自救技巧。 《中小学公共安全教育指导纲要》中指出：要探索寓教于乐、寓教于丰富多彩活动的教学组织形式，增强公共安全教育的效果。因此，在此次社会大课堂活动中，主要引导学生通过场景体验、模拟训练、角色扮演以及知识竞赛等丰富的活动形式，在情境中自我体验、自我感悟、自主探究。					
安全教育目标					
【安全知识目标】知道突发社会安全事件给人类和城市带来的危害，了解有关公共安全的知识。 【行动技能目标】通过体验式学习，使学生掌握面临交通事故、火灾等突发事件时的基本公共安全知识，提高自救自护的基本技能，增强学生的安全意识。 【情感态度目标】培养学生“重视安全、生命第一”的情感观念。					

安全教育资源
【学校资源】生命安全无小事，安全教育的责任和意义重大。10 月是学校的科技节，此次社会大课堂活动的主题既与科技创新相关，又能培养学生的安全意识。学校每个月均组织全体师生进行安全演习活动。在警报响起后，学生在模拟地震、火灾等场景中，进行疏散演习，掌握了一定的逃生技能。此次社会大课堂实践活动的目的是在参观和体验中感受高科技手段支持下的公共安全教育的真实性，使学生将科技观念和安全意识入脑入心。 【社会资源】北京公共安全体验馆，是响应国家“十三五”规划中对“健全公共安全体系、提升防灾减灾救灾能力、广泛开展防灾减灾宣传教育和演练”的要求而建设的。该体验馆以大数据、高精度定位、虚拟现实为技术亮点，场馆涵盖地震安全、消防安全、公共交通安全、自然灾害、民事防护、自救与他救等模块，设置了烟雾逃生、虚拟灭火、高层缓降、心肺复苏、虚拟现实等防灾减灾的互动项目，还有各种灾害和事故场景下的应急避险知识。 北京公共安全体验馆是以互动体验的方式，面向公民的公共安全教育体验馆。该场馆展项丰富，内容涵盖面广，以安全教育“起于知识、形于技能、终于意识”的理念，采用寓教于乐的方式普及防灾减灾知识。
活动方式
【场景体验】通过烟雾逃生体验，学习发生火灾时的逃生技能、注意事项。 【模拟训练】通过虚拟灭火，学习灭火器的使用。学生将灭火器对准火焰根部，利用声光电系统的识别，成功扑灭模拟火焰。 【角色扮演】在公共安全体验中，进行角色扮演，体验发生交通事故时的正确逃生做法。 【知识问答】利用抢答器抢答安全知识问答题，闯过一道道关卡，掌握涉及自然灾害、事故灾难、公共卫生、社会安全等不同领域的安全逃生知识。
活动准备
【教师准备】 1. 实地参观，了解场馆布局，根据学生人数设计活动内容。 2. 分组设计。根据馆内的体验活动，如烟雾逃生体验、虚拟灭火、结绳训练、公交安全体验、安全常识趣味竞赛等，按照学生班级进行分组。 【学生准备】课前根据学习单的内容，通过网上查找资料，了解生活中有关公共安全的基本常识。 【注意事项】教师与讲解人员沟通，在讲解过程中适当加入互动环节，让学生参与活动并交流感受。学生在参观时带好笔和学习单，以便随时记录。
活动实施
一、活动动员 设计意图：任务驱动下的活动导向，明确活动体验的内容和目标，提高活动的实效性。 进行社会大课堂活动前，下发学习单，学生对照学习单的内容，上网查找相关安全常识，完成学习单第一部分知识积累的内容。鼓励学生在参观体验的过程中完善学习单实践体验部分的内容。

二、场馆实地考察学习

设计意图：开展基于场馆学习、实景体验、模拟训练、角色扮演等体验式学习的安全教育活动，引导学生把安全知识转换为可供提取的安全经验。

(一)学习内容梳理

关于公共安全你们想知道哪些知识？小组讨论，将学习内容进行整理。

学习内容	什么是公共安全？
	火灾发生时，我们该如何做？
	乘坐公交车时，我们应注意哪些安全问题？
	此次活动的收获和体会。

(二)体验式活动

参观前的预备会 → 带领学生梳理学习内容，将不清楚或认识不到位的内容整理出来，带着问题进入场馆，并有针对性地参观学习。

↓

实地参观

第一站：烟雾逃生体验
学生在此区域学习火灾发生时的疏散逃生技能、注意事项。

第二站：虚拟灭火
学习灭火器的使用及模拟灭火体验。学生将灭火器对准火焰根部，通过声光电系统的识别，成功扑灭模拟火焰。

第三站：结绳训练
学生通过讲解，学习房屋结构对比、求生技能，学会在地震、火灾发生时依据房屋情况选择逃生方式，学习从高处逃生时的结绳技巧。

第四站：公交安全体验学习
学习常见的交通标识及公共出行的文明礼仪，体验公交车发生危险怎么逃生及安全锤的使用方法，紧急装置如断气阀、逃生天窗等的使用方法。

第五站：安全常识趣味竞赛
利用抢答器抢答安全知识问答题。同学们按动手中的抢答器，闯过一道道关卡，掌握了涉及自然灾害、事故灾难、公共卫生、社会安全等不同领域的安全逃生知识。

↓

交流感受 → 参观后的感受：
1. 深刻体会到了社会安全事故给人们带来的危害是严重的。
2. 学习到了火灾及公交车意外事故发生时的自救自护技能。
3. 面对事故要沉着冷静，意识到事故的预防是生命安全的保障。

三、学习成果分享

设计意图：通过思维外显化的策略，进一步总结和提升学生的安全知识，提升理性认知。

教师提问1：你了解的公共安全具体指什么呢？

学生汇报：通过上网查找资料，我知道了公共安全是指社会和公民个人从事和进行正常的生活、工作、学习、娱乐和交往所需要的稳定的外部环境和秩序。公共安全包含信息安全，食品安全，公共卫生安全，公众出行规律安全、避难者行为安全，人员疏散的场地安全、建筑安全、城市生命线安全，恶意和非恶意的人身安全和人员疏散等。

公共安全事件包括自然灾害、事故灾难、公共卫生事件、社会安全事件。

教师提问2：火灾发生时，我们该如何做？

在公共安全馆中，我们模拟了火灾发生时的逃生体验，谁能说说当火灾发生时，我们该如何做？

学生汇报：

(1)火灾发生时首先要冷静，如果火势不大，可尽快采取措施扑救(如使用灭火器)。如果火势凶猛，要在第一时间拨打119报警，并迅速撤离。

(2)逃离时要用湿毛巾掩住口鼻，并尽量避免大声呼喊，防止烟雾进入口腔，也可找来水打湿衣服，用布类等掩住口鼻。通过浓烟区时，要尽可能以最低姿势或匍匐姿势快速前进。注意，呼吸要小而浅。

(3)结绳逃生。楼通道被火封住，欲逃无路时，可将床单、被罩或窗帘等撕成条结成绳索，牢系窗槛，顺绳滑下。家中有绳索的，可直接将其一端拴在门、窗、柜或重物上沿另一端爬下。在此过程中要注意手脚并用(脚成绞状夹紧绳，双手一上一下交替往下爬)，要注意把手保护好，防止顺势滑下时脱手或将手磨破。

教师提问3：乘坐公交车时，我们应注意哪些安全问题？

每天我们在上学、放学的路上，很多同学会选择乘坐公交车出行，那么在乘坐公交车时，我们要注意哪些安全问题呢？

学生汇报：

(1)上车后不要挤在车门边，没有座位时，要抓紧车上的扶手，以免紧急刹车或拥挤时摔倒或车门突然打开时被甩出车门外。

(2)乘车时不要把头、手、胳膊伸出车窗外，以免被对面来车或路边树木等刮伤，也不要向车窗外乱扔杂物，以免伤及他人。

(3)不在车内吃用竹签或其他金属物串联的食物，如羊肉串、糖葫芦等。

(4)不乱动车内的安全锤、断气阀等安全设施，自觉维护公交安全。

(5)车辆发生事故时，不要惊慌，要听从驾驶员的指挥，有序离开车厢。

教师提问4：谁能谈一谈你在本次社会大课堂活动中的收获和体会。

学生汇报：

(1)高楼失火时，逃生勿入电梯，利用楼梯救急。楼层较高时，可用房间内的床单、窗帘等织物撕成能负重的布条连成绳索，系在窗户或阳台的构件上向无火层逃离。当所有通道被切断时，最佳的避难场所是卫生间。

(2)我学会了使用灭火器，成功扑灭了模拟火焰，还学会了从高处逃生时用到的结绳方法，我回去要教给爸爸妈妈，这非常有用。

(3)我知道了乘坐公交车时哪些事情能做、哪些事情不能做，我再也不在车上吃东西或看书了。而且我还要告诉爷爷奶奶，乘车时也要学会自我保护。 总结：同学们说得都很好，希望通过今天的参观、体验学习，大家能够提升公共安全意识和自我保护能力，并且把今天学到的知识和技能分享给身边的亲人和朋友，提高自护、自救的能力，在灾难和意外来临时，沉着冷静地应对。
实效性评价
通过此次公共安全教育主题实践活动，不仅增强了集体凝聚力，更开阔了同学们的视野，牢固地树立了“起于知识，形于技能，终于意识”安全科技意识。通过全面、真实的体验，关注生活、探索科技、关注安全的种子已经播撒在每个同学的内心。学生通过体验烟雾模拟逃生，真正理解了火灾时湿布捂住口鼻、弯腰低头前进的原理；通过模拟灭火体验，90%以上的学生掌握了干粉灭火器的使用方法；95%以上的学生掌握了结绳技能，通过小组合作完成了牢固的结绳任务；在公交安全体验中，通过角色扮演模拟交通事故逃生，知道了安全锤及逃生自救的方法；通过知识竞赛，掌握了一定的公共安全知识。

案例 3　正确乘坐手扶电梯

【案例推介】

安全乘坐手扶电梯是现实社会中一项非常基本的能力，来源于生活，学生有兴趣，有话题感。本节课让学生通过充分讨论、欣赏视频、情境模拟多种形式感知正确乘坐手扶电梯的方法。通过课堂教学提炼，联系生活实际，特别是通过情境活动、对话交流，让每一个学生在认知中学会乘坐手扶电梯时应该怎样做、不能怎样做，增强安全意识，增长安全技能，在生活中可以学以致用。

<table>
<tr><th colspan="6">活动基本信息</th></tr>
<tr><td>课名</td><td colspan="5">正确乘坐手扶电梯</td></tr>
<tr><td>领域</td><td>综合实践活动</td><td>学段</td><td>小学</td><td>年级</td><td>二年级</td></tr>
<tr><td>设计者</td><td>沈音</td><td>单位</td><td colspan="3">合肥市淝河小学</td></tr>
<tr><th colspan="6">活动背景分析</th></tr>
<tr><td colspan="6">少年儿童是祖国和人民事业发展的接班人，少年强则国强，他们的茁壮成长，直接关系到国家的兴旺。现在，中小学生的安全问题日趋明显，威胁孩子们的安全隐患越来越多。孩子们尚且没有自觉和自我保护意识，因此，对学生的安全教育迫在眉睫。
“认识标识标牌”是被安排在二年级综合实践活动中的学习内容。随着经济的发展，大型商场越来越多，而年轻的父母普遍缺乏带孩子的经验，这些年公共场所内发生的种种低龄儿童的意外事故令人触目惊心。所以，让学生了解公共场所的环境，认识公共场所的安全指示标识，有助于学生了解自己身处的实际环境情况，增强安全意识，加强自我安全保护，学会自我保护的方法和技巧，有效避免意外事故的发生。</td></tr>
</table>

学生特点分析
二年级学生在小学阶段属于低龄段孩子，调皮好动，对外界的新鲜事物充满了好奇。加上孩子们身材小，家长一不小心就会让他们脱离视线，溜了号。孩子们自我保护意识不够强，对安全知识了解有待增加，但低龄的孩子对图像的感知还是非常到位的。标识标牌恰恰是利用最简洁的图像给予人们安全提醒、提示。
安全教育目标
【安全知识目标】知道在乘坐手扶电梯时的不确定性，对可能产生的危险做到心里有数，了解乘坐手扶电梯的方法和技巧。 【行动技能目标】能够在实际生活中正确地乘坐手扶电梯；维护好公共秩序；利用所学知识事先研判，提前纠正。 【情感态度目标】通过实践活动积极采取自我安全措施，能够做到遇事忙而不乱，理智应对；善意提醒他人危险行为。
安全教育资源
【学校资源】学校里没有手扶电梯，但学校的网络多媒体能够提供大量的课件及真实视频，也可以与学校的信息化设备供应商合作开发 VR(Virtual Reality，虚拟现实)体验项目。 【社会资源】学生生活环境中随处可见，利用起来也很方便。
活动方式
【情境模拟】用两根竹竿代替手扶电梯的扶手，学生虚握竹竿，在竹竿上套上一根宽带，由前后学生抽动，让握着的学生有传输带在运动的感觉；每组学生轮流上电梯，分角色演一演在学习过程中可能发生的情况，如何解决。 【团队讨论】生生之间的对话交流，有助于缓解内心的紧张情绪，能够碰撞出智慧的火花，有助于问题的解决；促进学生既运用语言，又训练思维。
活动准备
【教师准备】PPT，视频，道具。 【学生准备】课前实地了解标识标牌的作用及对应的位置；带着问题，有目的地和父母去一趟大型商场。 【注意事项】学生外出一定要有家长陪同；家长事先要对前往的商场有所了解，有所规划，选择安全指数较高的场所；不影响他人正常活动。
活动实施
一、情境导入 设计意图：聚焦活动重点，引导学生关注安全标识牌问题。 教师提问：同学们，这是我周末在商场里看到的一些标识牌，你们偶尔会和爸爸妈妈去商场购物，有没有注意观察过商场里的这些标识牌呢？

(1)你认识这些标识牌吗，谁能来介绍一下它们？

(2)谁能具体说说，如果发生火灾，你应该怎样做？

(3)是手扶电梯的标识牌，你们在乘坐手扶电梯时，爸爸妈妈有没有提醒你们注意些什么呢？

教师小结：安全标识牌可以起到提示或者警示的作用，出门在外一定要注意留意身旁的标识牌。手扶电梯是生活中经常接触到的一种公共安全装置，今天我们就来看看如何正确地乘坐手扶电梯。

二、问题讨论

设计意图：基于问题发现的小组合作学习模式，参与式的学习更能提高学生的主体参与性。

观看视频：如何乘坐手扶电梯。

教师提问：同学们，在乘坐手扶电梯时，你们觉得还有没有视频当中没讲到的需要注意的地方呢？请同桌的同学以小组的形式来讨论一下，并且请每个小组派一名代表来汇报。

小组汇报：

学生1：不能把电梯扶手当滑梯玩，那样很危险。

学生2：不能去玩电梯旁边用来遮挡的“毛刷”。

学生3：我还知道有个按钮可以让手扶电梯停下来。

教师小结：儿童在手扶电梯上发生事故，多是因为脱离了大人的视线，爬到扶手上发生意外，从高处跌落了下来；孩子的脚比较小，有孩子就因为用脚去碰手扶电梯两侧的“毛刷”，结果脚被绞进了电梯里，造成了脚趾骨折或更严重的后果；手扶电梯上的红色按钮作用可大呢，当电梯上发生危险的时候，按下它，就可以使电梯停止。记住，只有电梯上发生紧急情况时才能按它，它可不是玩具，不能随便乱按，如果一按，电梯猛然停止，可能会让人从电梯高处摔下来受伤的。

三、情境模拟

设计意图：通过角色扮演和情境模拟，可以加深学生的安全意识，更好地转化为安全行为。

任务驱动：刚才同学们看了视频，又交流了很多乘坐手扶电梯的正确方法，那能不能把你们学到的知识编一编、演一演呢？以一大组为单位，请组长组织大家先讨论准备演些什么内容，再分配好角色，表演时间两三分钟即可。老师已经为你们准备好了道具。

学生分组表演。

教师提问：

(1)通过刚才的表演，你们还有什么想说的呢？

(2)乘坐之前要怎么做？

(3)乘坐过程中要注意什么？

(4)快下手扶电梯时应该注意什么呢？

学生小结：

(1)乘坐之前，要确认落脚的地方，脚踩在黄色安全线以内，手要放在手扶电梯上防止摔倒。

(2)我发现刚才表演时，有的同学握左边的扶手，有的握右边的扶手，大家最好都靠右边站，给其他有需要的人留出应急通道。

(3)乘坐手扶电梯时，刚才有人回头和后面的人说话，这样很危险，我们在乘坐手扶电梯时眼睛一定要看着前面，以防发生意外。

四、活动收获

设计意图：通过问题回顾，强化课堂学到的处理问题的方法。

教师提问：同学们，这节课你有哪些收获，请分享给我们听一听吧，要说清楚你课前知道些什么，通过本节课又知道了些什么。

教师小结：同学们，今天我们所学习到的乘坐手扶电梯的知识，希望你们出门在外时能真正做得到，做得好，在乘坐前、乘坐中、乘坐结束前做到安全守规矩，为自己的人身安全保驾护航，同时也要关爱他人安危。

实效性评价

“认识标识标牌”这些素材就在孩子们身边，家长带领孩子课前准备的可操作性很强，且这一主题系列非常实用，家庭课前都能有所准备，不受家庭生活水平和家长知识水平的限制。孩子们在整个“认识标识标牌”主题综合实践活动中，主动参与性很强，能够结合自己的生活经验和课前调查准备，积极地开展师生、生生互动活动，通过活动进一步提高孩子的安全意识，完善从自身出发的安全措施。同时也培养了他们收集信息和人际交往的各种能力。

案例4 学会自我防护，远离性侵害

【案例推介】

如何科学地、有效地、适度地向学生传递预防性侵害知识是一个社会热点议题，也是一个难题。本节课设计形式多样的赋权型的互动教学，通过教师案例图片讲解讲授、师生互动、团队讨论分享、自我防护训练、角色扮演、制作手抄报等多种形式和活动，让学生参与到课程中，学习和了解预防性侵害，掌握保护自己的多种具体方法，并初步树立起自我防护的意识和防范技能。活动丰富、内容信息量大，与学生的生活实际贴切。

<table>
<tr><th colspan="6">活动基本信息</th></tr>
<tr><td>课名</td><td colspan="5">学会自我防护，远离性侵害</td></tr>
<tr><td>领域</td><td>综合实践活动</td><td>学段</td><td>高中</td><td>年级</td><td>一年级</td></tr>
<tr><td>设计者</td><td>刘晓云</td><td>单位</td><td colspan="3">黄冈中学北京朝阳学校</td></tr>
<tr><th colspan="6">活动背景分析</th></tr>
<tr><td colspan="6">近年来，青少年儿童性侵事件时有发生，引起了家庭、社会、学校、司法部门的高度重视。截至2018年12月31日，“北大法宝”司法案例库可以检索到的儿童性侵案例已有1.7万余例。
与伤害数据形成对比的是，据中国教育学会《2015年全国暑期安全问卷调查数据分析报告》统计，有29.04%的中学生没有接受过防性侵教育，有34.15%的初中生和32.88%的高中生不认识隐私部位，被侵犯后有48.33%的初中生和53.83%的高中生选择不告诉父母，年龄越大选择告诉父母的比例越小。
一方面，青少年对性知识的接触和了解越来越早，但他们对于保护自身的身体和预防伤害的意识非常弱，不知道与异性交往的原则和底线，当被引诱时也很少考虑后果；另一方面，研究表明，70%的性侵害案件都是熟人作案，或者是性骚扰，发与性有关的信息、图片，言语挑逗等，或者是身体接触等。性侵害对青少年的身心影响都是巨大的。因此，教育青少年儿童提高自我保护意识，学会自我保护的方法和技巧尤为重要。
开课前，组织我校高一年级全体学生完成《青少年防性侵调查问卷》的调查，结果表明有36.6%的学生没有看过防性侵方面的知识或接受过防性侵教育。73.45%的学生希望学校开展防性侵安全教育课程，学习自我防护知识。青少年的自我防范意识差，自我保护能力不强，因此，对学生的预防性侵犯安全教育迫在眉睫。</td></tr>
<tr><th colspan="6">学生特点分析</th></tr>
<tr><td colspan="6">高一学生年龄大多在16岁左右，身体发育迅速，自我意识明显增强，独立思考和处理事物能力显著提升。青春期性成熟带来的好奇心和探究欲，促进青少年性意识的发展，但对性冲动的控制能力不强。家长和社会对性知识教育采取的封闭甚至耻于谈论的态度，很容易导致学生产生青春期烦恼。因此，加强学习自我保护知识，正确认识自己的身体，学会爱护和尊重自己的身体，提升性防范意识，了解性防范的方法和技巧非常重要。</td></tr>
</table>

因此，具体地引导学生学习自我保护知识，了解性侵害发生的时间和主要场所，培养学生的观察分析能力和应变处置能力，学习并演练防范技能对高一学生来说非常具有可操作性。
安全教育目标
【安全知识目标】了解青春期的身体变化，知道异性交往的原则和底线。了解性侵害的概念和范畴，知道性侵害的预防和求助方式。 【行动技能目标】能够分辨性侵害，掌握防范性侵的方式和方法。 【情感态度目标】学生能正确地对待生活中的性侵害事件，培养学生珍惜生命、关爱健康的生活态度，树立“生命高于一切”的自我保护意识。
安全教育资源
【学校资源】学校提供安全课教学所需要的各种道具及教具等教学资源供教师开展安全教育使用。学校安排教师参加专项知识学习培训，校内开展学生个体、团体咨询，围绕课程或校本教材中在这一内容上的资源展开培训宣传工作。 【社会资源】如今可查到的资料很多，国家提供的未成年人维权电话也非常多，可以帮助青少年预防性侵犯，减少伤害，维护权利。 报警电话：110。 “12355”青少年服务台：12355是青少年维权与心理咨询服务热线，是共青团中央权益部设置的专门面向青少年提供服务的热线。 妇女维权公益服务热线：12338，公益服务热线主要为妇女儿童提供法律、婚姻、家庭、心理、教育等方面的咨询，并受理有关妇女儿童侵权案件的投诉。
活动方式
运用体验式互动教学模式，组织学生开展教育教学活动。 【场景体验】请在“卡通人”身上禁止他人触摸的隐私部位画上颜色。通过在“卡通人”上禁止他人触摸的部位画上颜色，让学生体验和辨析哪些部位是隐私部位，是不能被他人触碰的。 【图片讲解】男女生禁止他人触摸的隐私部位、中小学生性侵害的常见形式、新闻案例讲解、识别并远离危险情境，通过展示以上情境图片，进一步增强学生的防范意识，提高危险情境信号的识别能力，学习自我防护技能。 【案例分析】如何分辨性侵害(师生问答互动环节)，教师通过案例展示，请同学们分辨什么是性侵害，并认识到预防性侵害的重要性。 【团队讨论】头脑风暴——防性侵四问，通过让学生分组以赋权型教育的方式，启发小组成员共同思考讨论四种性侵问题可能带来的后果及应对方式及技能，通过小组汇报的方式，达到全体学生共同参与学习应对每一种后果的方式及技能，引导学生学习自我防护知识及应对技能，同时为自己的选择和行为承担责任。 【自卫训练】设立自我防护训练环节，有效提升学生自我防护我防护意识和技能。其目的是帮助学生在教师的指导和帮助下开展自我防护训练，当遇到危险情境时，可以更高效地利用口头和肢体进行自我防护的技巧，学会保护自己，免受性侵犯的伤害。树立“生命高于一切”的自我保护意识，演练结合学习防范技能，斗智、斗勇、逃生相结合，综合使用防侵技能。 【制作手抄报】小组成员共同完成《学会自我防护，远离性侵害》宣传海报。

活动准备
【教师准备】设计调查问卷，了解学生的已有认知。 多媒体课件、板书、平安歌谣、磁力贴、尖叫报警器、彩纸、彩笔、悄悄话信箱、课堂学案、课后测评问卷。 【学生准备】课前完成《青少年防性侵调查问卷》；课前随机将学生分为 4 组(每组 6 人)。 【注意事项】课前通过测评或其他途径提前了解学情，再根据学生的实际情况及需求，运用体验式互动教学模式，组织学生开展教育教学活动。

活动实施

一、引入教学主题

设计意图：以当前青少年儿童受到性侵的背景及统计数据，激起学生对性侵事件的认识和警觉，从而导入本课“学会自我防护，远离性侵害”。

开展“学会自我防护，远离性侵害”课程背景介绍及相关统计数据。

二、认识爱护我们的身体

活动一：涂涂画画

设计意图：通过给“卡通人”画颜色的活动，让学生正确认识自己的身体，学会爱护和尊重自己的身体，提高自我保护意识。我们身体的部位，有些是可以露在外面给他人看的，有些则是隐私部位，不能给他人看，也不能给他人摸。

(一)涂涂画画

请在“卡通人”身上禁止他人触摸的部位画上颜色。(下发课堂学案，让学生完成)

(二)教师讲解

背心裤衩覆盖的地方就是我们身体的隐私部位，背心裤衩覆盖的地方神圣不可侵犯！提示学生身体的隐私部位，不许别人触摸！尊重自己，尊重他人！

三、如何分辨性侵害

设计意图：通过案例展示，请同学们分辨什么是性侵害，并认识到预防性侵害的重要性。

(一)行为判断

以下哪些行为属于性侵害？

1. 遭受陌生人强吻时。(属于性侵害)
2. 在医护人员的陪伴下检查身体。(不属于性侵害)
3. 被迫一起观看黄色书籍或色情影片。(属于性侵害)
4. 被迫观看或触摸他人的性器官。(属于性侵害)
5. 父母拥抱是一种亲情的表达。(不属于性侵害)
6. 被人抚摸胸部或性器官等敏感部位。(属于性侵害)
7. 以下流的语言挑逗，讲述黄色笑话或下流话题。(属于性侵害)

(二)教师讲解

中小学生性侵害的常见形式。

1. 滋扰型性侵害。
2. 暴力型性侵害。
3. 胁迫型性侵害。

4. 诱惑型性侵害。

5. 网恋型性侵害。

6. 社交型性侵害。

(三)新闻案例

教师展示新闻案例 2 则。

四、如何防范性侵害

设计意图：通过学生思考讨论和教师补充讲解，进一步增强学生的防范意识，提高危险情境信号的识别能力。

活动二：头脑风暴——防性侵四问(赋能型教育：学生分组讨论＋全班分享＋板书＋教师补充)

(一)防性侵四问

谁：哪些人容易成为性侵事件的对象？加害者会是哪些人？

时间：什么时间容易发生性侵事件？

地点：什么地点容易发生性侵事件？

情境：容易发生性侵事件的情境？

分组讨论。

指导语：结合以上学习及新闻案例，请以小组为单位思考防性侵四问。

活动流程：

1. 小组成员交流研讨。

2. 小组代表全班分享＋板书。

3. 教师补充＋板书。

(二)识别并远离危险情境

展示常见的生活情境图片，进一步增强学生的防范意识，提高危险情境信号的识别能力。

谨记：(1)不要随便跟陌生人走；(2)不要随便接受陌生人的物品；(3)不要随便搭乘陌生人的车；(4)晚上睡觉要关好门；(5)出行要征得家长的同意，并结伴而行。

(三)遇到危险情境，应该如何保护自己(教师讲解指导＋学生演练＋板书)

教师讲解：当遇到危险情境，更高效地利用口头和肢体进行自我防护的技巧，学会保护自己，免受性侵犯的伤害。树立“生命高于一切”的自我保护意识，演练结合学习防范技能，斗智、斗勇、逃生相结合，综合使用防侵技能。

学生演练：课堂中学生将和同学组队，在教师的指导下练习防范动作技能。练习在突发情境中被跟踪、袭击时该如何脱险并更高效地利用口头和肢体进行自我防护的技巧反击……

教师小结：做好自我防护，要充分了解明白规矩和法律，在生活中遇到性侵事件，在助力有限的情况下要最大限度地保护自己，学会应对。

五、学以致用，应用提升(小组活动＋分享展示)

活动三：斗转星移

时光倒流……(角色扮演)，结合案例分析。

时光前行十年……(海报)，成为青少年防性侵知识的传播者。

时光未变……(海报)，感受和体会。

规则：各组完成主题活动；各组集体展示成果。

六、课堂总结(学生总结＋教师总结) 设计意图：引导学生对所学知识技能及时地进行总结、巩固、扩展、延伸、迁移等，帮助学生将所学的知识能够及时地进行系统巩固的运用，纳入自己的认知结构之中。 指导语：引导学生用“这节课我记住了……”完成本课总结。 教师总结：这节课我们学习了防护知识，只有学会应对，让自己强大起来，才能在助力有限的情况下最大限度地保护自己。 **七、学习后检验** 设计意图：检验本节课的学习成果，进一步巩固本节课的教学目标。 学生课后在线测评(多选题)。
实效性评价
宣传普及安全教育、防范性侵害知识，拓宽学生安全知识面。通过课程活动设计让所有学生都参与赋权型互动式教学中，帮助学生提升自我安全防护知识及技能。本课通过学生个人绘画、自卫训练、师生互动问答、教师讲解知识链接、安全歌谣、学生分组讨论分享、绘制手抄报、板书等丰富多彩的形式，让学生通过涂画认识自己的隐私部位，学会爱护和尊重自己的身体，提高自我保护意识，认识什么是性侵害，辨析哪些行为属于性侵害，通过自卫训练，学习掌握防范性侵的方式和方法。通过赋权型互动教学方式，让小组学生讨论合作总结展示活动，让学生学习掌握在遭遇性侵害时，如何进行安全反抗、安全拒绝和安全逃跑，及时告诉家人、报案，并做后续处理等具体的保护和维权措施。 由于活动环节紧凑、形式丰富多样，最大限度地照顾了不同学生的需要，保证所有学生在不同层面都有所收获。有的学生反馈在避免性侵害知识与技能方面有较大收获；有的学生认为在辨别潜在侵害情境和区分好与不好的身体触摸的能力方面有了提升；还有的学生反馈最有成效的就是自我控制感与安全感的增强。

第三部分　写在后面

1. 在“社会安全教育”上，我们的挑战是什么？

公共安全是国家安全、社会稳定的重要基石，对保障中国社会和谐发展具有非常重要的意义。中小学生社会安全教育作为社会安全体系的根本和基础，对公共安全起着至关重要的作用。青少年儿童是祖国的希望、民族的未来，教育和保护青少年儿童，是我们全社会的共同责任。然而，我国的中小学安全教育在各个层面上都面临着很大的挑战。

第一，社会支持力度有待加强。国家一直高度重视中小学的安全教育，先后颁布了《中华人民共和国未成年人保护法》等一系列保护中小学生安全的相关法律法规，但对于学校安全教育制度的专门法律法规还是有所欠缺的。国家财政对教育经费的预算虽然逐年增长，但这其中对安全教育设备设施、专业师资力量培训的投入却相对比较少。社会对安全教育的宣传，仅仅局限于某几个专业的安全教育网站和安全教育部门的督促，宣传力度远远不足，未能引起整个社会的重视。

第二，学校安全教育效果不佳。学校安全教育缺乏主动意识，在学校升学率压力和学生的成绩压力下，不少学校把更多的精力放在了如何提高学生学习成绩上，却没有把学生的安全教育贯彻到学校教学的全过程。学校安全教育模式单一，学校没有了安全教育考核压力，使得学校安全教育越来越流于形式。教师没有动力探索和钻研安全教育的多样性，导致学生们对安全教育课程缺乏学习兴趣。学校安全教育保障机制不力，安全教育要求教师要有专业的安全知识和安全教育方法，但是由于学校成绩压力、经费等原因，多数学校的教师未经过专业的安全教育培训，无法有效地开展安全教育。学校安全教育缺乏主动意识，模式单一，保障机制不力等，导致安全教育实践不能常态化，安全教育效果非常低。

第三，家庭安全教育有待重视。虽然素质教育已经开展了多年，但应试教育仍然在家长中占据了很大的分量。为了不让孩子输在起跑线上，家长付出了巨大的财力和精力，努力让孩子能有更好的成绩。但是对于孩子的安全教育，家长却并不重视，更鲜有付诸实践的，家长表面上虽然总说“注意安全”等，却未真正系统全面地指导孩子如何有意识地防范安全风险。

第四，学生安全意识有待提升。学生把更多的时间和精力用在了学习上，而未真正重视对于学习成绩没有多大影响的安全教育，导致安全意识薄弱，缺乏安全意识。

2. 在“社会安全教育”上，我们的目标是什么？

学校要加强社会安全教育，突破上述层层困境，应该从下面几个方面开展工作。

第一，加大政府和社会支持力度。国家层面要着手规划和明确中小学公共安全教育的内容与实施过程，进一步加强对中小学公共安全教育工作的指导，切实提高中小学公共安全教育的实效性，确保中小学生的人身安全，增强中小学生的安全意识和行为能力。国家要完善安全教育制度，推进出台专门的校园安全法，明确各方的责任和义务，具体的奖惩措施等，变被动承担到主动承担，保障校园安全管理法制化。国家要加大安全教育财政投入，保障安全教育设施的建设、更新，加强国家和社会安全教育宣传，使安全教育有硬件、软件等多方面的支持和保障。

第二，加强学校安全教育力量。"工欲善其事，必先利其器。"学校安全教育的实施离不开优秀的安全教育教材，学校需要开发自己的校本课程，重视学科之间的关联，在课程中渗透安全教育，把显性和隐性的安全知识结合起来，与时俱进，联系实际，注重时效性和适用性。学校作为安全教育的主阵地，还要创新教学方式，结合学生的个体差异，采取多样化的形式、新兴的教学手段等，让学生在更加真实的环境中认识并了解危害，学习安全防护措施，增强学生的安全意识。加强安全教育师资队伍建设，加大对承担安全教育教师的培训，建立一支专兼职教师结合的安全教师队伍，做到人人都是安全教育教师，对学生安全负责。

第三，重视家庭安全教育。安全教育单靠学校的力量是达不到目标的，家庭对孩子的影响是潜在的、长期的。家庭要积极配合学校，学习安全知识，开展安全教育，让孩子养成良好的安全意识。

第四，建立社会、学校、家庭三方的联合力量，在互动中形成教育合力。政府从国家和民族发展的长远角度制定出科学合理的安全教育法律法规；教育主管部门和学校切实做好组织实施和管理工作，结合自身实际，将理论付诸实践；家长和社会大力支持和配合学校的各项工作。做到社会、学校、家庭三方密切配合，通力合作，建立多层次、多角度、全方位的安全教育科学体系。

第二节　公共卫生篇①

第一部分　写在前面

问题1：在学校开展"公共卫生教育"的重要性是什么？

公共卫生是通过评价、政策发展和保障措施来预防疾病、延长人的寿命和

① 本部分主要作者：魏华丽，博士，北京市朝阳区白家庄小学。

促进人的身心健康的一门科学和艺术。公共卫生教育作为《中小学公共安全教育指导纲要》中的六大模块之一，承载着中小学生具有端正的卫生态度、规范的卫生行为、良好的习惯养成、学会尊重生命健康、追求高质量的健康生活等方面的重要教育意义。目前，关于中小学开展公共卫生教育的研究较少，多集中在地区教育部门要求的专题教育，而贴近学生生活需要、符合学校实际情况的公共卫生教育课程的开发与设计尚有不足。因此，结合合适的选题、以贴近学生认知的方式开展中小学公共卫生教育，有助于提高中小学生的公共卫生安全意识，促进健康知识和生活技能的获得，更有利于中小学生的健康生活、全面成长和终身发展，为一生的幸福健康奠定基础。

中小学开展公共卫生教育，旨在落实落细立德树人这一教育的根本任务。党的十八大提出立德树人要求落到实处，充分发挥课程在人才培养中的核心作用。开发与设计中小学公共卫生教育课程，能够借助课程在育人中的核心位置，利用课程这一教育思想、教育目标和教育内容的主要载体，将端正的卫生态度、规范的卫生行为、良好的习惯养成等培养目标在公共卫生教育课程中实现，广大青少年能够学会尊重生命健康，具有追求高质量健康生活的积极内动力，赋予生命更多内涵意义和更高价值，进而将立德树人落在实处、落到细处。

中小学开展公共卫生教育，意在培养中国学生发展核心素养之“珍爱生命”要点。珍爱生命属于健康生活素养，是中国学生发展核心素养的十八大要点之一。在中小学开展公共卫生教育，能使广大青少年在公共卫生方面“具有安全意识与自我保护能力”，结合自主、探究、合作的公共卫生教育课程实施，进而“理解生命意义和人生价值”，在将认知转为行为的过程中，“养成健康文明的行为习惯和生活方式”。

中小学开展公共卫生教育，进一步促进学校结合顶层设计丰富课程内容，优秀教师先行示范。中小学开展公共卫生教育的需求，将促使学校结合顶层设计，思考如何丰富课程内容并细化落实育人目标。同时，由于公共卫生教育没有相关教材，会驱动一部分优秀教师先行，开发相关的教学资源，挖掘相关的教育资源等；贴合学生生活实际的选题，更需要分析学生的年龄特点和心理特点，采用灵活多样的教学设计，吸引学生参与课堂实施，这将进一步激发教师的课堂创新，促进学生主动学习。此外，公共卫生教育更关注学生的认知过程和行为改变，需要评价主体多元、评价形式多样，将激发教师的创造性，增强教师与家长的沟通协作，教会学生珍惜生活、珍爱生命，进而成就教师的成长与专业化发展。

中小学开展公共卫生教育，深化培养中小学生的公共卫生安全意识，筑牢生命安全的卫生防线，为生命健康奠定基础。中小学生能够掌握必要的公共卫生安全知识，具备相关技能，并将知识与技能落实到日常生活的行为改变中。同时，在面对卫生安全事故时，学会科学预防，具有自我保护能力，能够有能力科学救助他人，养成临危不惧、沉着应对的良好心态，成长为新一代高素质的社会公民。

问题 2："公共卫生教育"主题下教学设计的重要选题有哪些？

公共卫生教育关系孩子的身体健康、心理健康，关系孩子的未来成长。小孩子只吃零食不好好吃正餐、只喝饮料不喝白开水等不良生活习惯困扰着家长，说教无济于事，强迫则会招致孩子的撒泼打滚、老人的偏袒维护，甚至会升级为家庭矛盾，带来一系列的社会问题。例如，一年级小朋友刚到新学校，由于环境陌生，不敢上厕所而尿湿裤子，不会上厕所引发同学矛盾。因此，给孩子造成巨大的心理压力，甚至会影响其正常的学校学习生活。看似小问题，如果得不到合理解决，会演变成学校德育问题、家庭教育问题。

"公共卫生教育"主题下教学设计的重要选题可以来源于学生真实需求下的学校难点问题。例如，从新生如厕安全教育、健康饮食教育等入手，从小、细、实处着手设计教学，帮助学生树立正确的生活卫生、饮食健康等公共卫生意识，学习必要的健康饮食、预防高温中暑等公共卫生知识以及自救和救助他人的技能，进而指导自己和他人的行为改变，用实际行为践行尊重生命健康的理念。

"公共卫生教育"主题下教学设计的重要选题还可以来源于学生生活实际的社会热点问题。例如，雾霾是学生身边常见的环境问题，也是社会关注的热点话题。学生在深入了解雾霾相关知识之后，能够结合各类口罩的防雾霾性能进行对比实验，科学选择并做好基础日常防护，还能够结合学科实践，通过数据调查与分析了解区域雾霾现状并简单分析成因，制作倡议书、宣传画等指导社区人们改变出行方式、做好垃圾分类等身边小事等，以实际行为为环境改变助力等，将学习到的知识应用于与雾霾相关的具体问题解决中。

做好"公共卫生教育"主题下教学设计的重要选题，重要的是立足学生需求，从生活实际选取素材，聚焦社会热点、学校难点问题，提出话题或学生研究小问题，让学生在探究中培养公共卫生安全意识，具有自我保护的健康生活能力。

问题 3：如何做好"公共卫生教育"主题下的教学设计？

选择贴近学生实际的公共卫生教学内容。公共卫生教育直接保障着中小学生的身体健康，直指中小学生的不良生活习惯、饮食习惯等话题更贴合学生生活实际，也易于学生理解接受，并促进不良行为改变，促进身体健康发育。例如，在"零食与健康"一课中，零食作为正餐的补充，在中小学生饮食中占有重要分量。而中小学生只吃零食不好好吃正餐、只喝饮料不喝白开水等不良饮食习惯亦是常见，给家长带来困扰，并为学生的健康发育埋下隐患。教学从学生生活的常见现象入手，使学生能认识到学习与生活的关系，建立"是"与"非"的健康标准，从而改变或者约束自我行为，逐渐形成自控力。

设定合理的多维教学目标。根据公共卫生教育的各个教学主题，结合学生的年龄特点和认知规律，从安全知识、行为技能和情感态度三个维度分解教学目标，并在教学环节中有具体呈现和评测。这样，既有适量安全知识的学习，又注重必要行为技能的获取，更重要的是通过公共卫生教育树立正确的情感态度，用以指导日常生活中的行为改变。

收集丰富的教学资源。充分挖掘各学科中有关公共卫生教育的教学资源，并充分利用网络资源、社区教育资源等，形成丰富的教学资源。例如，在“如何预防高温中暑”一课中，学生在了解高温天气的基础上，利用网络资源查找高温中暑的新闻、三种不同程度中暑的症状等，形成翔实而多样的教学资料。同时，聘请社区医院的医生进校园进行专业讲解和指导，社会教育资源的介入，使教学资源更加丰富。

创设结合学生生活实际的教学情境。结合生活实际来设计活动情境，使学生深入其中进行探究学习，亲身经历才能避免浮于表面、流于文字。课堂知识与生活情境的结合教育，使学生能够在生活实际中更好地运用所学知识。例如，“健康饮食我能行”一课，设计了学生自己动手制作饮料的活动场景，学生按照要求，亲自动手将水、食用色素、甜味剂、酸味剂、食用香精等混合，制作成苹果味饮料。学生在活动情境中，亲身经历了果味饮料是由食用色素、甜味剂、食用香精等加水制作而成的，原料中并不含有水果，也不是居民平衡膳食宝塔中的成分，进而打破饮料的“神秘性”、减少吸引力，为“长期饮用饮料有害身体健康”奠定了亲身经历的情境基础。

第二部分　案例设计

案例1　新生如厕安全教育

【案例推介】

如厕安全教育是每位一年级新生的入校必修内容，涵盖如何正确表达需求、熟悉班级周边环境、学会遵守如厕秩序、养成便后洗手的卫生习惯等方面。文明如厕是新生正常融入集体学习生活的标志之一，如厕安全教育的重要性可见一斑。本案例结合新生的年龄特点和心理特点，因地制宜地选取教育资源，将男女学生厕所标志、厕所位置与路线等内容融入课堂教学，使学生易于理解和接受；同时用文明如厕歌的形式，使学生便于理解记忆要点。最后用实地实践活动的形式，检验新生的学习效果，并及时指导、评价，使学生掌握文明如厕的步骤，逐渐形成正确的如厕行为和习惯，达到如厕安全教育的目的。

活动基本信息

课名	新生如厕安全教育				
领域	综合实践活动	**学段**	小学	**年级**	一年级
设计者	钟樱、陈竹	**单位**	成都市金沙小学		

活动背景分析

部分一年级新生由于环境的改变，容易焦虑、紧张。有便意时憋着，不敢上厕所，不敢向老师寻求帮助，以至于尿裤子；刚进入一年级的孩子，性别意识逐步建立起来，可以分清男厕和女厕。但部分新生对文明如厕、安全如厕的意识模糊，需要进一步建立。本次新生入学安全教育活动，帮助小朋友大胆地表达有便意时的需求，养成不憋尿、憋尿、不尿湿裤子的好习惯；熟悉厕所标志，了解男女厕所的不同；熟悉上厕所的环境和流程，初步养成文明、安全上厕所的习惯。通过本节课的教学，使学生掌握有关厕所的知识，培养学生的思维、观察、语言等各方面的能力，使他们养成良好的行为习惯，从而达到学用结合，并且通过他们的实践活动，使教学贴近生活。

学生特点分析

一年级新生刚入学，生活习惯和学习习惯都面临重大挑战。相比于幼儿园每班都有厕所的环境，小学生需要解决去远距离的楼道上厕所的问题。7 岁左右的儿童，呈现出注意力不集中、情绪变化无常、不善于控制情绪、容易冲动、特别敏感的特点。而此年龄正好是一年级的入学年龄，从进入小学的第一天起，便意味着他们要独立承受生活和心理环境的巨大变化，大多数家长对孩子此时面临的压力和挑战是缺乏足够预估的。此时若学校能够在行为规范上对入学新生进行专业、系统的培养，让他们尽快度过适应期，将为他们养成良好的学习习惯打下坚实的基础，树立更牢固的信心。

安全教育目标

【安全知识目标】通过提问、回答及朗诵《厕所文明公约》，懂得如何卫生如厕、文明如厕、安全如厕。

【行动技能目标】通过如厕教育，养成不憋尿的习惯；通过辨认厕所标志，加强性别区分意识；通过实地如厕训练，了解如厕基本流程及规范。

【情感态度目标】通过本节课的教学，使学生掌握有关厕所的知识，培养学生的思维、观察、语言等各方面的能力，使他们养成良好的行为习惯，为未来的学习生活搭建桥梁。

安全教育资源

【学校资源】

1. 每个楼层配置足够的男女学生专用厕所，以色彩、图标等进行区分。
2. 厕所地面进行严格的防滑处理。
3. 洗手池处张贴洗手规范，防止学生将水甩出池外造成湿滑。
4. 教学区内所有转角处、台阶处进行防撞处理。
5. 教学区内每个楼层不少于三处安全提示，如厕处必备安全提示。
6. 厕内以学生自绘动漫安全提示作品进行张贴，学生更乐于接受。
7. 高年级学生干部引导培训。

【社会资源】各类男女厕所的标志及厕内安全提示。

活动方式
1. 团队讨论。 (1)带领学生明确自己的性别。叫学生起来说：我是男(女)生。 (2)提出问题：同学们，当你们自己一个人在外面或者在学校想上厕所了，首先该怎么办呢？那就跟我来学习今天的内容，学习完你就知道该怎么办了。 (3)认识厕所的图标，男女厕所的图标，并让学生站起来回答男女厕所图标有什么区别。 (4)让学生懂得大小便时要上厕所。 (5)如厕有什么要求呢？我们应该怎么做？观看 PPT“文明如厕部分”。 (6)观看 PPT“安全如厕部分”。 (7)一起朗读《厕所文明公约》。 2. 场景体验。 带上《文明如厕你能行》题单到楼层厕所对应练习如厕文明。
活动准备
【教师准备】 1. PPT(学校各校区厕所标志照片)。 2. 文明如厕歌。 3. 每班安排 2 名高年级学生(1 男 1 女)，协助教师进行活动管理。 4.《文明如厕你能行》题单。 【学生准备】铅笔、橡皮擦。 【注意事项】 1. 每班严格按照以上时间段进行如厕实践活动，每班时间控制在 30 分钟以内。 2. 每班到本楼层离班级最近的学生厕所进行活动，请勿擅自前往其他厕所，以免造成混乱。 3. 请各班每次分组为：女生 10 人；男生 10 人。 4. 由班主任分好组，每组学生实践活动前领取《文明如厕你能行》题单，副班主任带领该组学生如厕。安排高年级学生对新生进行实践考核(在题单上盖笑脸印章)。 5. 印章盖完后，由副班主任带领该组同学离开回到自己班级。
活动实施
一、问题导入 设计意图：唤醒学生在性别意识上的已有认知，同时提出焦点问题，开展进一步讨论。 性别意识认同：请学生起来说，大声说出我是男(女)生。 问题导入：同学们，当你们自己一个人在外面或者在学校想上厕所了，该怎么办呢？ **二、认识厕所的图标** 设计意图：从基本的图标认知开始，解决学生上厕所问题的第一步。 出示男女厕所的不同图标，并让学生回答男女厕所图标有什么区别。(展示 PPT，发问，同学们自己仔细观察一下，左边的图片和右边的图片有什么不一样的地方。学生答完，老师阐述)

三、问题聚焦：想上厕所时怎么办？

设计意图：通过不同的情境来激发学生参与问题研讨的主动性。

教师提问：

(1)玩游戏时想小便怎么办？

(2)吃饭时想小便怎么办？

(3)集体活动时想小便怎么办？

教师小结：在集体活动前、饭前、睡觉前上厕所，有小便时应及时举手报告老师上厕所小便，不要憋尿，尿湿裤子。

四、团队讨论——文明如厕有要求

设计意图：基于问题开展研讨，同时提出正反两方面的问题，引导学生从自身、他人、环境思考问题。

请观看"文明如厕"的内容，小组讨论下面两个问题。

教师提问：

(1)文明如厕有什么要求？我们应该怎么做？

(2)如厕的过程看似简单，但如果大家行为不当，就会带来哪些安全隐患呢？

五、制作《厕所文明公约》

设计意图：梳理已有认知，通过外显化的策略——制作公约，总结提升头脑中的安全认知。

请以小组为单位，一起策划制作一则《厕所文明公约》，要关注应该怎么做、不能怎么做两个方面。

厕所文明公约

要……，不要……

要……，不要……

要……，不要……

六、活动体验

设计意图：真实的体验最能改善学生在生活中的行为，以达成安全教育的意义。

下面同学们跟老师一起去参观参观咱们学校的厕所，通过实地练习和答题，进行文明如厕和安全如厕的教学活动实践。

附：文明如厕实践题单。

文明如厕你能行

亲爱的太阳公民，我们已经在课堂中学习了如何文明如厕，现在，就让我们一起去厕所参观学习一下吧！

学习完之后，看看以下任务，你都完成了吗？

1. 如厕前，你带上手纸了吗？

2. 路上，你有没有文明行进呢？

3. 你准确分辨出自己应该进入的厕所了吗？

4. 有人在上厕所的时候，你有没有耐心排队等待？

5. 你是否轻轻打开隔断门？

6. 进入厕所后，你是否轻轻锁上门？

7. 便后，你冲水了吗？

实效性评价
8. 如厕结束后，你洗手了吗？ 如果你都得到了笑脸印章，那么恭喜你，你是一名能够文明如厕的合格的太阳公民啦！ 这次活动能够激发学生大胆地表达有便意时的需求，养成不憋屎、不憋尿、不尿湿裤子的好习惯，熟悉上厕所的环境和流程，使学生掌握有关厕所的知识，培养学生的思维、观察、语言等各方面的能力，使他们养成良好的行为习惯和安全意识，从而达到学用结合，并且通过他们的实践活动，使教学贴近生活。 当然，本次活动也有不足，部分学生能够较为熟练地使用厕所，知道厕所的使用规则，了解良好的卫生习惯，但是还是有一些学生不能够正确表达有便意的需求，所以本次实践应该在第一学期中至少反复进行 2～3 遍，才能帮助孩子加强规则认知意识。

案例 2　健康饮食来帮忙　良好习惯益处多

【案例推介】

健康饮食教育是三年级的教育内容，三年级学生出于对新鲜事物的好奇，开始表达自己的需求喜好，而由于自控能力尚未形成，挑食、偏食的情况比较普遍。本案例以小活动引入对膳食宝塔的认识，并利用膳食宝塔的平衡饮食原则指导学生如何健康食、健康饮。同时，利用动手制作饮料的小实验，学生直观理解饮料的制作成分并不在膳食宝塔内，进而建立“白开水才是最健康的”正确认知，达到公共卫生模块的年段目标“了解基本饮食卫生常识，养成健康饮食习惯”。

活动基本信息					
课名	健康饮食来帮忙　良好习惯益处多				
领域	综合实践	学段	小学	年级	三年级
设计者	郭莹	单位	北京市工业大学附属中学十八里店分校		
活动背景分析					
食品安全问题关系国计民生，一些不法商贩在利益的驱使下生产食用后对人身体有危害的食品，严重危害人民群众的健康和生命。因此，教孩子们学会在日常生活中如何健康饮食，这是十分重要的，同时要使每个学生都懂得食品安全不仅仅是国家的事、社会的事，而且是我们每个公民自己的事。 随着现代社会的发展，人民的生活水平越来越高，各种各样的食品包装、口味多样，让人目不暇接。而孩子因其年龄小、自我控制能力差、喜欢新奇好看的东西的特点，经常因食用零食而不吃正餐，以饮料代替白水，造成肥胖、营养不良、骨骼发育缺陷等问题。因此，设计了这个主题，通过指导学生了解平衡膳食宝塔，知道饮料对人体的危害，以及要多喝白开水，带领学生通过认识与实验，从抽象到具体，从书本到生活，逐步加深对食品安全的认识，从而养成良好的个人卫生习惯、饮食习惯和健康行为。					

学生心理和认知分析
三年级学生的独立思想开始孕育，而且学段处于转型期，是整个小学阶段的转折点，他们开始有了自己的想法但缺乏自控能力，在饮食健康认知上较为缺乏。他们开始善于表达，但同时不再单纯地认为老师说得都对，喜欢通过自己动手实践在活动中获得知识。 由于本校地处城乡接合部，90%以上的学生为借读生，家长由于工作较忙，对学生疏于管理，学生家庭条件参差不齐，学生利用多媒体技术自主获得知识的能力较弱，而动手操作能力较强，结合学生的心理特点，本课采用课前知识调查与课上动手实践相结合的教学方式，让学生在玩中学知识，了解饮料的危害，增强学生自护能力，并让学生懂得良好的饮食习惯是身体健康的重要保证。
安全教育目标
【安全知识目标】了解健康饮食的构成，知道健康饮食的基本原则：细嚼慢咽、荤素搭配、粗细粮结合、少吃生冷油炸食品、多喝白开水。 【行动技能目标】通过动手制作饮料，知道饮料的主要成分与长期过量饮用的危害，引导学生培养健康饮食的习惯。 【情感态度目标】教育学生懂得良好的饮食习惯是身体健康的重要保证，为养成良好的习惯打好基础。
安全教育资源
【学校资源】 1. 学校开设了健康教育课。 2. 校广播站开设饮食健康专栏。 3. 自制饮料所需的食品添加剂和水。 【社会资源】国家历来重视青少年的健康成长，《国民营养计划(2017—2030年)》和《“健康中国2030”规划纲要》中均提出强化体育锻炼，促进青少年身心健康的战略部署。自1990年起，中国学生营养促进会确定每年的5月20日是全国学生营养日。根据北京市卫生和计划生育委员会和北京市教育委员会关于“营”在校园——平衡膳食进校园的工作要求，为落实“营”在校园——北京市朝阳区平衡膳食校园健康促进行动(2014—2020年)，朝阳区疾病预防控制中心、朝阳区中小学卫生保健所共同组织，在每年的“5·20学生营养日”期间，都会组织各校开展有关营养与健康的系类活动，旨在改善学生的营养健康状况，更广泛、更深入地开展学生营养宣教及健康饮食行为干预工作，同时动员更多的学生、家长、学校教师及全社会关心学生成长的人士参与到“营”在校园工作中来。
活动方式
1. 案例分析：通过分析“5岁男童每天只喝可乐，14颗牙齿齐根烂掉”的案例，引发学生思考。 2. 小组讨论：按照教师所提出的问题，针对问题以小组合作方式展开讨论。 3. 动手实践：摆一摆了解平衡膳食宝塔的分类；通过实验制作饮料，了解饮料的构成成分。

活动准备
【教师准备】 1. 学习文件，查阅资料，设计活动的内容。 2. 设计课前饮食情况调查记录单，了解学生的元认知；“膳食宝塔”“摆一摆”的操作材料。 3. 分组设计：小组成员任务分工。 【学生准备】学生课前一周三餐饮食情况记录单、收集相关资料。 【注意事项】在动手操作过程中，教师要强调： 1. 食品添加剂一定要按顺序添加。 2. 注意实验材料不能入口，制作完成的饮料不能品尝。 3. 不要借助实验材料打闹。
活动实施
一、激发兴趣，引入主题 设计意图：在开始学习之前让学生说出自己在饮食方面的实际情况，帮助学生正视自己在饮食方面存在的问题，并在学习后及时改正。这个环节就能达到“学习后及时改正”。 教师提问： 1. 课前老师给同学们留了一项任务，让大家记录自己最近两天都吃了什么？谁来和大家分享一下？(学生交流) 2. 同学们吃了这么多食物，那他们究竟吃得健康、吃得科学吗？今天我们就来学习有关健康饮食的知识。(出示课题“健康饮食来帮忙　良好习惯益处多”) **二、科学膳食，有益健康** 设计意图：合理营养是指全面平衡营养，通过设计“平衡膳食宝塔”环节，帮助学生了解五类食物，做到合理营养，以避免营养不良和营养过剩。 (一)小游戏“摆一摆” 以小组为单位，把手中的食物卡片在“膳食宝塔”中“摆一摆”，按照类别将它们放进“膳食宝塔”中。 (二)学生动手实践并引导学生展开研讨 1. 每一层的食物都有哪些类别? 2. 它们的共同特点是什么? 3. 如何控制五大类食物在日常生活中的食用量? (三)教师小结 刚才我们通过“摆一摆”，认识了“居民平衡膳食宝塔”，经过讨论了解了五大类食物的食用原则。这其实就是营养学家根据营养学原则，结合我国居民饮食情况，特别制定的平衡膳食，只有做到了平衡膳食才是健康饮食。(请关注学生在本阶段的学习目标，将小结补充完整)

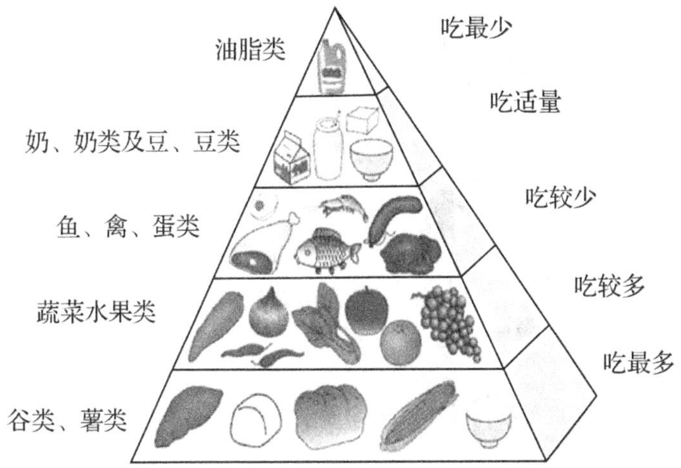

三、学习知识，掌握原则

设计意图：在了解“膳食宝塔”的构成的基础上，引导学生应用健康饮食的基本原则。

(一)案例研讨

现在，我们知道了居民的健康饮食应该包括以上五大类食物，每一类食物的摄入原则按照由多到少进行摄入。现在老师想考考大家是否真的掌握了饮食的基本原则，请看下面这几幅图中的同学，他们的饮食习惯正确吗？为什么？请各小组根据研讨结果进行汇报，讲出你们的理由。

biān chī fàn biān kàn diàn shì
边吃饭，边看电视

xǐ huan chī de jiù chī hǎo duō
喜欢吃的就吃好多

（二）教师小结

同学们通过看图判断了解了在日常生活中哪些是不健康饮食的行为习惯，知道了健康饮食的原则，相信你们从今天开始一定可以改正不良的饮食习惯，做一个健康饮食的小学生。

四、动手实验，了解危害

设计意图：通过实验，使学生亲身体会到，饮料在制作过程中添加了食品添加剂，对身体健康不利，帮助学生养成喝白开水的好习惯。

（一）谈话引入

很多同学在聚餐时、游玩时、口渴时喜欢喝饮料，不喜欢喝水，那你知道它们是怎么做出来的吗？今天大家自己动手制作一瓶饮料。

（二）制作饮料

PPT出示制作前的要求与步骤，请学生明确注意事项和制作要求后，了解制作饮料所需的材料，以小组为单位制作一杯苹果饮料。

制作饮料注意事项：

1. 每人只倒自己手中的试剂。

2. 倒完后放回试剂盒中。

3. 严格按照添加顺序逐一放试剂。

苹果味饮料的原材料：

主料：水 380 mL

辅料：	食用色素	1号亮蓝	0.0004 g
		2号柠檬黄	0.0015 g
	甜味剂	3号安赛蜜	0.03 g
		4号阿斯巴甜	0.03 g
	酸味剂	5号柠檬酸	0.06 g
		6号苹果酸	0.06 g
	食用香精	7号苹果味香精	0.1 mL

（三）问题讨论

1. 通过动手制作饮料，大家有何体会？想说什么呢？（学生回答）

2. 市场上所卖的各种口味的饮料，大多是借用这样的食用色素、香精、酸味剂、甜味剂混合而成，长期喝由这些成分勾兑而成的饮料对人体究竟有何危害呢？（学生自由回答）

（四）教师讲解

根据学生的回答，归纳总结长期喝饮料的危害。

1. 饮料不但不能解渴，还会加重身体缺水，导致口渴。

2. 大量喝饮料会导致我们不爱吃饭。

3. 饮料中含有大量糖分，很容易造成肥胖。

4. 饮料中所含的人工色素和防腐剂会阻碍儿童的生长发育。

(五)案例研讨

我们究竟喝什么才是对身体有益的呢？请看“5 岁男童每天只喝可乐，14 颗牙齿齐根烂掉”，通过这个真实的案例，我们得到了什么样的结论和启示？

(六)教师小结

通过真实案例，我们知道了只有白开水才是对人身体最好的饮料，喝白开水对人有以下这些好处，我们要养成喝白开水的好习惯。

睡前喝白开水：可以适当地弥补夜晚体内水分的流失。

早起一杯水：稀释血液，降低血液稠度，促进血液循环，预防心脏血管疾病的发生。
顺肠通便，排出体内代谢废物。

感冒多喝水：有利于体温的调节，增进机体免疫功能，提高人体抗病能力。

五、健康教育，习惯为主

设计意图：检验本节课的学习成果，进一步巩固本节课的教学目标。

(一)“考眼力”

经过一节课的学习，你都记住了哪些知识呢？下面我们来做个“考眼力”小游戏，看谁能快速找出可以放到餐桌上食用的健康饮食吧。

(二)“聊一聊”

你还知道哪些健康食品呢？除了老师列举的这些食物外，还有一些零食也是可以食用的健康食品，你知道都有哪些吗？

健康零食：多吃坚果，适当食用巧克力、牛肉干等。

(三)出示儿歌：《健康饮食有原则》

请根据儿歌总结健康的饮食习惯应该包括的内容。

健康饮食为首要，细嚼慢咽食三餐。
粗粮细做味道好，偏食习惯要纠正。
荤素搭配营养全，少吃生冷油炸物。
每天足量白开水，健康习惯要养成。

教师归纳：根据儿歌，我们可以归纳出健康的饮食习惯有细嚼慢咽、荤素搭配、粗细粮结合、少吃生冷油炸食品、多喝白开水。 **六、课程延伸，拓展教育** 设计意图：请补充完整……让学生在了解健康饮食的基础上，针对自己的饮食行为绘制手抄报，强化学习效果，巩固知识内容。 教师小结：同学们，今天的内容就到这里了，最后请同学们根据这节课学习的知识，回家后绘制一幅《健康饮食我知道》的手抄报，和家长一起用健康的饮食知识来保护自己吧！
实效性评价
通过本课的学习，让学生明白健康饮食的重要性，了解合理膳食对身体的重要性。通过动手实验，全体学生亲身经历饮料制作的实验过程，均能认识饮料的配料和危害，知道健康饮食的重要性。摆脱了以往的老师一堂说，学生只有听的任务，课上注重学生的动手操作和实际体验。学生动手实验、亲身经历饮料制作过程，形象地认识到饮料是由食品添加剂勾兑出来的，进而认识到长期饮用的危害。具体如下。 1. 课上教师十分关注学生的饮食健康，通过认识“膳食宝塔”，使学生了解到合理膳食对身体的重要性。 2. 通过实验制作饮料，让学生亲身体验到饮料是勾兑出来的，没有任何营养物质和新鲜果汁。 3. 通过讨论交流使学生明确如何正确、健康地饮食、喝水等。 食品安全包括方方面面，本节课只是其中的一角，在今后的教学中还要将食品安全教育更深入地进行下去。

案例 3　零食与健康

【案例推介】

零食作为正餐的补充，逐渐进入小学生的生活。而社会上的零食种类多样，丰富的口味、多样的颜色等对小学生产生巨大的诱惑力。如何正确选取零食，养成良好的饮食习惯，关系学生的身体健康和未来成长。本案例通过设计调查问卷，将课程的教学内容与学生生活联系在一起，并通过认识食品卡片的小游戏检验学习效果，最后以“解决李明烦恼”的生活案例，让学生学会应用所学知识，把合理选用零食、选取健康零食的理由表达充分，劝诫同学摒弃不良的零食习惯。

活动基本信息					
课名	零食与健康				
领域	综合实践	**学段**	小学	**年级**	四年级
设计者	周先来	**单位**	合肥市谢岗小学		

活动背景分析

每个孩子都有自己喜爱的零食，他们或许对饭菜有挑剔，却都无法拒绝零食的诱惑。零食成了孩子们美好童年的珍贵回忆之一，陪伴着孩子们快乐地成长。但同时，食品安全问题层出不穷，零食中的垃圾食品更是屡见不鲜，影响孩子们的健康成长。据《儿童健康成长调研报告》显示：北京、上海和贵州三个地区，在饮食营养方面，超半数受访者的孩子经常吃火腿肠(57.3%)、膨化食品(50.1%)和冰激凌等冷饮(48.8%)等。现实中一些孩子养成了只吃零食、不吃正餐的习惯，导致营养失衡、过度肥胖等问题。本活动能够让孩子们清楚地分辨健康零食与垃圾食品，学会选择零食，养成良好的生活习惯。

学生特点分析

小学阶段尤其是四年级的学生，认知能力还不足，对外界事物分辨能力较弱，容易受环境因素影响。生活学习中缺乏行动的目的性和一致性，需要家长、老师和社会做有效的引导，教会他们正确认知各种行为利弊，引导他们养成合理的饮食习惯。

安全教育目标

【安全知识目标】学习和了解垃圾食品及垃圾食品的危害，知道身边同学乱吃零食的基本情况，关注同学乱吃零食的问题。

【行动技能目标】通过访谈、查找书籍、网上搜索等方式，正确认识零食，科学、合理地吃零食，吃出健康的身体，学会区分和选择健康的零食。

【情感态度目标】通过小组之间讨论、交流，学习尊重他人，增强团队协作精神，关注自己的营养状况，形成关注社会问题的习惯，培养良好的饮食习惯。

安全教育资源

【学校资源】校园内各类安全教育活动非常丰富，安全教育书籍、多媒体资料等众多，可以为本次安全教育活动提供有力支持。学校同时能够提供优良的安全活动所必需的场地，适合此类活动良好开展。

【社会资源】社会上的垃圾食品冲击着整个食品市场，特别是校园门口的小店中的垃圾食品，数不胜数。那些食品的形状、色彩、口味都特别受小学生的青睐，孩子们往往经不起这些食品的诱惑，一日三餐不好好吃，想一切办法去买那些垃圾食品。放学时，经常能看到校外小摊上孩子们争着买的情景，存在较大的饮食安全隐患。

这些社会现状，可以作为本次安全教育活动丰富的社会资源加以利用，同时也是较好的调查、学习资源，可以为整个安全教育教学活动提供有力支撑。

活动方式
【激趣导入，创设环境】以安全教育为话题，提升学生参与兴趣。 【发现问题，自主探究】通过上网查阅、咨询家长、调查采访、翻阅书籍等方式了解自己所需要的资料。 【解释问题，开展调查】调查访问，通过设计方案，小组合作分工，完成调查。 【开展讨论，形成总结】通过对数据进行分析，得出所要研究的结论。
活动准备
【教师准备】多媒体课件，零食与我们的健康的调查问卷，采访的问题设计，问题研究卡。 【学生准备】平时爱吃的小零食、收集小零食制作加工的资料、收集零食问题案例、上网查询问题研究的方法步骤。 【注意事项】为学生提供体验实践的情境和感悟问题的情境，引导学生围绕任务展开学习。
活动实施

一、激趣导入，创设环境

设计意图：从熟悉的日常生活出发，活动内容更能激发和提高学生的兴趣和主体参与度。

在同学们的生活中，会有很多的美食出现。下面我们一起来看一看，这些是不是都是你们特别喜欢的零食(出示图片)，请同学们说一说你们还喜欢哪些零食？

那我们平时喜欢吃的这些零食安全吗？健康吗？今天我们就来深入了解有关零食的知识。

二、发现问题，自主探究

设计意图：提供问题探究的范例，引导学生发现问题、解决问题。

教师引导：老师发现有三种食品其实是不健康的。下面老师就把自己的发现分享给各小组同学，分别阐述染色馒头、“鲜榨果汁”的安全隐患。

小组讨论：听完老师的分享，哪位同学想要来分享你在生活中发现的零食的安全隐患呢？

三、解释问题，开展调查

设计意图：基于小组合作学习和任务驱动型的学习，提高学生信息获取的主动性和有效性。

找一找：其实就像刚刚我们的发现一样，生活中并不是所有的零食都是健康的，而是存在很多垃圾食品。下面我们就一起来了解一下全球十大垃圾食品都有哪些，看看这些垃圾食品都有怎样的危害。请把垃圾食品的分类和可能造成的危害一一配对。

垃圾食品分类及危害

1. 油炸类食品	1. 含大量防腐剂；盐分、香精过高
2. 腌制类食品	2. 盐分过高，含防腐剂、香精
3. 加工肉类食品	3. 油炸淀粉导致心血管疾病；含致癌物
4. 饼干类食品	4. 盐含量高导致肾脏负担过重
5. 汽水可乐类食品	5. 含三大致癌物质之一(亚硝酸盐)
6. 方便类食品	6. 破坏维生素，使蛋白质变性
7. 罐头类食品	7. 食用香精和色素过多，对肝脏有负担
8. 话梅蜜饯类食品	8. 含奶油极易引起肥胖
9. 冷冻甜品类食品	9. 含碳酸等，会带走体内大量的钙
10. 烘烤类食品	10. 含大量“三苯四丙吡”(致癌物之首)

四、活学活用

设计意图：通过互动性的学习，让学生在游戏中获取信息，形成新的认知。

相信通过同学们的分享和学习，大家一定练就了“火眼金睛”，能够在生活中一下子就发现不健康的零食，并坚决向它说不，老师想通过一个小游戏来检验一下哪些同学有“火眼金睛”。

（出示食品卡片，请同学快速说出它是健康零食还是垃圾零食）

五、开展讨论，形成总结

设计意图：通过有意思的自评公式，提醒学生关注自身饮食习惯问题。

现状调研：由于经常吃垃圾食品，甚至因为吃太多零食而不好好吃正餐，导致很多同学的营养状况堪忧，下面就请同学们自测一下自己的营养状况吧！

营养状况自测公式

考普氏指数＝{体重(克)/[身长(cm)×身长(cm)]}×10

(依据考普指数判别标准，指数达22以上则表示太胖；20～22为稍胖；18～20为优良；15～18为正常；13～15为瘦；10～13为营养失调；10以下则表示营养重度失调)

小组讨论：如果同学们的营养状况不好会影响到自身的成长状况，所以培养良好的饮食习惯就显得至关重要了。大家觉得哪些饮食习惯是正确的，请小组讨论，看看哪个小组总结得最多最全！一起总结良好的饮食习惯。

六、课堂小结

设计意图：通过问题回顾，强化课堂学习到的处理问题的方法。

教师提问：同学们，这节课你有哪些收获，请分享给我们听一听吧，要说清楚你课前知道些什么，通过本节课又知道了些什么。

七、课堂作业

设计意图：将所学知识写出来，输入信息和输出信息的过程可以有效提升和监测学习的效果。

今年上小学四年级的李明有一个让他很头疼的烦恼，那就是他实在是太胖了，每天吃完正餐，他总会要求妈妈再给他买个汉堡，顿顿饭还离不了可乐。学完今天的课程，你能写封信给李明，帮他解决这个烦恼吗？

实效性评价

本次活动，通过小组成员团结合作，完成了自己小组研究的课题，体现了综合实践活动重在团结、创新能力培养及活动过程的体验和收获。这次活动为他们亲近生活、学习知识和开阔视野提供了良好的机会，增强了学生们的学习意识和团结协作的能力，培养了学生们的独立生活能力。通过这次成果课的展示，每个小组的出色表现让我们相信了选择综合实践活动课来锻炼和培养孩子们的能力是正确的。同时活动让孩子们了解了零食所带来的危害，养成了正确的饮食习惯，达到了安全教育课预定的目标。

案例 4　如何预防高温中暑

【案例推介】

高温中暑是人对夏季极端天气的反应症状，而中暑的危害性和预防中暑的重要性多被忽略。本案例基于学生学情，运用问卷调研的方法，科学呈现学生的已有认知，并以前后测的形式进行对比分析，通过数据直观呈现其实效性。案例关注学生获得安全知识的过程，注重学生学习思维的主动性，通过小组讨论、全班交流、专业指导的逐步递进，驱动学生思考完善如何在生活中科学预防中暑，培养学生预防中暑事故发生的自我保护意识。案例还关注了学生能力的形成、中暑的应急处理，在小组学习交流填写手册的基础上，再通过社区医生的讲解找到问题补充自己的手册，在此基础上进行小组演示，再请医生指导评价，最后用关键字总结帮助记忆，逐层递进使学生学会中暑的应急处理。另外，本案例充分挖掘社会教育资源，运用社区医院的教育资源，邀请医务工作者进学校进行专业指导，使学生的应急模拟演练的科学性得到极大的专业保障，进一步激发学生学习的积极性和主动性。

<table>
<tr><th colspan="6">活动基本信息</th></tr>
<tr><td>课名</td><td colspan="5">如何预防高温中暑</td></tr>
<tr><td>领域</td><td>综合实践</td><td>学段</td><td>小学</td><td>年级</td><td>五年级</td></tr>
<tr><td>设计者</td><td>戴遴辉</td><td>单位</td><td colspan="3">北京市朝阳区第二实验小学</td></tr>
<tr><th colspan="6">活动背景分析</th></tr>
<tr><td colspan="6">夏季，人们高温中暑偶有发生，而小学生对于高温中暑的了解并不多。通过对本年级学生的问卷调查发现：对于什么是中暑，20%的学生不了解，35%的学生了解很少，40%的学生一般了解，仅 5%的学生非常了解。对于中暑时出现的不良反应，15%的学生不知道，80%的学生认为是头晕、口渴、多汗、四肢无力。这只是中暑的轻度反应。对于中暑严重还会造成昏迷甚至死亡，仅 5%的学生知道。关于怎样预防中暑，有 85%的学生知道要多喝水、注意防晒，但不清楚为什么要多喝水，怎么喝水，用什么方法进行科学防晒。身边出现中暑的人，他们也不知道如何去做。把“如何预防高温中暑”作为选题，帮助学生认识中暑给人们带来的安全危害，能够掌握科学的预防方法以及出现中暑情况时如何及时救助。本节课教学正是基于学生正确认识和科学预防高温中暑的必需性，使学生树立高温天气要预防中暑的安全意识，掌握科学预防中暑、正确救助中暑的方法。</td></tr>
</table>

学生特点分析
五年级学生大多具备识别高温天气危害的生活常识，需要进一步引导他们认识高温天气的危害。学生还具有简单自救的能力，能够掌握预防中暑的自救方法。通过本课的学习，学生掌握中暑后急救技能，自救和救助他人的能力将会得到进一步提高。
安全教育目标
【安全知识目标】学习相关资料，认识高温中暑，知道不同程度中暑的不良反应及其危害。 【行动技能目标】通过小组讨论，学习一些预防中暑的常见方法，梳理总结中暑的救助方法，并能够在模拟演练中运用，能够处理轻度中暑。 【情感态度目标】增强学生在高温天气预防中暑的安全意识。培养应对突发事件的沉着心态。
安全教育资源
【学校资源】学校提出人人都是安全员，设置教师安全责任岗，明确责任区域。校长定期在教师会上讲安全，定期安排学生开展防火、防震演习。学校提供安全教育案例和课件供教师开展安全教育。班级中定期开展安全教育班会，学生轮流担任安全监督员。 【社会资源】学校附近有一所社区医院，可以请社区医生进校园，开展预防高温中暑的专业讲解，并对学生的救助模拟演练给予专业的现场指导。
活动方式
【小组讨论】学生对于如何预防中暑有一些浅显的认识，通过小组讨论可以集思广益，丰富并完善想法。 【模拟体验】讲解中暑的救助方法是知识的积累，学生以小组为单位开展模拟练习，有助于学生在模拟体验中学会运用知识，加深认识，并逐渐转化为能力。
活动准备
【教师准备】 1. 设计调查问卷，通过对调查问卷统计分析，了解学生关于中暑认识的已有认知。 2. 与社区医院沟通，聘请医生到校做专业讲授和指导。 【学生准备】完成调查问卷。 【注意事项】课前，教师与社区医生做好充分沟通，明确课堂任务和分工。在讲解过程中加入体验和互动环节，让学生参与并交流感受。
活动实施
一、引入相关资料，认识高温中暑 设计意图：通过资料，使学生明确什么是高温天气，以及高温天气预警的标准。通过对高温预警信号进行排序巩固，知道高温天气会引起人们的不适反应及造成中暑的原因。

(一)引入主题

> 北京市气象台2019年7月24日17时00分升级发布高温黄色预警信号，预计25日至27日，本市大部分地区日最高气温将连续三天在35℃以上，请注意防范。
>
> 2019年7月24日，北京高温加上90%的湿度，从早高峰至中午11点，仅在地铁四惠站内，突然晕倒的乘客多达10人，其中40岁以下的年轻人占到9人，女性占9人，2人被送医。记者了解到，除熬夜、空腹等个别因素外，主要是天气原因，导致这些乘客出现中暑症状。

从资料中，你能读到哪些信息？

预设：7月24日天气很热，发布高温黄色预警，人们出现中暑情况。

(二)分解主题，认识高温天气

什么是高温天气，高温预警的依据是什么？请同学们阅读下面的资料了解。

> 气象学上，气温在35℃以上时可称为“高温天气”，如果连续几天气温都超过35℃时，即可称作“高温热浪”天气。一般来说，高温通常有两种情况：一种是气温高、湿度小的干热性高温；另一种是气温高、湿度大的闷热性高温，称为“桑拿天儿”。
>
> 高温预警信号分为三级，分别以黄色、橙色、红色表示。其中，高温黄色预警信号的标准是：连续三天日最高气温在35℃以上；高温橙色预警信号的标准是：24小时内气温升至37℃以上；高温红色预警信号的标准是：24小时内气温升至40℃以上。

1. 通过资料你知道了什么？

预设：知道了高温天气是如何界定的。

高温天气分两种：干热性高温和闷热型高温。

高温预警信号分三级。

2. 下面是高温预警信号，你能把它们按轻重程度排一下序吗？

说一说你的排序依据。

(三)认识高温中暑的生理原因

高温能引发中暑，又是怎么回事呢？

出示资料：

> 人体的散热主要是通过汗液蒸发，当气温超过37℃以上，周围的环境高于人体的正常体温，通风较差、湿度较高就很容易发生中暑。

今天请来了社区医院的医生带领我们深入学习一下中暑会有什么反应？带来哪些危害？遇到中暑到底应该怎么办？怎样预防中暑？

二、了解中暑的三个程度

设计意图：根据资料知道中暑分为三个程度，学生能将中暑的三个程度与症状对应。了解重度中暑的危害性。

你身边人出现过中暑吗？有什么反应？

预设：头晕，恶心，四肢无力。

人中暑后会感觉不舒服，不同的反应也提示着中暑的程度不同。我们一起了解一下。

中暑引起的不良反应①

中暑先兆：在高温环境下活动一段时间后，出现乏力、大量出汗、口渴、头痛、头晕、眼花、耳鸣、恶心、胸闷、体温正常或略高。

轻度中暑：除以上症状外，有面色潮红、皮肤灼热、体温升高至 38 ℃以上，也可伴有恶心、呕吐、面色苍白、脉率增快、血压下降、皮肤湿冷等早期周围循环衰竭表现。

重症中暑：除轻度中暑表现外，还有热痉挛、腹痛、高热昏厥、昏迷、虚脱或休克表现。

当身边人出现这些严重的中暑症状必须立即送医。对于轻度的中暑症状，我们可以采取救助措施。

三、学习中暑应急处理措施

设计意图：讲解中暑的救助方法是知识的积累，学生以小组为单位开展模拟练习，有助于学生在模拟体验中学会运用知识，加深认识，并逐渐转化为能力。

(一)教师提问

发现身边有轻度中暑症状的人，你该如何去做呢？

(二)小组活动

小组内交流后，填写自己的手册。

发现有人中暑，你会怎么做？用一两个词语写出你的救助步骤。例如，喝水。

步骤一	步骤二	步骤三	步骤四

(三)专业援助

各小组都得有自己的处理方法，有些组步骤较乱，有些组不知道处理缓急的顺序。我们一起看看社区医生为我们提供的资料吧。

① 对于中署相关知识，建议参考专业的医学知识。

转移：发现有人中暑，要迅速将病人移至阴凉、通风的地方去休息。

散热：用冷毛巾或冰袋敷在头部、腋窝、大腿根部等处，帮助散热。

补水：给病人喝一些淡盐水，少量多饮，且每次不超过 300 mL。

适当服药：对轻度病人可适当服用防暑药品。

（四）应用实践

请一个小组的同学，运用刚才学习的方法，帮助中暑的同学。一名同学假装中暑，小组内其他同学应用急救知识处理。

（五）请社区医生指导评价

1. 有条件的可以将中暑人员搬到室内，若条件不允许搬到树下阴凉通风处，不要围在一起，不利于通风，可以解开胸前一两颗扣子以利于呼吸。

2. 室外可以采用将湿纸巾或凉矿泉水放在头部、腋窝、大腿根部帮助散热。

3. 提示注意事项：轻微中暑，我们可做这些简单的应急措施，如情况严重，则要立即送医。

（六）模拟训练

全班学生模拟训练，医生和教师巡视评价。

（七）总结提炼

咱们能把它提炼出几个字概括就更方便大家记忆了。你们能试试吗？

“搬—敷—水—药”

四、讨论交流预防中暑的方法

设计意图：学生对于如何预防中暑有一些浅显的认识，通过小组讨论可以集思广益，丰富并完善想法。

（一）小组讨论

高温天气怎样预防中暑呢？

组内交流，每组写出两种方法并展示出来（贴在展板上），相同的合并在一起。

（二）全班交流

总结预防中暑的方法。

1. 多喝水。

2. 高温天气最好不要出门，不要长时间暴晒在阳光下。

3. 外出做好防晒，涂抹防晒霜，带遮阳伞。

4. 外出穿浅色衣服，它们吸热慢，散热快。

（三）专业援助

高温天气对于中暑的预防十分必要，同学们梳理出的措施是否合理有效呢？请社区医院医生讲解补充。

1. 多喝水，不要等口渴才喝水，建议每天 1.5～2 L。出汗较多可适当补充淡盐水。饭前饭后、大量运动前后应避免大量饮水。

2. 尽量选择浅色衣服，它们吸热慢，散热快。

3. 准备一些防暑药品。

4. 睡眠充足，科学饮食，多吃蔬菜、水果。

<table>
<tr><td>

五、梳理总结

设计意图：帮助学生总结自己的收获，对课堂知识进行巩固。

教师提问：同学们通过这节课的学习有了什么收获？

教师总结：这节课我们认识了高温中暑，知道了科学预防中暑的方法、中暑后的急救措施。在天气极度炎热时，我们要会科学避暑，会中暑急救，才能有能力正确及时地救助他人。

</td></tr>
<tr><td align="center">实效性评价</td></tr>
<tr><td>

通过本节课的学习，学生对高温中暑有了更深刻的认识，明确了中暑的危害性，知道了预防中暑的多种方法，掌握了中暑急救的正确步骤。通过课后的问卷测试学生较课前有了明显的提高。课前调查仅5%的学生非常了解。课后90%以上学生对于中暑非常了解。课前对于中暑出现的不良反应，大部分学生认为是头晕、口渴、多汗、四肢无力。课后学生知道了中暑程度不同反应不同，认识到中暑严重还会造成昏迷甚至死亡。课前学生简单知道怎样预防中暑：要多喝水，注意防晒。通过学习，90%的学生掌握了如何正确预防中暑。对于身边出现中暑的人如何救助，他们知道如何去按步骤做，以达到教育设定的目标。

</td></tr>
</table>

第三部分　写在后面

1. 在“公共卫生教育”上，我们的挑战是什么？

中小学生公共卫生教育，掌握必要的公共知识和健康技能是起点，最重要的是利用所学知识指导自己的行为改变，约束自己，进而养成良好的卫生行为习惯，逐渐增强自控力，促进身体健康发育。

开展公共卫生教育，需要社会教育资源和学校的合力。当下，公共卫生教育更多是针对全民健康的大学专业学科的教育，而中小学生公共卫生教育尚有缺乏。中小学教师非公共卫生教育的专业人员，相关课程开发多来源于国家课程或地方课程涉及的相关内容，缺少公共卫生教育的专业性和系统性。而大学开展的公共卫生教育更多是为社会全民公共卫生培养专业服务人才，缺少学校需要的针对青少年公共卫生的教育人才。社会各界青少年公共卫生相关人士和中小学校联手，合力促进教育资源开发与共享，势必为开展中小学生公共卫生教育提供更多的专业保障和资源支持。

公共卫生教育的效果，需要长期持续的过程，并非一节课之力所能达到的。社会、学校和家庭的联手协作，能够更好地帮助学生在健康的公共卫生氛围下，潜移默化地影响学生，促进行为转变，帮助学生逐渐增加自控力，进而自我约束。试想，如果学校周边摊贩林立，各类零食让人眼花缭乱，小学生上学放学都要经过，很难抵抗这类诱惑，也很难建立健康饮食的良好习惯。当下，法律法规在执行层面存在地域差异，公民的公共健康素质也需要进一步提高，学校开展公共卫生教育的效果可能会受到各方不利因素的干扰甚至抵消。

从儿童成长规律来看，旧有的行为习惯会在一段时间持续、新的行为习惯建立将出现反复甚至因困难而放弃，如何克服惯性、摆脱旧有饮食或生活习惯的诱惑，是学生面临的真实挑战。家庭不健康的生活方式是家校合作的痛点，成年人的“道理都懂、积习难改”现状需要从孩子成长的角度激发和引导。学校公共卫生教育不仅要教会学生克服惯性，还要引导学生主动承担“引导家庭全员健康”的任务，这就需要学生将所学知识在生活中进行应用、巩固，在自己努力养成良好习惯的同时，还可以帮助家人建立良好的健康生活习惯，为家庭的健康氛围付出自己的学识和努力。

此外，文中呈现的案例是某一类的典型代表，教师在应用案例时更需要分析设计的初衷与目的，并结合校情和学情进行调整展开教学，落实到学生行为改变上，才能体现“以生为本”的教学情怀。

2. 在“公共卫生教育”上，我们的目标是什么？

学校开展公共卫生安全教育，离不开良好的社会支持。公共卫生宣传海报的社会教育环境、社区医生科普讲座的社会教育力量等，能够多渠道帮助学生潜移默化地树立公共卫生安全意识，获取公共卫生教育知识，促进全民公共卫生安全的教育氛围的形成。

学校作为学生学习活动的主要场所，具备系统开展公共卫生教育的有利条件。倘若能够结合学校顶层设计，充分挖掘学科教学的显性和隐性教育资源，将公共卫生教育纳入学校课程体系并进行系统的课程设计、教学资源开发，公共卫生安全教育就能够摆脱散点式教学，实现系统性、长期性和实效性发展。例如，小学低年级，科学学科中有“溶解”的相关内容，让学生明白白砂糖能够在水中“消失”，道德与法治学科有“健康生活”的相关内容，让学生养成不挑食、不喝或少喝饮料的生活习惯等。对于低年级学生来说，很难主动将学习与生活联系在一起，如果以“我的健康饮品”为主题，将学科内容进行整合，低年级学生既能认识到饮料中看不见的白砂糖量有很多，能更直观地发现“不喝或少喝饮料”是减少糖的摄入和蛀牙，进而和健康生活习惯建立关联。

家庭作为孩子生活活动的主要场所，也是孩子生活习惯的主要表现之地。家庭的公共卫生安全氛围，是孩子建立良好生活习惯的最大助力。而及时的行为指导、适合的情感鼓励、有效的激励方式，能够有效帮助孩子养成健康的生活习惯和良好的卫生安全行为。结合在学校学习到的公共卫生教育知识，学生知道了白开水是最好的饮料，果汁饮品是勾兑出来的不健康饮料，而在部分家庭的日常生活，尤其是聚会活动中，可乐、果汁饮品十分常见，这时就需要家长适时引导孩子要“适度”，让孩子能够有节制地饮用果汁饮品，这不失为一种从孩子年龄特点出发来建立生活习惯的有效方法。

中小学生自我成长的内在驱动正在逐渐形成，在良好的卫生安全习惯养成的同时，内化为自我要求，逐渐增加自控力，形成自觉的行为，甚至有能力去影响和改变身边的人，为培养新一代高素质社会公民奠定基础。

第三节 意外伤害篇①

第一部分 写在前面

问题 1：在学校开展“意外伤害教育”的重要性是什么？

意外伤害教育是针对意外伤害事件而进行的一种有目的、有意义的教育活动。学校是意外伤害教育的主阵地，在学校开展意外伤害教育对于青少年学生的健康成长有着十分重要的意义。目前，学校各种外来的、突发的、非本意的、非疾病的意外事件偶有发生，严重威胁到学生的身心健康和正常的教育秩序。一方面，学校有效开展意外伤害教育可以保护青少年学生，增强他们的安全意识，防范未知的意外事件，保障人身和财产安全，维护校园秩序的稳定和谐；另一方面，在学校开展意外伤害教育可以利用教育主阵地，最大化地发挥教育的作用，可以节约社会教育资源，保障资源的有效利用。此外，在校期间，学生是世界观和人生观形成的关键时期，此时进行意外伤害教育可以更好地促进他们形成正确的世界观和人生观。因此，在学校进行意外伤害教育对于青少年学生自身以及学校、社会，乃至国家都具有非常重要的意义，我们要身体力行。

问题 2：“意外伤害教育”主题下教学设计的重要选题有哪些？

《中小学公共安全教育纲要》提出中小学生公共安全素养，其中“意外伤害”模块涉及四个维度，包括交通事故伤害、与学生学习和生活密切相关的设备安全(家用电器、煤气等)、学生户外活动特殊设备安全和人身安全(电梯、娱乐设备、游泳、滑冰、蚊虫叮咬、烧伤等)以及意外伤害事故的自我防范和

① 本部分主要作者：潘娣，博士，中国科学院附属实验学校教师。

自救自助的技能。这四个维度在不同年龄段的学生身上表现出了不同层次的教育要求，教师在设计学校意外伤害教育的过程中可以根据不同的受教育者而制定不同的目标和要求。例如，在交通事故伤害这个维度上，一至三年级学生主要是了解交通安全知识并在实际生活中去感受和体会，对于四至六年级学生而言更多的是去亲身实践并自觉遵守与应用交通安全知识，而对于初中及以上年级的学生，则更多的要求是能够去积极主动地遵守交通安全规则并能够预测和评估危险行为，说服和引导身边的人去自觉遵守交通安全。所以公共安全素养的四个维度在不同年龄段的学生身上要体现出不同的层次要求，主要是根据学生自身的认知特点和学生的年龄特征进行有针对性的制定。根据近年来意外伤害事件的发生类型来分析，公共场所意外事件和交通意外事件是威胁青少年学生最大的意外伤害事件，而这些事件里面除了事件本身的突发性外，更多的是学生自身安全意识差，缺乏相应的避险和自救意识及技能，导致事件发生后手足无措。因此，公共场所安全事件和交通安全事件是意外伤害教育的两个主要方向，教师在进行学校意外伤害教育的时候可以参照这两个主题进行设计，可以通过一些视频和实际考察的资源来展开活动。例如，在安全指导下可以带学生在斑马线或路口开展调研，观察过马路的行人是否遵守交通规则，是否过马路时低头看手机等，也可以以作业的形式让学生在放学回家的路上或者公共场所里评估不安全因素并一一阐述说明。总之，在设计时要结合本校学生学情和活动资源，设计贴近学生学习和生活的、能够解决实际问题的活动课程，从而达到有效提高学生对意外事故的防范意识，增强意外事故的自我保护和自主自救、逃生的基本技能的教学目标。

问题3：如何做好“意外伤害教育”主题下的教学设计？

一份优质的教学设计需要从教学内容选择、教学目标设定、教学资源搜集、教学情境创设、教学方式选取等几个方面精心打磨。基于意外伤害教育主题的教学设计，教学内容宽泛，教学形式多样，教学方式灵活，教学资源丰富，教师可以按照“意外伤害教育”教学设计三步走，创新思维、大胆尝试，形成有价值、有实效的活动设计。

第一，要做到“契合纲要，精选内容”。对于一个好的选题，优秀的教学设计就成功了一半。选题非常重要，在意外伤害主题下可选择的教学内容较多。《中小学公共安全教育指导纲要》中，学生安全素养框架意外伤害模块给出了四个维度的选题方向，在此基础上，结合学校与学生生活和学习密切相关的意外伤害问题，基于问题解决思维来选择教学内容。例如，“设计校园安全指示牌”这个选题，其教学内容是在纲要指导下，引导学生在真实的校园环境中自主发现安全问题，提出安全问题，并解决安全问题，从而提高学生的实践能力、探究能力和问题解决能力。《中小学公共安全教育指导纲要》中还提出“使学生初步了解与学生意外伤害有关的基本保险知识，提高学生的保险意识”。可以结合校园里上体育课或者实践课发生了意外摔伤等事件进行拓展，引出由保险公司报销医疗费用等事件来提升学生对于人身意外保险知识的掌握，如何培养学生运用保险为意外伤害事故保驾护航、减轻事故的不良影响，就是一个有价值的选题。

第二，动员家庭、学校、社会的力量，充分搜集相关资源。教学设计的实施效果很大限度上取决于教育资源的募集水平。意外伤害教育是注重实践性的课程，它的教育资源从校内资源和校外活动、社会教育和家庭教育几方面整合资源。具体可以通过下表进行了解。

意外伤害教育资源整合

教育资源	校内教学	校外活动	社会教育	家庭教育
实施途径	学科教学和综合实践活动课程中渗透意外伤害教育内容。 各科教师在学科教学中挖掘隐性的意外伤害教育内容，与显性的意外伤害教育内容一起。 小学阶段主要在品德与生活、品德与社会课程中进行。 可以利用地方课程的时间，采用多种形式，利用班、团、校会、升旗仪式、专题讲座、墙报、参观和演练等方式，开展意外伤害教育。	可以针对单一主题或多个主题来设计教学活动；通过游戏、实际体验、影片欣赏、角色扮演等活动，也可以运用广播、电视、计算机、网络等现代教育手段进行教学，探索寓教于乐、寓教于丰富多彩活动的教学组织形式，增强意外伤害教育的效果。	学校与公安、消防、交通、治安以及卫生、地震等部门建立密切的联系，聘请有关人员担任校外辅导员，根据学生特点系统协调承担公共安全教育的内容，并且协助学校制订应急疏散预案和组织疏散演习活动。	学校采取积极措施帮助家长强化对孩子的意外伤害教育意识，指导家长了解和掌握意外伤害教育的科学方法，主动寻求家长和社会对意外伤害教育的支持和帮助。

第三，要充分了解学情，巧妙运用教法。脱离学情的教法就如同离开水的鱼儿，一种教学方法的好坏，并不在于它的形式好坏，而在于它是否符合学情，是否符合学生的认识规律。任何超越或落后于学情的教学方法的教学效果必然大打折扣。意外伤害教育的学生范围从一至九年级，跨度大、学生的身心发展差别较大。因此，选取教学方法的前提是分析深入学情。例如，"我是交通小卫士"的授课对象是一年级的小学生，教师用学生乐于接受的动画视频的形式导入，激发了学生的学习兴趣和求知欲望。采用知识屋，认识交通标志，学习交通规则：认识交通信号灯，并知道它们的作用，通过儿歌诵读记住过马路的方法。儿歌、口诀、故事、游戏等生动活泼的教学方法，课堂气氛活跃又符合小学低年龄段学生的学情特点，较好地达到了本次课的教学目标。实践证明，当某种教学方法与学情不相符合时，对学情具有阻碍作用。例如，"注入式"的满堂灌的教学方法就是不顾学情的教学方法，严重影响教学效率的提高。在一定的条件下，教学方法的改革起着重要作用。例如，目前在某些学校里还以"注入式"教学方式为主，结果就会无法达到预期的安全学习效果。

第四，做好"意外伤害教育"主题下的教学设计要充分评估教学设计的操作性和可行性。通过对结果做出预知和设想，并对教学设计的所有环节进行逐一分析，才能充分发挥资源优势，突出教育价值。

第二部分　案例设计

案例 1　我是交通小卫士

【案例推介】

交通是生活出行的一部分，青少年儿童上下学路上、游玩场所等处处离不开交通安全常识，学生知晓交通法规并自觉遵守交通规则，能够有效地避免交通安全事故，保护自己和他人的生命安全。"我是交通小卫士"这节课将"自觉遵守交通规则"这一品德教育的内容以生活为载体，巧妙地传达给学生，使学生轻松自然地接受下来，并迅即内化为个体的品质，培养基本的交通安全意识，形成正确的价值判断，为养成良好的行为习惯打下基础。教师运用学生乐于接受的动画、视频、歌曲等形式整合课堂教学的内容，激发了学生的学习兴趣和求知欲望，使学生在教学过程中主动探究、乐于思考，提高了学习效果。

<table>
<tr><td colspan="6">活动基本信息</td></tr>
<tr><td>课名</td><td colspan="5">我是交通小卫士</td></tr>
<tr><td>领域</td><td>综合实践</td><td>学段</td><td>小学</td><td>年级</td><td>一年级</td></tr>
<tr><td>设计者</td><td>樊娅京</td><td>单位</td><td colspan="3">北京市朝阳师范学校附属小学和平街分校</td></tr>
<tr><td colspan="6">活动背景分析</td></tr>
<tr><td colspan="6">《中小学公共安全教育指导纲要》中明确指出：通过开展公共安全教育，培养学生的社会安全责任感，使学生逐步形成安全意识，掌握必要的安全行为的知识和技能，了解相关的法律法规常识，养成在日常生活和突发安全事件中正确应对的习惯，最大限度地预防安全事故发生和减少安全事件对中小学生造成的伤害，保障中小学生健康成长。据统计，我国每年因交通事故造成中小学生及学前儿童伤亡人数超过万人。从交通方式看，儿童在步行时发生交通事故导致死亡的人数占儿童交通事故死亡总数的45%。在步行交通事故中，危险人群为5～9岁的儿童。据调查，82%的低年级段小学生知晓一定的交通安全知识，7.5%的学生从未学过交通安全知识，也未树立交通安全意识，相关交通知识匮乏，缺少自我保护意识，这些是造成以上数据产生的根本原因。因此，在小学低年级段开展交通知识的学习势在必行，本课交通安全的教学旨在指导学生学习相关的交通知识，培养学生自觉遵守交通规则的意识和观念。</td></tr>
<tr><td colspan="6">学生特点分析</td></tr>
<tr><td colspan="6">一年级的小学生，对交通安全基础知识的了解是有的，但他们的交通安全意识还很淡漠，相关知识也匮乏，而且年龄尚小，缺少自我保护意识，尤其是现在有些家长过马路时常常带着孩子闯红灯。根据一年级的学生他们年龄小、好玩、爱动、喜欢游戏的特点，本节课使用大量的视频、图片和音频等资料，创设学生发现问题的情境，刺激学生的视觉和听觉，给学生充分的想象空间，激发学生强烈的探究欲望，使学生想学、乐学。在潜移默化中学习相关的交通知识，培养学生自觉遵守交通规则的意识和观念。</td></tr>
<tr><td colspan="6">安全教育目标</td></tr>
<tr><td colspan="6">【安全知识目标】进一步认识交通信号灯，并按照指示灯过马路；知道小黄帽的用途。
【行动技能目标】在日常生活中关注交通安全问题，运用讲解示范的方法解决在没有交通标志的情况下如何过马路的问题，增强学生自觉遵守交通规则的意识和习惯。
【情感态度目标】使学生懂得生命的可贵，明白遵守交通规则的重要性。</td></tr>
<tr><td colspan="6">安全教育资源</td></tr>
<tr><td colspan="6">【学校资源】学校开设的综合实践、道德与法治、班会、少先队活动课等与交通安全相关的课程。(综合实践课程：运用课上所学的交通安全知识，在上下学路上能安全地通过马路，达到学以致用的目的。道德与法治课程：一年级上册“上学路上”一课呈现了基本的交通安全法则。班会、少先队活动课上，通过各种活动，使学生树立自觉遵守交通法规的意识。)
【社会资源】
1. 组织学生走进交通管理局，了解更多的交通知识。
2. 开展社会大课堂活动，请片区交警支队的交警为同学们做有关交通安全知识的讲座。</td></tr>
</table>

活动方式
【故事导入，激发兴趣】用学生乐于接受的动画视频的形式导入，激发学生的学习兴趣和求知欲望。 【知识屋】认识交通标志，学习交通规则，认识交通信号灯，并明确知道它们的作用，通过儿歌诵读记住过马路的方法。 【课后延伸，情感升华】让学生调查了解学校门口的交通秩序状况，与家长一同探讨解决办法。 【交通知识我掌握】进行学习效果评价。 【我的收获】让学生说一说自己学到了什么。
活动准备
【教师准备】PPT、视频资料、斑马线图片、测试题纸。 【学生准备】小黄帽。 【注意事项】交通童谣和检测题中学生不认识的字要注好拼音。
活动实施
一、故事导入，激发兴趣 设计意图：用学生乐于接受的动画视频的形式导入，激发学生的学习兴趣和求知欲望，使学生在教学过程中主动探究、乐于思考，提高学习效果。 老师给大家带来了一个故事《淘气的小狐狸》，故事结尾还会提出问题，我们看谁听得最仔细。 **淘气的小狐狸** 森林里住着狐狸一家。一天，小狐狸偷偷地跑出了大森林，打算去城市看一看。它经过千辛万苦，终于来到了一座城市，它高兴极了。心想：“这里好热闹啊，一定很好玩！”“咦，对面那个黄黄的东西是什么啊？过去看看。”小狐狸蹦蹦跳跳地来到了马路中央，可刚才还停止的车辆忽然开始动起来，还不停地朝它鸣叫起来。 小狐狸害怕极了，一动也不敢动，哭着叫喊：“妈妈快来救我，我再也不贪玩跑出来了！” 教师提问：刚才视频中说到的“黄黄的东西是什么呀？”(黄灯) **二、知识屋** (一)认识交通信号灯 教师提问：交通信号灯又叫红绿灯，它可以让车辆和行人有序地通行，是保护安全的使者。这是我们生活中常见的交通信号灯，你知道它们有什么作用吗？ 教师讲解：(1)绿灯是通行信号。人行横道指示灯为绿色时，我们就可以过马路了。(2)红灯是停止信号。人行横道指示灯亮起红色，此时不准过马路。(3)黄灯是警告信号。警告司机和行人通行时间已经结束，马上就要转换为红灯了。 (二)小游戏“谁的反应快” 设计意图：通过此游戏，继续强化信号灯的作用，以及如何根据具体情境进行判断。教给学生，不光要看信号灯判断是否可以过马路，更要看懂路况再过马路的道理。

1. 教师提问。

我们观察这几幅插图，说说他们做得正确吗？

图 1

图 2

图 3

2. 小游戏：我来做判断(用手势做判断)。

人行横道是绿灯，就可以马上过马路吗？

不可以。因为会有一些车不遵守红灯停车的交通规则，容易发生交通意外。一定要等两边的车都停下才可以过马路。

3. 教师小结。

如果人行横道是绿灯，就可以马上过马路吗？绿灯时会有一些车不遵守红灯停车的交通规则，容易发生交通意外。一定要等两边的车都停下才可以过马路。

如果像刚才小狐狸那样刚走到马路中间，人行横道红灯就亮起来了，怎么办呢？如果在马路中间，人行横道红灯亮起，此时最好站在原地不动，等待绿灯再次亮起后再通行。

(三)《小学生过马路》口诀

过马路有妙招，只要记住了口诀，我们就可以轻松过马路了。

红灯停，绿灯行，黄灯等一等
一看，二慢，三通过
一看，是否绿灯
二慢，看看两边是否有车
三通过，快速通过马路

(四)人行横道作用大

设计意图：通过有趣的演示活动，让学生把自己学到的知识外化出来，并在演示中交流学习，从而掌握安全过马路的方法。

1. 教师讲解。

过马路时，除了交通信号灯，还有专供行人横穿马路的通道，那就是人行横道。

人行横道也叫“斑马线”，是专供行人横穿马路的通道。过马路时，人们都应该走“斑马线”，以确保安全。

认识人行横道标志、机动车道、非机动车道。(在道路上不管是行人、非机动车还是机动车都要靠右侧行驶)

我国交通基本通行原则：

右侧通行原则。我国实行的是右侧通行原则。

各行其道原则。简单说就是各走各的路。

如果道路上没有人行横道，又该如何过马路呢？（可以走过街天桥、地下通道）

如果就是要通过自家小区门口的小马路，怎么办呢？

在没有人行横道的地方横过道路，要特别注意避让来往的车辆。避让车辆最简单的方法是：先看左边是否有车来，没有来车才走入车行道；再看右边是否有来车，没有来车时就可以安全通过道路了。

2. 学生操练。

学生上讲台结合板书演示如何过马路。

（五）交通小黄帽

设计意图：了解了小黄帽的作用。

教师提问：开学初，我们每位同学都领到了小黄帽，你们知道小黄帽有什么作用吗？

教师讲解：小黄帽是用鲜艳的亮黄色制成，帮助小朋友安全过马路的专用帽子。

鲜亮的小黄帽可以很容易引起司机的注意，令司机减速让行，为小朋友安全过马路提供了一份保障。

小黄帽作用大

小小黄帽作用大，交通安全要靠它。

司机叔叔我在这，开车慢行勿撞我。

教师小结：如果你没有小黄帽，可戴一顶鲜艳的小帽，这样不仅可以保护自身安全，还可以宣传交通文明呢！

（六）学会安全过马路

1. 教师提问。

通过刚才的学习，我们知道了不走人行道、乱穿马路，都是危险的行为。我们怎样做才能安全过马路呢？

2. 播放动画。

看动画片，认真观看，边看边想，动画片告诉了我们安全过马路的哪些注意事项。

学生回答，教师帮忙梳理知识。

3. 行为判断。

牢记交通秩序，才能安全出行，我们看看下面这些同学做得对吗？

不攀越栏杆、横穿马路

走路时不能听音乐

4. 拍手说歌谣。

小学生，上学校，一定要走人行道。
过马路，左右瞧，十字路口看信号。
红灯亮了停下脚，绿灯亮了快走好。
如果没有人行道，别怕麻烦走天桥。
交通规则要记牢，人身安全最重要。

不在马路上踢球玩耍

(七)“你该怎么办”

设计意图：帮助学生进行知识内容梳理，并鼓励学生运用课上学习的知识提示家长也要遵守交通规则。

教师提问：你和家长一起闯过红灯吗？进行一个现场调查，如果家长闯红灯，你该怎么办？

三、课后延伸，情感升华

设计意图：引导学生在自我教育的同时进而影响家庭和社会，增强教育合力，让学生在探究问题的过程中自身个性品质不断得到发展，保证学生健康地成长。

教师小结：交通规则关系着我们的生命安全，我们在生活中一定要自觉遵守交通规则。争做交通小卫士，大家能做到吗？让学生调查了解学校门口的交通秩序状况，与家长一同探讨解决办法。

四、交通知识我掌握

本节课学生学习效果评价以检测题形式呈现：请把你认为正确的选项涂上颜色。

1. 行人在过马路时，我们要走在：

A. 机动车道内

B. 人行横道内

C. 高速道路上

2. 过马路时，下列行为正确的是：

A. 和同学在马路上打闹

B. 走人行横道，遵守交通规则

C. 随意横穿马路

3. 过马路时，红灯虽然亮起，但是没有车辆经过。此时你会：

A. 反正没有车辆，快速跑着穿过马路

B. 反正没有车辆，慢慢走过去

C. 遵守交通信号灯，等待绿灯亮起再过马路

4. 放学在道路上行走时，下列做法正确的是：

A. 和同学并排，边说笑边走

B. 一个人在路上乱跑

C. 集中注意力，主动避让车辆

五、我的收获

请学生说一说本节课的收获。

实效性评价
利用测试题检查学生是否掌握本节课所学，所有同学都能给出正确答案，增强了学生自觉遵守交通规则的意识和习惯。在实际生活中95%的学生能够主动提醒家长遵守交通规则，在解决交通秩序问题时，87%的学生能够与家长共同探讨方法。

案例2　设计校园安全指示牌

【案例推介】

“设计校园安全指示牌”是一次主题实践活动。教学案例以学生为中心，引导学生在真实的校园环境中自主发现安全问题，提出安全问题，并解决安全问题。活动过程中强调学生在自主分析、自主设计和完善自主制作中进行真实践，在自主考察、自主宣传、自主维护中感受真体验。通过师生的交流与评价，引导学生设计出生动有效的校园安全提示牌，制作并在校园内安放推广，在实践中通过自己力所能及的实践活动解决身边的安全问题，从而达到提升安全自护意识的作用。整个主题活动不仅充分体现了综合实践活动注重学生的亲身体验和积极实践这一基本理念，也使学生的安全意识、自我防范意识与保护能力得到不断增强，将安全第一的理念应用到实际生活中，促进了安全教育活动效果的深化与可持续性发展。

活动基本信息					
课名	设计校园安全提示牌				
领域	综合实践	**学段**	小学	**年级**	六年级
设计者	庄重	**单位**	北京市陈经纶中学嘉铭分校		
活动背景分析					
安全教育是学校教育中的一个重要部分，它关系着青少年的健康成长和正常的学习、生活问题。据统计，我国学生伤害事故的比例约为5.5%。危害校园安全的因素主要有安全措施不完备的校园设施和危险建筑倒塌引起的伤害；学校忽视安全教育，学生缺乏安全意识，加上部分学校因管理不力而造成的意外伤害，如火灾、爆炸、食物中毒、煤气中毒等意外伤害，校外侵害，校园暴力等。针对学生的安全问题，教育部制定并出台了《中小学公共安全教育指导纲要》，其中明确要求“坚持以人为本”，把中小学公共安全教育贯穿于学校教育的各个环节，使广大中小学生牢固树立“珍爱生命，安全第一，遵纪守法，和谐共处”的意识，具备自救自护的素养和能力。					

通过相关案例的分析，我们发现目前很多中小学生对突发的校园安全事故缺乏自护意识和自护能力，这既是近年来中小学校园伤害事故发生的一个主要原因，也是导致事故后果被放大的重要因素。学生的自我行为和无意识往往是事故发生的主要因素，作为一名综合实践活动的教师，我们有责任、有义务通过我们执教的课程，组织学生在真实的环境中调查发现（体验）校园中的种种安全隐患及问题，并能通过亲自实践与动手操作设计制作校园安全提示牌的活动，解决这些实际问题，达到在校园中提示、提醒的作用。通过主题活动的实施，帮助学生树立自我保护的意识，减少校园伤害事故的发生，培养校园安全意识，促进他们健康平安的成长。

学生特点分析

本次活动参与的对象为六年级学生，他们思维活跃，具有强烈的探究欲望，不满足于单纯书本知识的接受性学习，具有了参与社会生活的愿望，喜欢通过亲身实践的学习方式来解决生活中遇到的问题。六年级学生已经具有初步的自主探究的能力，从年龄结构和心理特征来看，学生对一切事物都充满着好奇心，有较强的求知欲，在教师的引导下基本能主动开展探究实践活动。本班学生与教师一起开展了“爱护我们的眼睛”“我为老人搞发明”等研究实践活动，对研究性学习的基本流程及开展方式有一定的了解，学生的动手实践能力及探究精神较强。在前面的实践活动中，学生通过收集、整理、分析公益提示牌，对提示牌的共同特点、作用、设计的方法已经有了一定了解，但如何引导学生结合校园实际问题进行相关的设计，是本节课需要解决的难点问题。结合教学内容，为了更有效地实施本次活动，课前教师运用问卷的方式对所执教班级进行了调查，旨在了解学生对校园生活中的实际问题以及对学校现有提示牌的意见。全班 35 人（2 人病假），收回有效问卷 33 份。通过调查发现，学生们发现的问题多是节水节电、楼道内追跑打闹等问题，而对于身边的一些安全问题、环境问题关注的不是太多，甚至有些学生提不出特别有研究价值的问题，所以在课堂教学过程中如何引导学生提出可研究的问题就成了教师急需解决的问题。针对此情况，教师拟定的指导策略是：在课前指导学生在校园内进行深入的调查，引导学生通过访谈、观察等方法发现身边的问题。

安全教育目标

【安全知识目标】学生通过多种调查活动的实施，能够认识到身边诸多安全隐患与自身健康成长的密切关系，认识到安全问题的重要性。

【行动技能目标】初步掌握自护自救的方法，消除安全隐患，并将安全第一的理念应用到实际生活中。

结合校园安全的有关隐患，通过亲身实践安放提示牌的活动，增强综合运用安全知识解决校园安全实际问题的能力。

【情感态度目标】学生通过对身边安全问题的调研以及相关的宣传活动，能够感受到安全自护的重大意义，逐渐形成珍爱生命、保障安全的态度，增强自我保护的意识，健康快乐地生活。

安全教育资源
【学校资源】学校非常重视对学生的安全教育，在地方课程和校本课程中实施安全教育的相关内容，定期开展以安全为主题的班队会活动，通过红领巾广播、校园电视台、展板等形式展示学生参与安全教育活动的研究成果，并通过手抄报、宣传画、倡议书等向全校师生进行广泛宣传，扩大安全教育的影响力。 【社会资源】本主题活动的设计与实施可以邀请学校的法制副校长(管片民警)、学生家长到校参与学生的研究过程、成果交流等活动；还可以结合每年 3 月最后一周星期一的全国中小学生"安全教育日"活动来开展，整合校内外资源，力争使活动的效果达到最优化，使育人作用更明显。同时，在整个活动的组织、策划、实施过程中，教师还应贯彻落实教育部制定的《中小学生公共安全教育指导纲要》的相关内容，教师应明确文件的精神及内涵，使我们的活动既能体现综合实践活动课程的特点与价值，又能成为落实国家、市、区文件要求的重要载体与有效途径，促进课程健康可持续发展。
活动方式
【场景体验】结合整个主题活动研究的内容及成果，开展"我当安全宣传员"的体验活动，使活动的成果得到落实和应用。 【案例分析】教师与学生一起对生活中的各种公益提示牌进行收集与整理，通过收集活动引导学生增强对公益提示牌的感性认识，进而通过集体分析收集到的公益提示牌，总结出它们共同的特点及作用，为后面的设计校园提示牌活动做好准备。 【实地调查】组织学生以小组为单位在校园中开展调查活动，运用访谈法、观察法来收集校园中影响同学们健康成长的相关问题，如安全问题、环境问题等，引导学生在校园生活中发现问题。
活动准备
【教师准备】指导学生进行课前调查，准备好上课 PPT 及相关背景资料。 【学生准备】课前进行校园实际调查，做好小组汇报准备；准备好图画纸、彩笔、剪刀、胶棒等制作提示牌的工具。 【注意事项】在校园调查中教师要和学校相关部门领导及老师做好提前沟通，配合学生完成调查活动；在设计制作提示牌的过程中对学生进行工具使用的安全教育。
活动实施
一、校园调查 设计意图：通过带领学生走进学校进行考察、访谈、观察等多种方式的调研活动，使学生能够在真实的环境中了解和感受学校安全问题的现状，为学生能够发现并提出校园中存在的真实问题打下基础。

设计意图：通过带领学生走进学校进行考察、访谈、观察等多种方式的调研活动，使学生能够在真实的环境中了解和感受学校安全问题的现状，为学生能够发现并提出校园中存在的真实问题打下基础。

(一)问题导入

师生交流校园伤害事故的案例。组织曾经受到过校园伤害的学生“现身说法”，使学生认识到校园伤害就发生在身边，与学生的成长密切相关，进而明确安全的重要性，引出本次活动的主题。

学生1：有一次下楼时，我和同学比赛看谁最快到达操场，在下楼的过程中我没有依次走楼梯下楼，而是隔着有四五级台阶时跳了下去，结果落地不稳把脚踝摔骨折了。

学生2：有一天课间在操场活动，我和小明同学在没有得到体育老师许可的情况下，玩了放在操场上的体育器材，结果把手砸伤了。

(二)制订方案

结合校园安全问题，学生小组制订调查方案。教师可以出示以往学生制订的方案作为样例进行指导，允许学生以小组为单位进行撰写和反复修改，同时方案的制订不用面面俱到，突出本次调研的主题即可。

调查方案样例

调查目的	
调查时间	
调查地点	
调查人员	
调查结果	

(三)校园调查

校园实地调查活动主要包括校园内考察设备设施、访谈相关老师和学生，发现并记录调研中的安全问题。在开展活动前，教师要协助学生提前和体育、卫生老师约好访谈时间，制订好访谈提纲；在活动过程中，教师要成为活动的组织者、参与者，同学生一起进行调研活动，并指导学生通过多种方式如手绘、拍照、摄像等进行记录；在活动后，教师要组织学生进行调研资料的梳理，针对校园中的实际情况提出研究问题。

(四)调查小结

教师组织各小组对前期调研活动进行总结与交流。学生可以通过 PPT、绘制海报等方式，向老师和同学们展示调研的成果。在汇报交流过程中，应提示学生充分发挥小组成员的积极性，合理分工，注重研究的过程。

二、实施制作

设计意图：引导学生要紧密结合“校园调查”中的问题进行提示牌的设计与制作，要具有针对性，能够解决实际问题，同时培养学生小组合作的意识。

(一)创意设计

1. 教师组织学生通过手绘、拍照、网络等多种途径收集认识相关提示牌，以小组交流、班内竞赛等方式引导学生认识更多的提示牌，明确提示牌的作用、设置意义。

2. 组织学生对提示牌进行理性分析，明确提示牌的共同特点，为设计活动打下基础。

3. 在开始设计前，教师组织学生再次梳理认领前期校园调研中的问题，强调设计活动要紧密围绕调查中发现的问题进行。

4. 学生以小组为单位进行创意设计活动。

第(　　　　)小组校园提示牌设计方案

<table>
<tr><td>项目</td><td colspan="5">内容</td></tr>
<tr><td>要解决的问题</td><td colspan="5"></td></tr>
<tr><td>人员</td><td>画图</td><td>修改</td><td>涂色</td><td>介绍</td><td>其他</td></tr>
<tr><td>设计内容</td><td colspan="5"></td></tr>
<tr><td>设计说明</td><td colspan="5"></td></tr>
<tr><td>说明</td><td colspan="5">1. 根据主题内容确定表现形式
2. 人员分工要合理，根据个人特长进行分工
3. 可以是多种形式，如图案、文字描述等
4. 依据自己能力及兴趣爱好，可以设计多种方案</td></tr>
</table>

(二)动手制作

学生依据设计方案进行校园提示牌的制作活动。对于能力水平较高的学生小组来说，可以让他们自行开展，鼓励他们结合某个问题进行多种方案的制作活动；对于其他学生来说，完成一个作品即可。

三、成果展示

(一)成果评价

设计意图：通过多元评价为学生提出修改建议，使学生的研究成果不断完善。

1. 学生以小组为单位进行作品展示和交流。

2. 在交流展示过程中，邀请法制副校长和家长代表共同参与活动，对学生的成果进行评价。

3. 各小组依据师生及来宾的建议对校园提示进行调整和改进。

(二)成果安放

设计意图：通过校园提示牌的安放与调研活动，使学生的研究成果发挥应有的作用，真正解决校园安全中的实际问题。

1. 师生共同开展安放校园提示牌的活动。

2. 教师组织学生定期进行调研，了解评估这些校园提示牌是否发挥了应有的作用，并及时做好后期的调整和完善。

四、拓展宣传

设计意图：通过校园内的多种宣传活动，扩大研究的影响力，引导更多的学生能够自觉遵守各项校园安全的要求和标准，避免校园安全事故的发生。

（一）宣传准备

学生以小组为单位进行宣传活动的设计。鼓励学生通过表演、海报、文学作品等多种形式进行宣传，发挥学生已有的生活经验与知识技能，展现学生的综合素质。

（二）宣传实施

学生利用红领巾广播、展板、国旗下讲话等多种形式进行校园宣传实践活动。

实效性评价

后测问卷：

小问卷

1. 同学们，在本次“设计校园安全提示牌”活动中，你是否经历了前期调研、中期制作、后期宣传的全部活动过程？给你感受最深的是什么？

2. 目前我们已在学校中安置了一些校园提示牌，请进行相关调查了解这些提示牌的安放效果。

3. 还有哪些问题需要设置校园提示牌，请你举例说明。

通过本次主题活动的前测与后测问卷，以及学生完成校园提示牌的成果，法制副校长及家长的评价等多个途径，可以看出在此次“设计校园安全提示牌”活动的35名学生中，所有学生提高了校园安全的关注度，提升了校园安全意识；在设计制作校园提示牌的过程中，学生5个人一组共分为7个小组，其中有4个小组的作品被法制副校长、家长代表、学生代表评为“优秀”等级，有2个小组的作品被评为“良好”等级。7个小组共制作出21个校园提示牌并安放在校园中的不同位置，经过一个学期的调研，有18个提示牌发挥了应有的安全提示作用，受到了学校领导、教师和学生的好评，发挥了安全提示的作用；有3个提示牌需要继续进行完善和改进。

案例3 快乐运动，安全永记

【案例推介】

运动是一件令人快乐的事情，它使人精力旺盛、身体康健、心情愉悦。然而幸福快乐的同时，运动伤害也如影随形，屡见不鲜。那么，如何才能在运动中收获快乐又避免伤害呢？“快乐运动，安全永记”以主题班会的形式展开，从学生身边真实的运动伤害事故出发，真实的经历更容易引起学生的共鸣，成为学生可以内化的安全经验，全程由学生来主持，体现了以学生为主体的理念。学生在通过团队讨论、角色模仿和损伤康复实操中全面了解了运动中受伤的原因、危害性以及如何进行自护、自救，并能学以致用，警醒自己，劝诫他人。

<table>
<tr><th colspan="6">活动基本信息</th></tr>
<tr><td>课名</td><td colspan="5">快乐运动，安全永记</td></tr>
<tr><td>领域</td><td>综合实践</td><td>学段</td><td>小学</td><td>年级</td><td>五年级</td></tr>
<tr><td>设计者</td><td>张立立</td><td>单位</td><td colspan="3">北京市朝阳区垂杨柳中心小学劲松分校</td></tr>
<tr><th colspan="6">活动背景分析</th></tr>
<tr><td colspan="6">专家认为，通过教育和预防，80％的中小学生意外伤害事故是可以避免的，故教师应该重视安全教育，它是一种生命的教育。
孩子由于天性加上运动的特殊性，在运动中受伤司空见惯。据一项调查资料显示：在教学中的体育运动和课间学生自主体育运动中，有将近50％的孩子受到过不同程度的运动损伤。安全教育是公众教育，仅仅依靠社会、学校、家长对中小学生进行保护是不够的，更重要的是引导他们面对纷繁复杂的现代社会，树立自护自救观念，形成自护自救意识，掌握自护自救知识，锻炼自护自救能力，使他们能够果断正当地进行自护自救，机智勇敢地处置遇到的各种异常情况或危险。
当下，小学体育运动的安全问题成了人们热衷讨论的热点话题，建立健全小学体育运动安全机制事关重大。加强小学生的安全教育成为教育改革的必然要求，也是全社会的共同责任。但是，当下的小学安全教育体系网络仍然不能够起到绝对的有效作用。因此，召开此次实践活动课，使学生了解运动损伤的原因和危害性，更要提高运动中自护自救的能力。</td></tr>
<tr><th colspan="6">学生特点分析</th></tr>
<tr><td colspan="6">由于孩子们的天性活泼好动，教师虽然多次提醒安全的重要性，但大多数学生仍存在侥幸心理，运动时不考虑后果，所以很容易在运动中受到伤害。对学生进行运动中的安全教育，培养学生安全意识，提高自护能力。
课前教师通过调查发现：95.4％以上的学生都曾经或轻或重地受到过擦伤，21.2％的学生出现过骨折、扭伤的现象。
学生对身边事的认识度、认可度较高，教师可以结合班级实际情况进行分析。近期班级也发生了多起安全事故，同学们亲眼所见，使教育更有针对性。
高年级的学生有一定的组织能力，教师将为学生提供充分的展示空间，让学生自编、自导、自演，从而培养学生的组织、调配、表演能力。</td></tr>
<tr><th colspan="6">安全教育目标</th></tr>
<tr><td colspan="6">【安全知识目标】通过班级实例的介绍，使学生了解运动损伤的原因和危害性并认识到运动安全的重要性。
【行动技能目标】通过分析、讲解、模拟使学生掌握运动挫伤的应急处理方法，学会拨打急救电话，从而提高运动中自护自救的能力。
【情感态度目标】学生能结合学习收获，换位思考，反省自己，劝告他人。</td></tr>
</table>

安全教育资源
【学校资源】学校对于学生运动中的安全问题一直非常重视，在学校操场醒目处悬挂安全运动的注意事项，并经常利用广播、视频等方式对学生进行运动安全教育；对学校里的体育设施定期进行保养、更换等，以保证学生使用的安全。另外，定期组织任课老师进行安全知识相关培训及安全演习等活动，加强每一位教师及学生的安全意识。 【社会资源】组织学生走进国家体育总局运动损伤康复中心观摩学习，提高学生对运动损伤及康复治疗方法的了解；聘请医院运动保健科的专家教授到校进行运动安全讲座，提高学生的安全意识和自护自救的能力；定期组织师生进行网上相关资料的学习并交流，提高运动中的安全意识及对损伤的处理能力。
活动方式
【回顾总结】学生回顾曾经受了哪些伤害，并总结受伤的原因。 【模拟训练】针对“如何消毒及面积较大时如何包扎”进行演练，然后全班同学操作学习。 【查找资料】查找运动中受伤的原因的相关资料并进行介绍交流。 【角色扮演】同学表演打电话报警，各小组进行模拟。 【团队讨论】观看视频并讨论视频中几位同学的做法是否正确及其原因。 【案例分析】学生观看小视频，找出其中错误的原因、危害性和如何避免这些错误并进行修改。
活动准备
【教师准备】课前指导学生完成表格，录制小视频及指导学生处理挫伤。 【学生准备】课前填写表格，录制小视频，一位同学进行处理挫伤的训练。 【注意事项】在录制视频过程中，要把握好度，避免学生造成不必要的伤害。
活动实施
主持人宣布：“快乐运动，安全永记”主题班会现在开始。 （一）结合实际，明确主题 主持人：前不久，咱们班的赵成明同学在参加比赛时不慎受伤，给他的生活带来诸多不便。普普通通的一场比赛，怎么就受伤了呢？当时他遇到了怎样的情况？让他给大家说说吧。 主持人：我们在运动中，稍不留意就会受伤。看来运动中受伤是很普遍的，而且受伤可能就会产生严重的后果。今天这节班会课，就让我们一起来学习运动中容易受伤的原因，怎样才能避免伤害，如果受到伤害我们又应怎样自救呢？ （二）回顾生活，了解原因 主持人：课前同学们填写了这张表格（PPT）。

项目	受到的伤害	原因	如何避免

活动实施
回顾了我们曾经受了哪些伤害，并填写了受伤的原因，邀请几位同学和大家讲讲。 生 1：跑步时摔伤，把胳膊和膝盖擦伤了。我觉得可能是跑得太快了。 生 2：练习单杠时，摔下来，把手给挫了。没有按照老师的要求做。 生 3：练习跳远时，不小心把脚崴了。落地时没有站稳。 主持人：听了大家的介绍，我感觉运动中伤害的频率还是很高的。我们组同学就运动中受伤的原因，查找了相关资料，下面由我们组同学为大家介绍一下。(同学讲解) 主持人：大家看了我们介绍的原因发现运动中受伤的原因是多方面的，希望大家能在运动中加以注意，从而保障自己的安全。 (三)结合事例，学会自护 主持人：刚才王同学带领组员帮我们分析了受伤的原因。听完他们的介绍会发现，在运动中我们稍不留意就会受伤，大家请看我们自导自演的小视频，看看在他们的身上有没有你的身影。(播放视频) A. 同学们比赛跑步时，一位同学横穿跑道。 B. 一位同学穿凉鞋上体育课。 C. 老师在讲解运动要求时，一位同学东张西望，没有认真听讲。 D. 在使用运动器材时，没有按照要求，对器材进行损坏。 主持人：看到大家的表情，我已知道了答案。你们认为这几位同学做得对吗？能说说理由吗？我们以组为单位讨论一下。 同学汇报： 1. 判断。 2. 错的原因。 3. 如何避免。 主持人：我们知道了他们错误的原因、其中的危害性和如何避免这些错误。同学们的收获很大，课前我们填写过一张调查表，现在你能就这张调查表进行修改吗？(汇报修改的内容) (四)身临其境，学会自救 主持人：刚才我们和其他组同学一起了解了受伤的原因及如何避免伤害，可我们组同学认为，由于运动的特殊性，受伤是不可避免的，我们又该怎样做呢？下面我们组同学将跟大家说说如何自救。在讲之前，我想问大家一个问题，你们经常会受什么伤？ 主持人：运动时常会发生挫伤和扭伤。扭伤后应该到医院及时就医，因为可能是肌肉拉伤，可能是骨折，在此我们就不一一介绍了。今天我们就重点给大家讲讲如何处理挫伤。 1. 同学演示。 (1)轻伤，如何消毒。 (2)面积较大时如何包扎。 2. 全班同学操作学习。 3. 评选包扎优秀的同学。 主持人：遇到挫伤我们可以自行处理。如果遇到严重的问题，像晕倒、呕吐不止、流血较多，我们应怎样做呢？(打电话) 主持人：对！那我们应打什么电话呢？(120、119)这个电话干什么用的呢？(同学介绍)

主持人：打电话可不是一个简单的事，是我们需要掌握的基础技能。现在让我们来看看一位同学是如何打电话的。(同学表演) 主持人：我们来说说，报警的时候该说些什么内容。(伤员的具体位置、伤员的基本情况、报警人的联系方式) (五)收获颇多，大家分享 主持人：今天我们一起了解了运动中受到伤害的原因，还学会了如何进行自护自救。我们收获这么多，你想对曾经受过伤的自己说点什么，或者对那些现在还不知道这些内容的同学说点什么呢？让我们把心中的话，写下来吧。如果你想对别人说，请你到他的身边把你说的话讲给他听。 (六)班主任讲话 班主任：同学们，当听到赵××同学受伤的时候，我的第一感觉是吃惊，因为他是咱们班协调能力较强的孩子。通过他的叙述大家也明白了原因。我们今天一起分析了在运动中受伤的原因，更重要的是，知道了如何有效地预防运动伤害，如运动前做好热身，运动中谨记要求，运动后及时修复等。最重要的，我们学会了自护自救的方法，学会了给伤口消毒、包扎，学会了打急救电话。希望大家能重视运动中的保护，让安全陪伴我们左右，让老师安心，让家长放心。
实效性评价
此次活动学生积极性较高，学生在讨论、模仿、实操中全面了解了运动中受伤的原因、危害性，以及如何进行自护自救，绝大部分同学能学以致用，警醒自己，劝诫他人，在自救演习中，90%以上的学生正确掌握了处理挫伤的方法，100%的学生学会了如何打电话报警。

案例 4　消防安全在我心中

【案例推介】

“消防安全在我心中”是一堂邀请消防员叔叔与师生共同开展的实践性主题班会。教学案例以学生为中心，构建了一堂开放而有活力的课堂。消防员在班会上给学生讲解科学的防火灾的知识，教给学生逃生的技能，并进行消防器材的使用演示。学生通过小组讨论：火灾形成的原因、遇到火灾应该怎么做，在思维的碰撞中巩固正确的知识，纠正错误的做法。然后进行角色扮演：在活动中让学生根据情境体验火灾发生时如何报警，以获得亲身感受的深刻认知。最后设计消防知识小竞赛，通过竞赛，学生加深了对消防知识的了解，树立了安全意识，认识到遇到危险时要沉着冷静并积极运用自己掌握的知识保障自己和他人的生命安全。

<table>
<tr><td colspan="6">活动基本信息</td></tr>
<tr><td>课名</td><td colspan="5">消防安全在我心中</td></tr>
<tr><td>领域</td><td>综合实践</td><td>学段</td><td>小学</td><td>年级</td><td>五年级</td></tr>
<tr><td>设计者</td><td>朱玉霞</td><td>单位</td><td colspan="3">北京市朝阳区垂杨柳中心小学劲松分校</td></tr>
<tr><td colspan="6">活动背景分析</td></tr>
<tr><td colspan="6">学校必须把保护学生的生命和促进学生的健康放在工作的首位，也就是说学生的安全是学校发展的保障。而火灾是学生生活中可能会发生的事，国家明确规定，中小学生不能参与救火，但是要了解火灾发生时应如何自救，以保证自己的生命安全。根据前期调研，发现班里有85%以上的孩子对于如何正确拨打火警电话和火场逃生能力知之甚少，表现为只知道火警电话是119，但是拨通后应该如何求救不清楚，对于火场逃生仅仅知道捂住口鼻弯腰前行这些知识。所以，让学生了解火灾形成的原因，学习正确拨打火警电话和学习火情发生时如何逃生就显得尤为重要。</td></tr>
<tr><td colspan="6">学生特点分析</td></tr>
<tr><td colspan="6">对于五年级的孩子来讲，他们对于火灾的了解很少，大部分学生也仅从广播、电视中看到过，并没有系统地学习过应该如何在火灾发生时报警、逃生。所以，我将本次活动内容设定为了解火灾形成的原因，学习正确拨打火警电话和学习火情发生时如何逃生，以确保自己的生命安全。
为此我采用情境式教学和启发式教学，并在前期带领学生参观消防队，请消防员给同学们讲解专业的知识，并请消防员参加我们的班会，不仅在班会上进一步给学生讲解科学的防火灾的知识，还教给学生逃生的技能，进行消防器材的使用演示，让学生亲身实践等。
使学生们知行合一，从感知到体验，在开放、生生互动、与消防员的互动和探究中了解火灾，学习消防安全知识，增强消防安全意识。培养自己遇到危险时的沉着冷静，用所学的安全知识进行逃生的勇敢品格。</td></tr>
<tr><td colspan="6">安全教育目标</td></tr>
<tr><td colspan="6">【安全知识目标】了解火灾形成的原因，认识并会使用消防器材，会正确报火警，使用灭火器，了解逃生技能。
【行动技能目标】通过参观消防中队，看视频、情境练习和听消防员叔叔的讲解，了解如何正确报火警、使用灭火器，以及发生火情时如何正确的逃生。
【情感态度目标】树立消防安全意识，培养学生遇到危险时沉着冷静、机智勇敢的品格。</td></tr>
<tr><td colspan="6">安全教育资源</td></tr>
<tr><td colspan="6">【学校资源】学校的广播、逃生演习和安全预防课程都给学生提供了了解各种突发事件中如何保障生命安全的技能资源。
【社会资源】朝阳区公共安全馆是朝阳区内最大的公益性公共安全教育专项体验馆，同时也是教育部、公安部认定的国家级中小学消防安全教育社会实验基地。该馆由朝阳区委区政府投资建设，场馆面积2400平方米，地上面积600平方米，地下面积1800平方米。其主要功能为传播公共安全知识，提升公民的安全意识，最大限度地降低和减少各种灾害和突发公共安全事件所造成的损失。场馆遵循实用性与科学性、综合性与专题性、知识性与趣味性相结合的原则，设计了消防安全、卫生健康、生产安全、交通安全、人民防空、治安反恐、自然灾害共计七大主题展区。通过场景模拟、互动体验、新媒体技术和活动训练场等新颖的展示方式，寓教于乐，以达到全面提升广大民众的公共安全意识的效果。</td></tr>
</table>

我们也充分利用学校周边资源，如离我校最近的华威消防中队，在学校德育主任的帮助下，我们与他们取得了联系，安排学生到消防中队去参观，以获得更加科学的消防安全知识，了解消防员的工作特点。

活动方式

【场景体验】活动前期带学生参观华威消防中队，学习消防安全知识和逃生方法，了解消防员的工作特点。使学生获得初步的感知体验和对消防安全更全面的了解。

【视频感受】通过观看火灾事件相关的新闻报道，学生感受到当突发事件来临时不懂逃生知识，不会自救的可怕后果。

【小组讨论】讨论火灾形成的原因，遇到火灾应该怎么做，在思维的碰撞中巩固正确的知识，纠正错误的做法。

【角色扮演】在活动中让学生根据情境体验火灾发生时如何报警，以获得亲身感受的深刻认知。

【亲身感受】消防员讲解火灾发生时如何逃生，如何使用灭火器，让学生亲身体验。

【知识小竞赛】通过这个消防知识小竞赛，使学生们加深对消防知识的了解，树立安全意识，知道遇到危险时要沉着冷静，运用自己掌握的知识保障自己和他人的生命安全。

活动准备

【教师准备】

1. 带领学生参观了解消防队，了解消防员的工作，整体感知消防安全知识。

2. 设计调查问卷，了解学生的原认知。

3. 分组体验打火警电话，了解消防知识，学习使用灭火器。

【学生准备】课前登录公共安全馆的网站学习，了解消防安全知识。

【注意事项】教师与消防员沟通，在讲解过程中适当加入互动环节，让学生参与活动并交流感受。

活动实施

一、主持人宣布班会开始

“消防安全在我心中”五(2)班主题班会现在开始。首先欢迎华威中队的消防员杨叔叔来参加我们的班会。(全班学生鼓掌)

二、视频导入，感知火灾

主持人：同学们，我们知道火是我们生活中赖以生存的物质，它能帮助我们烧菜做饭，在冬天取暖，但是如果不安全地使用火，就会引发火灾烧掉房子、财物，甚至付出生命的代价。这节班会课，就让我们一起来探究火灾发生的原因，一起杜绝火灾的发生，并掌握一些逃生的方法吧。

主持人：同学们，就在刚刚过去的暑假里，发生了一件让我们都很痛心的事件，一辆大巴车发生了燃烧，我们来看看相关的新闻报道。(学生观看视频)

主持人：在火灾事故发生的时候，如果能多掌握一些自救的技能，就会为自己争取一些逃生的机会，因此，消防安全要时刻成为敲响我们生命安全的警钟。

三、开展活动，层层推进

（一）了解火灾形成的原因

主持人：从刚刚的视频我们知道火灾很可怕，那么造成火灾的原因都有哪些？请大家分组讨论这个问题。

（学生分 7 个小组讨论，主持人点名让各小组回答问题，之后看大屏幕，巩固了解火灾形成的原因）

教师根据学生的回答，将火灾形成的原因总结如下。（学生看 PPT，老师讲解）

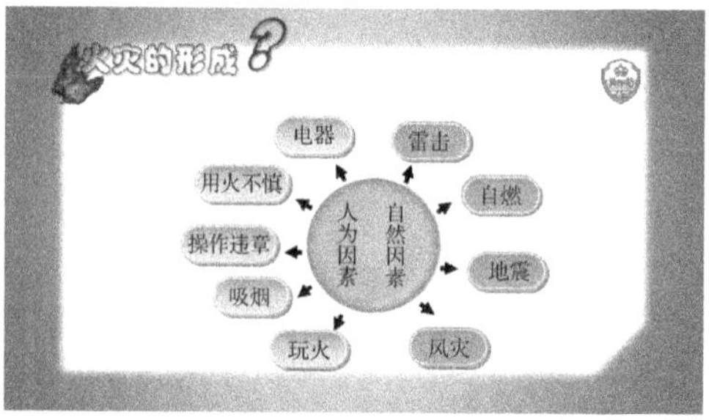

火灾的发生可以分为两大类：自然因素和人为因素。自然因素包括雷击、自燃、地震和风灾。而在大多数情况下火灾主要还是人为因素造成的。细数起来，大都和人们的思想麻痹有关。比如，家里的电器短路、电器线路及设备发生发热、着火等事故；用火不慎；工厂的操作违章；吸烟者乱扔烟头、麻痹大意；还有的小孩玩火等，这些一旦引起火灾，就应该及时地控制住火势，不让其蔓延，以免引起更加严重的后果。但是作为未成年人，是不允许参与扑救火灾行动的，那么我们遇到了火灾应该怎么办呢？

同学回答，之后看大屏幕，巩固了解遇到火灾如何去做的几种方法。（呼喊、敲锣、广播、按火灾警铃、打 119 电话报警）

（二）报火警

主持人：国家规定，为了确保安全，小学生不可以参加救火，但是小学生有义务通知大人发生火灾了。

主持人：这其中，报警是我们需要掌握的基础技能。

主持人：当我们发现附近发生火灾时，在确保自身安全的情况下我们应该迅速拨打报警电话，那么报警电话是多少呢？

生：119。

主持人：没错，现在让我们来看看一位慌张的报警人是如何报警的。请看学生表演的小品《报火警》。

报火警

报警人：喂喂，我家这着火了你们快来啊！

消防员：您不要着急，请您说清楚起火的地点。

报警人：说了嘛，我们家，我们家厨房着火啦，屋子都黑了，电视也坏了，快快……

消防员：我说的是您家的具体位置。

报警人：11 号楼 111……

消防员：您不要慌，说清楚哪个区哪条街。

报警人：全安区防火小区 11 号楼 111 门。

消防员：是什么东西起火了，有人员伤亡吗？

报警人：厨房厨房，不是说了吗，电视坏了。

消防员：好的，请您给我留一个电话。

报警人：12345678。

消防员：您叫什么？

报警人：马糊涂。

消防员：好的，我们已经派出消防员，请您保持电话畅通。

主持人：看看，给这个报警人急的，话都说不利索了，越是发生紧急情况，我们越是要保持冷静。

主持人：让我们来说说，报警的时候该说些什么内容？

着火的位置（方便消防员快速到达现场）

火势大小（让消防员初步确认灭火方法）

报警人的联系方式（方便确认火灾现场）

主持人：请各个小组模拟报火警环节，由组长担任接电话的消防员，其他组员来报警。

（学生模仿和训练）

（三）学习火场逃生的方法

主持人：现在让我们看看，如果自己真的遇到火灾该怎么做？首先有请我们班的小小消防员给大家来讲一讲。

学生讲略。

主持人：请消防员杨叔叔来说一说他们说的对吗？

消防员叔叔进行评价，并讲解如何使用灭火器。消防员叔叔一边讲解一边示范操作。

灭火器使用步骤可以总结为五个字：看、提、拔、瞄、压。

1. 看：看干粉有没有过期，看压力表指针是否在绿色区域。

2. 提：提起灭火器。

3. 拔：拔下安全插销。

4. 瞄：瞄准火苗根部。

站在距离火源 2～3 米的位置。

如在室外，应选择站在上风方向喷射。

5. 压：压下手柄，一压到底，对准火焰的根部喷射，中途不能放开，直至火焰完全被扑灭。

同学们亲身实践体验使用灭火器。

（四）消防安全知识小竞赛

主持人：接下来我们进行抢答环节。

1. 发生火灾扑救时，是先救人还是先救物？

确认答案：先救人，因为人的生命更重要。

2. 电器发生火灾时，是先断电还是先救火？

确认答案：先断电，防止触电发生的二次事故。

3. 电话报警时要注意报清、报全哪些信息？

确认答案：着火地点、起火原因、联系方式。

4. 你认识这些东西吗？你知道怎样使用它们吗？

灭火器：消防员叔叔讲怎样使用。学生学习后，到前面来亲自操作，亲身体验。

灭火毯：学生回答，叔叔讲解补充。

灭火球：老师讲解。

主持人：下面是判断题。

1. 来到一个新环境，先要了解和熟悉环境，查看逃生通道。（正确）

2. 发现火灾后，马上打开窗户。（错误，在没弄清楚火灾情况前，不能擅自开窗）

3. 禁止学生携带烟花、爆竹、火柴等易燃易爆物品。（正确）

4. 发生火灾时，不要盲目开窗开门，用湿毛巾、衣服等包住头脑，尤其是口鼻部。（正确）

5. 楼内失火，应快速乘坐电梯逃离。（错误，火灾发生不可乘坐电梯）

6. 若所在逃生线路被大火封锁，要立即退回室内，用打手电筒、挥舞衣物、呼叫等方式向窗外发送求救信号，等待救援。（正确）

四、班主任讲话

同学们，今天我们更加深入系统地学习了消防安全知识，加上大家前期参观消防中队和网上学习，各位同学都知道了火灾的形成、火灾的危害、火灾发生后我们该如何去做，学会了报火警，学会了使用灭火器，学会了逃生自救。我们要把消防安全时时放在心中，提高消防意识，防患于未然，遇到危险要冷静、勇敢，用自己学到的知识保护自己和他人的平安，让“安全”陪伴我们健康成长。

主持人：五（2）班主题班会到此结束。

实效性评价

本次活动总体设计思路以《中小学公共安全教育指导纲要》为指导，以学生为立足点，体现了学生是学习活动的主体，设计创设情境，感知无情的火灾，讨论交流火灾形成的因素，学会正确打报警电话，如何逃生，如何使用消防器材，由浅入深，由表及里，从感知到体验，让学生在开放、生生互动、与消防员的互动和探究中了解火灾，学习消防安全知识，增强消防安全意识。所有学生正确掌握了打报警电话，所有学生正确掌握了火灾发生时如何逃生，96%的学生记住了电器着火时如何正确去做，还有90%的学生掌握了如何使用灭火器。

在遇到特殊情况方面，如逃生路线被大火封锁时如何自救，学生们澄清了安全误区，拓宽了知识面。

第三部分　写在后面

一、在“意外伤害教育”上，我们的挑战是什么？

尽管国家、社会、教育部门以及个人家庭越来越重视学生的安全教育，但发生在学生身上的意外伤害事件还是时有发生。例如，学校组织学生观看电影时，由于电影开始后走廊灯熄灭，最后入场的两个班级急于入座，竟发生了推搡踩踏事故；体育老师上体育课，教学生练习跳远，一位同学不小心摔到了沙坑沿上，导致手臂骨折等。这些不断发生的意外伤害事故，轻者受伤，重者残疾乃至死亡。这些惨痛的教训，作为校方，是否做好了积极的预防措施？是否做好了充分的应急准备？这些事件的发生也暴露了在意外伤害教育上的问题和不足，我们还面临着诸多挑战。

社会对于学生意外伤害教育的关注力度不够。学生发生意外伤害事故后，社会舆论反响积极，报道跟进及时，罗列大量的事实情况，但对于事件背后的原因则缺乏必要的调查和安全教育普及，对于社会安全问题的后续处理有时关注力度不够。一些社会机构借事件的热度进行整改和自我监督，但事件过后则对于安全问题就流于形式，可有可无了。社会是个大课堂，学生的意外伤害安全教育需要社会大环境的支持。各社会安全机构应积极与教育系统联合，组织学生到社会机构中深度体验学习，全程体会意外伤害事故处置的始终，学会正确归因，铭记教训，为学生创造更好的感悟生命的环境和氛围。

学校教育是学生安全教育的主阵地，是防止意外伤害事故发生的有效途径，但目前学校对于学生安全教育问题仅仅停留在学校内部，缺乏对学生全方位的安全意识、生命意识的培养。每年不定期的防火、应急演习大多是为了完成任务，拍几张图片，没有真正让学生去感同身受地得到扎实的教育。这就是为什么在学校演习时学生都明白，一旦真遇到意外事件则手足无措，完全不知该怎么做。学校安全教育要落到实处，要建立完善的学生安全教育课程体系，开展不同年级针对性特色课程，理论与实践课程相结合，让学生把所学到的安全知识应用于特定的应急环境中，让学生通过实际操作切实掌握意外事故的自护自救本领。

家庭安全教育缺位，把教育任务扔给学校。家庭教育是人生教育中重要的一部分，家庭教育不仅仅是教育孩子如何做人、如何成长，更应该教育孩子如何保证基本的生命安全，树立安全意识，养成安全行为，这不仅对孩子成长极为重要，更对孩子未来发展非常重要。家长们常因忙于工作，缺乏对孩子必要的安全教育，尤其是意外伤害的预防教育。有些家长将教育的主体交给学校，只管好孩子的吃喝。其实，安全教育的第一责任人就是家长，安全教育应该贯穿家庭教育的始终。例如，家长可以常常提及家用电器的安全常识、户外游玩时教导孩子野外恶劣天气遇险的自我保护知识、行走在道路上引导孩子自觉遵守交通规则等。意外伤害教育，家长要先行。

学生忽视安全教育，缺乏安全意识。一方面，学生自身安全意识和防范意识不强，总以为“意外”离自己很远，不会发生到自己身上，这种麻痹大意的思想是导致意外伤害事故的重要原因。另一方面，学生对于生命教育和安全教育缺乏足够的认知，这些教育不能激起学生学习的积极性和主动性。从学生的兴趣出发，采用角色扮演法、情境体验法、亲身实践法、户外探险法、游戏竞赛法等多种多样、学生喜闻乐见的形式开展安全教育，可以有效提高安全教育的实效性。

二、在“意外伤害教育”上，我们的目标是什么？

安全教育是预防学生意外伤害事故发生的有效手段，更是在伤害发生后能够采取有效的措施防止伤害进一步延伸的保命手段。因此，安全教育，尤其是意外伤害方面的安全教育意义重大。

目前，我国从中央到地方教育部门，从学校教育到家庭教育，都开始对学生的意外伤害教育格外重视，这种教育不同于文化教育、道德教育，而是从人权和生命的尊重出发。因此，在开展此类教育实践中，我们要做到社会全要素的联动，多方面齐抓共育，才能达到效果。

继续调动社会教育因素和资源，强化社会意外伤害教育的重要作用。社会是践行教育的最为重要的实践基地和场所，社会教育拥有活生生的例子和真实的场景，更能使得意外伤害教育作用发挥得淋漓尽致、发人深省。另外，深度整合社会意外伤害教育资源，如与消防部门、安监部门、公安部门、第三方安全教育开发机构等合作进行意外伤害教育，更能有效发挥各自的积极作用，使得教育效果事半功倍。

学校要从课程上融入意外伤害教育的内容，建立学校安全教育课程体系，全面培养学生的安全意识。

强化家庭教育的角色地位，开展父母安全教育课堂，形成良好的家庭安全教育氛围。父母及其监护人在家庭教育中扮演着重要的角色，是孩子的第一任老师，如果家长或者监护人在孩子家庭生活中注重对孩子的安全教育，强化他们的安全意识和生命意识，那么这对于孩子的健康成长十分重要。社区、家长单位、学校等多组织亲子类安全教育实践活动，使家长安全素养的榜样作用深刻影响孩子，帮助孩子形成良好的安全意识。

学生要明确意外伤害教育的重要意义，在学习和生活中自觉养成防范意识。青少年是祖国的未来，他们的健康成长关乎国家和民族未来，保障青少年学生健康成长是每一个教育工作者的追求。学生要从思想上重视安全教育，明确危险时刻都有可能发生，自觉养成主动学习安全知识，培养自我的安全意识，在学习和生活中积极践行安全教育的实践，帮助和引导其他同学自觉学习安全常识，努力养成良好的安全素养。

第四节　网络、信息安全篇①

第一部分　写在前面

21 世纪是信息时代，中小学生已经成为这一时代的“原住民”。网络成为广大中小学生学习知识、获取信息、休闲娱乐、生活购物、交流交往的重要途径。近年来，网络支付、网络购物、网络教育、网络音视频娱乐进入千家万户，改变了人们的生活方式，大数据、人工智能、云计算、5G(第五代移动通信技术)网络、物联网等领域更是依靠网络信息的发展，让每个人在生活中都深刻感受到了网络带来的便利。

我们从一组数据来感受网络的发展势态。2019 年 8 月，中国互联网络信息中心发布第 44 次《中国互联网络发展状况统计报告》。报告中指出，截至 2019 年 6 月，我国网民规模达 8.54 亿，互联网普及率为 61.2%；我国手机网民规模达 8.47 亿，网民通过手机接入互联网的比例高达 99.1%；我国网络购物用户规模达 6.39 亿，网民使用率为 74.8%；我国手机网络支付用户规模达 6.21 亿，手机网民使用率达 73.4%。根据共青团中央维护青少年权益部、中国互联网络信息中心发布的《2019 年全国未成年人互联网使用情况研究报告》显示，2019 年我国未成年网民规模为 1.75 亿，未成年人的互联网普及率达到 93.1%。

近年来，可以看出互联网覆盖范围越加广泛，同时随着移动流量资费的下降和跨省漫游的取消，入网门槛进一步降低。另外，未成年人对互联网的兴趣浓、学习能力强、应用需求大，互联网也成为未成年人娱乐和学习的重要渠道之一。

问题 1：在学校开展“网络、信息安全教育”的重要性是什么？

随着网络的加速发展，中小学生等未成年人群体使用互联网的问题受到了越来越广泛的关注。未成年人的上网设备更加多样化，地点主要集中在家庭和学校，但无论在何处，网络世界都潜伏着许多不安全因素，上网过程中

---

① 本部分主要作者：张浩，博士，北京市朝阳区教育研究中心教师。

不可避免地会遇到各式各样的安全问题，它们会给青少年带来不良影响和身心伤害，甚至造成经济损失和精神损失。未成年人面临的网络暴力、网络违法和不良信息仍然存在，15.6%的未成年人表示曾遭遇网络暴力，最常见的是网上讽刺或谩骂、自己或亲友在网上被恶意骚扰、个人信息在网上被公开。30.3%的未成年人曾在上网过程中接触到暴力、赌博等违法不良信息。因此，网络、信息安全，特别是中小学生网络、信息安全是国家、社会、学校及家庭都需要格外关注的方面。

为了保障网络、信息安全，促进经济社会信息化健康发展，2017 年 6 月 1 日起，《中华人民共和国网络安全法》正式施行。2018 年 4 月，习近平在全国网络安全和信息化工作会议上强调，我们必须敏锐抓住信息化发展的历史机遇，加强网上正面宣传，维护网络安全；没有网络安全就没有国家安全；要树立正确的网络安全观；深入开展网络安全知识技能宣传普及，提高广大人民群众网络安全意识和防护技能。

当然，信息化成为国家战略，意味着教育信息化正迎来重大的历史发展机遇。2016 年 6 月，教育部发布《教育信息化"十三五"规划》，其中提到网络安全意识和防护能力尚需加强。需增强网络安全意识，开展网络安全教育。2018 年 4 月，教育部印发了《教育信息化 2.0 行动计划》，其中指出要加强学生信息素养培育，将学生信息素养纳入学生综合素质评价，并强调要重点保障数据和信息安全，强化隐私保护，切实维护广大师生的切身利益。2019 年 2 月，教育部发布《2019 年教育信息化和网络安全工作要点》，在推进"互联网＋教育"的过程中，要强化网络安全宣传教育。指导各地各校把网络文明、网络安全教育纳入学校教育工作内容，落小落细落实网络安全教育工作要求；在课程中进一步强化网络安全意识教育内容；重视校园文化建设，开展丰富多样的网络安全教育宣传活动，给学生营造良好的成长成才环境。组织好教育系统国家网络安全宣传周"校园日"活动，切实提高广大青少年网络安全意识、实践能力和防护技能。

在使用网络过程中一旦涉及数据或信息的收集、存储、传输与处理，就自然会出现网络、信息安全问题。个人信息泄露、网络诈骗偶有发生，不仅影响着每个人的生活，还影响着社会的稳定和发展。中小学生由于身心发展还未完全成熟，自我约束力不强、缺乏警惕性、社会经验有限、容易冲动等，成为网络上的弱势群体，容易受到网络上各种信息的诱惑，掉进网络的陷阱中，使身心健康受到巨大伤害，因此对中小学生进行网络安全教育是非常必要的。此外，有些孩子"网络成瘾"影响学习和健康，他们对网络的其他潜在危险认识不足。

这都要求学校教育作为未成年人互联网素养教育的主渠道，积极开展中小学生网络安全教育，将网络安全教育纳入学校课程，进行网络信息安全的引导，强化学生的网络知识和技能。

问题 2：“网络、信息安全教育”主题下教学设计的重要选题有哪些？

网络、信息安全是综合计算机、数学、物理、通信、统计学、法律、管理、教育等学科产生的交叉领域。在中小学阶段，学校教育是学生网络安全教育的主渠道，目前在打造的独立式课程模式和融入式课程模式已开始探索试行，如网络安全教育有的融入信息技术课程中，有的融入跨学科的课程中，还有的作为特别教育活动的形式出现。学校课程中应包含广泛的网络安全教育主题，应着重强调：

(1)在线安全行为，识别安全上网环境。

(2)保护个人隐私，避免发布个人信息，注意密码安全。

(3)数据的下载及版权问题。

(4)网络交友时的安全问题。

(5)网络购物与娱乐时的安全问题。

(6)防范网络病毒和有害信息传播。

(7)网络欺诈与网络暴力。

(8)安全使用手机和移动互联网等。

第一，在进行网络安全教育时要培养学生的网络安全意识。要让学生认识到网络是把双刃剑，它能带来便利的同时也有诸多弊端，如沉迷网络游戏导致厌学等心理问题，再如网络中的诈骗手段层出不穷，由于防范意识不足，会上当受骗。学生只有对网络病毒、网络欺诈等现象有一定的了解，才能提高自我保护的意识，在上网过程中提升防范意识，不要公开任何个人信息，保护个人隐私。对已经受骗或因网络产生心理问题的学生，要适当进行心理疏导，同时进行网络心理安全教育。

第二，要提升学生的内容鉴别能力。网络安全教育要保护中小学生的在线安全，对有害信息要能进行鉴别，警惕病毒、垃圾邮件，能识别不正常和不可信的信息或数据，防范网络暴力、不良信息造成的身心伤害。

第三，要普及计算机网络基础知识。为做好网络信息安全教育，就需要普及计算机网络知识，包括对互联网的认识、网络法律法规、信息或数据的概念、网址域名基础知识、密码安全知识等。

第四，要提升网络安全基础技能。引导学生学习互联网系统应用中的常见问题，学习计算机网络病毒的防护技巧，警惕病毒带来的危害，保证计算机的安全。让学生在案例分析和实践操作中学习网络安全技能。

模块	小学一至三年级	小学四至六年级	初中年级	高中年级
网络、信息		初步认识网络资源的积极意义和了解网络不良信息的危害	自觉遵守与信息活动相关的各种法律法规，抵制网络上各种不良信息的诱惑，提高自我保护和预防违法犯罪的意识	树立网络交流中的安全意识，养成良好的利用网络习惯，提高网络道德素养
		初步学会合理使用网络资源，努力增强对各种信息的辨别能力	合理利用网络，学会判断和有效拒绝的技能，避免迷恋网络带来的危害	树立不利用网络发送有害信息或进行反动、色情、迷信等宣传活动以及窃取国家、教育行政部门和学校保密信息的牢固意识
		学会控制自己的行为，防止沉迷于网络游戏和其他电子游戏		

根据《中小学公共安全教育指导纲要》对网络信息安全模块的教育内容重点，在进行网络安全教育主题教学设计的选题时，可以从以下方面进行选择。

(1)网络安全连接互联网。包括认识互联网上网服务营业场所，不随意连接公共无线网，不随意点击未知网址，不乱登录陌生网站，提高网络安全意识，进行网络道德教育。

(2)网络安全法制教育。了解网络法律法规，预防网络犯罪。

(3)网络不良信息防护意识教育。识别网络上的不良信息，引导学生文明上网，包括拒绝有害信息或反动、色情、迷信信息，不传播不良信息，规范在网络上的言行，不造谣、不传谣、不信谣，抵御网络低俗之风。

(4)合理使用网络进行学习和娱乐。包括不随意下载、安装软件，认识沉迷游戏、沉迷网络交友及沉迷网络购物的危害，进行网络心理健康教育。

(5)保护个人隐私。包括认识信息泄露的危害，不随意泄露自己和家人的真实信息，不向陌生人透漏验证码，设置安全可靠的账户和密码等。

(6)认识互联网病毒，防范网络安全风险。包括了解网络病毒基本知识与应对病毒的处理方法，了解计算机与智能手机安全防护技术，设置网络防火墙，安装专业杀毒软件与系统补丁。

(7)认识网络欺诈和网络暴力，包括关注密码安全，不随意点击不明网址，不随意扫描二维码，不随意下载不明软件；防范网络虚假信息，如升学虚假信息等；抵制网络诱惑和网络暴力，抵制网络犯罪。

(8)认识大数据与大数据安全。大数据产业不断成熟，未来会出现更多大数据的应用场景，对大数据的安全和隐私保护也是一大重点。

(9)正确使用智能手机应用程序。包括不随意下载、安装手机软件，安装手机防护软件，设置手机密码，保护个人隐私，不随意泄露网络支付密码等。

问题3：如何做好"网络、信息安全教育"主题下的教学设计？

利用实际案例激发学生的学习动机。可以说互联网时刻存在于中小学生的生活中，在创设教学情境时，可以从生活中与网络安全有关的案例出发，如平时收到的诈骗信息、设置微信登录密码、网购时的广告陷阱、搜索引擎里的不良信息等都是网络安全教育的资源。例如，"侦破网络信息案件"一课用动画视频引出话题，联系三个实际案例进行讲授和讨论，对典型的事例进行分析，在小组合作中完成疑难的突破。

多种教学方式增强网络安全教育效果。中小学阶段的网络安全教育的形式应具有灵活性、多样性。在教学方式的选取上，可选择合作式学习、探究式学习、项目式学习、基于问题学习等多种方式或混合式教学，充分利用信息技术手段，增强网络安全教育的效果。在低年级阶段可以用卡通动漫展示、游戏体验、情景模拟、视频欣赏等多项寓教于乐的体验活动进行教学，在高年级阶段还需要提升思维品质，提升信息素养。教学内容的选择要结合学生实际，结合学生身心发展规律和学生认知阶段，设置学生能达成的教学目标，由浅入深、循序渐进。课堂内容要注重实践性、实用性和实效性，与实践活动相结合，培养学生的上网习惯。例如，"网络密码的破解与防护"一课通过情景模拟，让学生体验破解密码的过程，加深密码安全的重要性；"净化网络的海洋"一课通过五个活动，以辩论赛、网络安全员比赛等让学生在活动中学习，引导学生树立网络安全意识。

在实践活动中开展体验式学习。进行网络安全教育时，要学以致用，帮助学生在实践活动中习得网络安全知识和常识。开设的网络安全教育课程可以增加实践活动环节，通过各类社团活动、班级会议等方式让学生参与网络安全教育活动，在实践中提高鉴别网络不良信息的能力，规范网络行为。在综合课程或课外活动中设置一定的内容，也可以通过主题班会、社团活动、校园表演等形式，借助墙报、黑板报、宣传画、校园广播等媒体，参观网络科普展览等多方面开展网络安全教育。例如，"防范网络欺诈"一课，让学生在课后把所学知识带回家里、带到社区，通过家校合作、社区参与，让学生参与构建安全网络的大环境里。

跨学科整合培养网络安全意识。网络安全教育课程还可以融入其他学科中，或整合成跨学科课程。例如，与计算机网络知识有关的内容与信息技术学科相结合，与密码安全、大数据等原理有关的内容可与数学学科相结合，与网络欺诈、网络道德相关的内容与道德与法治课程相结合等。各学科在布置与查询网络资料相关的作业时，也应强调网络安全教育，培养网络安全意识，将网络安全教育渗透在平时的课堂中。

对于有条件的学校，还可以组织网络安全或网络技术社团，制作宣传展板或宣传册进行成果展示。同时还可以把专家请进校园，邀请研发网络安全的技术人员、高校信息安全专家或处理网络诈骗案件的民警、法官等作为嘉宾进行科普宣传教育活动，开展丰富的讲座，生动灵活地用真实案例阐释网络安全的重要性，向中小学生普及网络安全常识，提高学生的网络安全意识。

第二部分　案例设计

案例1　防范网络欺诈

【案例推介】

在互联网时代，学生能接触到越来越多的信息。而有了网络信息，就伴随着网络安全问题，其中虚假信息和欺诈信息就是在上网时所面临的重大威胁。那么学生对这些信息有哪些认识呢？“防范网络欺诈”通过对网络欺诈的调查问卷进行分析，了解学生对网络安全的认识，为学情分析提供了准确的基础数据。课程设计中让学生对不同的案例视频进行讨论，这些案例与学生的生活息息相关，最后学生讨论提出的防范方法也切实可行，学生的网络安全意识得到了提高。

活动基本信息					
课名	防范网络欺诈				
领域	综合实践	**学段**	小学	**年级**	五年级
设计者	常慧颐	**单位**	北京市朝阳区芳草地国际学校		
指导者	郭春玲	**单位**	北京市朝阳区教育研究中心		
活动背景分析					
在飞速发展的信息时代，基本上每个人都有手机，网络让我们接收知识与信息比以前更及时，获取的知识更广泛。网络已经成为日常工作、学习、生活中不能缺少的一部分，它给我们的生活提供了便利，也提高了效率。但与此同时，网络也带来了一些问题，这些问题就潜伏在我们身边。比如，平时浏览网页会看到“恭喜你中奖了”“点击这里有惊喜”“手机免费领”等广告信息，如果警惕性不高，自我保护意识不强，就会使自己遭受损失，陷入困境，这种例子屡见不鲜。					

学生特点分析
国际部五年级学生求知欲强，对于生活中存在的问题和现象有强烈的好奇心，他们渴望追求新知，并乐于探索。此外，五年级学生开始有自己的主见，能够提出自己的理解和看法，愿意表达自我，且愿意与他人分享。课堂教学应以学生为主体，适合运用小组合作的方式进行探究活动，在小组讨论中，需要调动学生的积极性和学习的热情，在思维的碰撞中，有利于开阔学生的思维广度，开拓学生的思维深度。国际部五年级学生共计 113 人，经过网络调研，其中 81.54%的学生拥有手机，有 38.46%的学生可以自由支配使用手机，有 55.38%的学生接到过骚扰电话或垃圾短信(中奖、理财、推销等)，有 30%的学生认为礼金、奖品、话费等是虚假信息，仍有许多学生欠缺分辨虚假信息的能力。针对以上数据，小学生防范网络欺诈的能力急需提升。
安全教育目标
【安全知识目标】知道网络欺诈的形式是多样的，明确欺诈的目的都是骗取钱财。 【行动技能目标】在观看案例时，能够分析出受害者上当受骗的原因，针对欺诈行为提出防范方法，并能够分辨欺诈信息，避免上当受骗。 【情感态度目标】提高对网络欺诈信息的警惕性，应对欺诈事件时要保持沉着冷静的心态。
安全教育资源
【学校资源】我校开发了《网络安全教育学习手册》对学生进行网络安全教育，国际部五年级全体学生参与了网络安全课程学习，教学资源丰富，包括法律法规、网络道德、防范技能、健康用网四个方面的网络安全课程教学设计、微课和学习单，帮助学生在探究活动中学有所得，助力学生通过体验、服务、探究和制作等方式，提升综合能力。 【社会资源】某公司致力于通过提供高品质的免费安全服务，为中国互联网用户解决上网时遇到的各种安全问题。面对互联网时代木马、病毒、流氓软件、钓鱼欺诈网页等多元化的安全威胁，某公司以互联网的思路解决网络安全问题。近几年，我校与某公司多次开展教育互动，聘请某公司网络专家进校园帮助同学们了解网络安全知识，增强对网络诈骗防范意识，学生学以致用走进社区向更多的人，特别是社区老人普及网络安全知识。
活动方式
【团队讨论】国际部学生平均每班 20 人，按每组 4～5 人分配，可以分为 5 组或者 4 组，利用团队讨论的方式，可以增强学生的参与度，给每一个学生表达自己的想法、看法的机会，让每一个学生都有发言权。在讨论时，学生各抒己见，进行思维碰撞，激活思维，提高课堂效率。 【案例分析】各小组观看网络欺诈案例，发现网络欺诈形式虽然多种多样，但是目的都相同——骗取钱财。通过分析受害者上当受骗的原因，针对网络欺诈行为提出防范方法。

活动准备
【教师准备】 1. 设计调查问卷，了解学生的基本情况及已有认知基础。 2. 收集案例：收集贴近学生生活的网络欺诈案例，如网络购物、网络中奖、购物退款、网站链接。 【学生准备】课前使用平板电脑扫描二维码填写网络调查问卷。

活动实施

一、课堂导入，拓展思路

设计意图：使学生明确网络的两面性，重视小学生面临网络欺诈的问题，要学会如何防范网络欺诈。

教师提问：

(1)同学们平时上网吗？你们上网都干什么啊？

(2)网络给我们的学习、生活带来了很多便利。但是，在享受便利的同时，你在上网时有没有遇到一些问题呢？(预设回答：点击红包领现金、转发就能得奖品；转发确实有奖品，但是要花十几元运费，东西的质量也不好)

(3)大家遇到的这些问题确实既苦恼又麻烦，老师也遇到过类似的问题。除了你们说的问题，我们一起来看看还有什么样的问题。

二、情境演示

数据分析：之前我们五年级同学做了一份调查问卷，从这四张图中，你能得到什么信息？

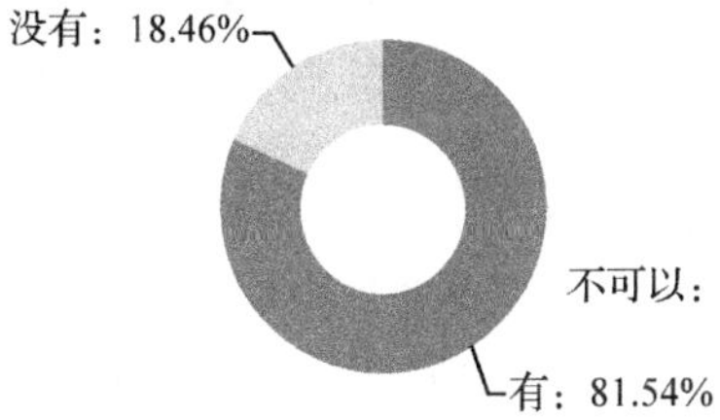

手机持有数量

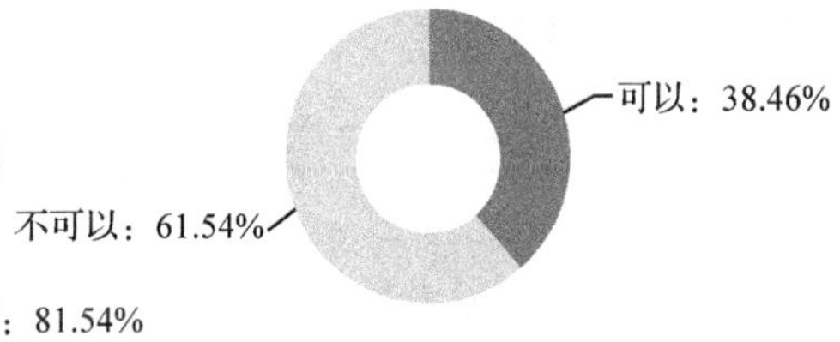

可以自由支配使用

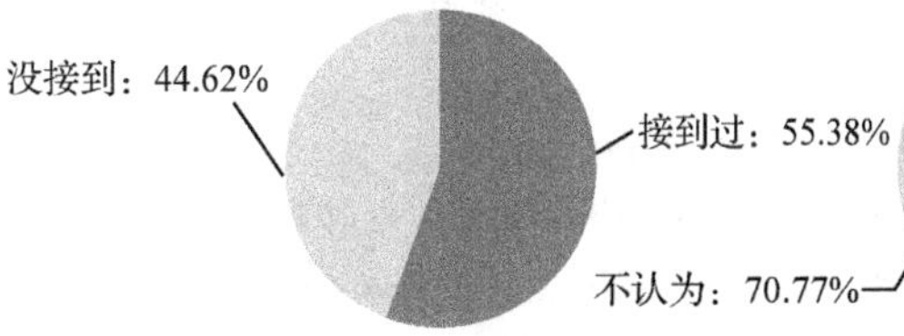

接到过骚扰电话或垃圾短信

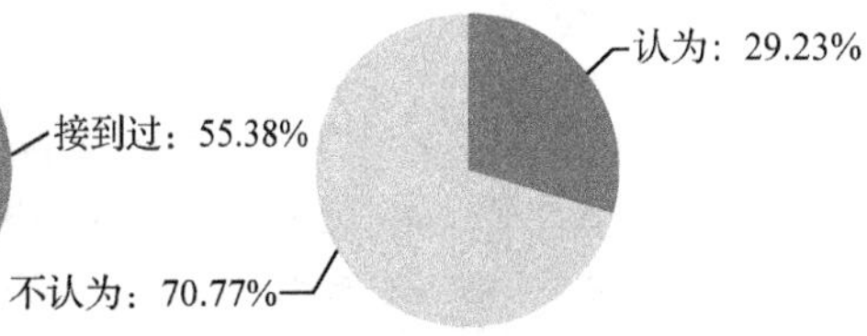

礼金、奖品、话费是虚假信息

学生总结：有 81.54% 的学生拥有手机，有 38.46% 的学生可以自由支配使用，有 55.38% 的学生接到过骚扰电话或垃圾短信(中奖、理财、推销等)，有 29.23% 的学生认为礼金、奖品、话费等是虚假信息。

教师追问：谁收到过类似的信息？如果你相信了，会造成什么样的结果呢？(预设：钱没了、经济损失等)

教师小结：我们的生活中还真是存在不少类似的问题，就像刚才同学说到的经历，会造成我们的经济损失，那我们如何分辨这些信息，又怎么应对网络中的这些陷阱呢？今天这节课，我们就一起来讨论如何防范网络欺诈。

三、观看案例，汇报交流

设计意图：观看案例视频，共同分析造成经济损失的原因，明确什么是网络欺诈，有助于学生后续进行自主分析。

观看下面的视频：我们一起来看一段小视频，造成他经济损失的原因是什么？

一位男士正在家中上网，突然电脑弹出提示框："恭喜您中奖了，点击进行领奖。"于是这位男士不假思索地拨打了提示电话询问领奖流程，第一次"业务员"说只需要支付1680就可以领奖，这位男士立即进行线上支付，当回拨电话确认已经支付时，"业务员"又说还需要支付3880元才可以领奖，这位男士于是进行了第二次支付，再打电话又要求支付7880元，这位男士算了算剩下的奖金和奖品的价值，又进行了第三次支付，当再次拨打电话的时候，电话已为空号。

教师提问：谁来说说，视频中发生了一件什么事情？为什么这位男士上当受骗了啊？（预设：一个人上网看到了中奖信息，以为天上会掉馅饼，接连按照骗子的话进行银行转账，但是最后钱被骗走了，奖品也没有收到）

教师小结：骗子正是抓住了受害人的心理，才能成功把钱骗到自己的手里，这个故事就是一个非常典型的欺诈案例。同学们现在知道什么是欺诈了吗？

小组讨论：请大家看看以下案例故事，说说发生了什么事情？观看完请小组内进行分享。

案例1(网络链接)

手机接收到信息："家长您好，上周的考试成绩结果可以点击下方网址进行查询。"点击后，网址打不开，但是钱已经没了。"这是同学聚会的照片，点击看看吧。"点击后，植入的木马可以盗取银行卡信息。

案例2(网络退款)

在淘宝成功购买衣服后，第二天接到陌生来电提出订单异常，要帮助受害人退款，由于对方表述的信息全部正确，被害人信以为真，加了对方的QQ，在提供的网址里，填入了个人身份证号、银行卡号、密码等信息，几分钟后，被害人收到了一条全英文信息，骗子告知被害人将英文短信中的6位数字输入到网站中即可收到退款，按照要求操作后，被害人收到了银行卡被冻结，并且支出49999元的信息。

案例3(网络购票)

被害人在网络上购买便宜机票，通过拨打"400"开头的电话与卖家取得联系。两人利用QQ进行议价，被害人买得一张900元从上海到广州的机票，购买后，被害人发现购买的机票不存在，于是联系卖家，卖家要求被害人打开QQ远程控制，借助查看账户未转账成功的原因，诱导被害人输入银行卡号和密码，从而盗取被害人上万元钱。

案例4(网络购物)

被害人因为游戏装备不好，总是在网络游戏中输掉比赛，所以急切在网上查询到出售装备的信息，于是通过QQ向对方购买价值1000元的装备，购买后，装备一直未收到，联系QQ却被对方拉黑，拨打电话为空号。

教师提问：这四个案例都是不同的内容，可以发现网络欺诈方式和手段是多种多样的，不管形式怎么变化，这些案例中欺诈的目的都是什么？为什么这些人都上当受骗了呢？原因是什么？

小组汇报。

教师小结：欺诈的目的都是骗钱。上当的原因是他们贪图小便宜，以为天上会掉馅饼，安全意识低。

四、问题解决

设计意图：经历分析辨别虚假信息，找准遭到欺诈的原因，提出防范的方法，避免上当受骗。

总结归纳：针对这些情况，我们应该怎么做呢？我们一起来想想办法。

1. 需要辨别信息的真伪，未知链接不点击。
2. 不要贪心，个人信息不泄露。
3. 不要盲信别人，转账汇款要核实。

五、展示分享，确定宣传主题

设计意图：网络欺诈在生活中普遍存在，仅仅学生个人学会了防范方法还远远不够，要分享给更多的人，所以要进行知识的传递、正能量的传递。经历问题串的引导，学生明确宣传计划的基本内容，要考虑不同人员对应的宣传内容。

教师提问：现在大家已经找到了日常防范网络欺诈的小方法，只有自己知道就够了吗？你想通过什么方式告诉更多的人呢？（预设：微电影、宣传单、手抄报、网络欺诈漫画、微信、微博等）

设计宣传主题：请大家根据刚才总结出的内容，填写学习单。

宣传对象	
宣传内容	
宣传方式	

小组分享：请各小组同学分享宣传主题。

六、课堂总结

今天这节课同学们了解了网络欺诈的形式是多种多样的，但是不论怎么变化，目的都是诈骗钱财，让更多的人防范网络欺诈。下节课，我们来制订具体的宣传计划，继续讨论。

实效性评价

通过本次“防范网络欺诈”探究活动，五年级全体学生知道了什么是网络欺诈，了解了网络欺诈的各类形式，增强了对网络欺诈的认识，通过探究学习，总结出：只要涉及资金，就要提高警惕，第一时间和父母家人交流。通过观看案例，能够分析出受害者上当受骗的心理，从而提出防范的方法，并能够将方法分享给更多人，避免上当受骗。

案例 2　网络密码的破解与防护

【案例推介】

密码是网络安全的核心问题，密码技术是网络安全的核心技术。“网络密码的破解与防护”以发现问题为驱动、以密码安全为媒介，力图体现学生发现问题、主动探究学习的过程，让学生提出密码安全解决方案，应用编程验证方案解决问题，帮助学生建立融会贯通的知识结构和灵活的操作技能。鼓励学生围绕实践活动，通过自主探究与小组合作来解决问题，让不同的学生学习不同难度的信息技术，让不同层次的学生得到不同的发展，让学生的个性得到充分张扬。

<table>
<tr><th colspan="6">活动基本信息</th></tr>
<tr><td>课名</td><td colspan="5">网络密码的破解与防护</td></tr>
<tr><td>领域</td><td>综合实践</td><td>学段</td><td>小学</td><td>年级</td><td>六年级</td></tr>
<tr><td>设计者</td><td>李永恒</td><td>单位</td><td colspan="3">北京市朝阳区芳草地国际学校</td></tr>
<tr><td>指导者</td><td>郭春玲</td><td>单位</td><td colspan="3">北京市朝阳区教育研究中心</td></tr>
<tr><th colspan="6">活动背景分析</th></tr>
<tr><td colspan="6">网络信息安全的第一关，就是网络密码安全，密码是网络安全保障体系的基础。目前，我们已经进入信息化时代，信息安全已经上升到国家战略。那么小学生对于网络密码安全的防范情况了解如何呢？我们通过调查问卷发现，92.3%的学生使用的密码过于简单，如123456、111111等，或者使用自己的生日或者简单的数字序列作为密码，很容易被破解。部分学生遇到过因密码设置不安全，导致财物或用户信息泄露等恶性事件，其原因往往是密码过于简单，或者常用密码被别人猜到。另外，还有的学生密码设置太过复杂容易忘记。针对这些情况，怎么让学生明白网络密码安全的重要性，如何设置出既安全又好记的密码，如何加强网络密码安全防范意识教育，都是需要解决的问题。</td></tr>
<tr><th colspan="6">学生特点分析</th></tr>
<tr><td colspan="6">1. 年龄特点与兴趣经历。
本课的授课对象为六年级学生，根据平时的教学观察，他们的认知发展水平处于具体认知阶段，对于密码破解的原理能够做出简单的认知分析。
通过在芳草云课堂网络平台上的调查，学生在生活中对密码安全有初步经验，对用Scratch编程来实现密码的破解与防护非常感兴趣。
2. 学生已经具备的基础知识和技能。
通过之前的学习，学生已经能运用Scratch基础命令制作简单动画，了解分支语句、循环语句和Scratch的基础操作，为本课的教学做了很好的支撑，具备学习本课的基础知识和技能。</td></tr>
</table>

3. 学生可能遇到的困难及相对的教学对策。

为了调查学生感兴趣的有关密码的问题有哪些，我对六年级 134 人中的 30 名同学进行了调研。

课前调研	
调研对象	30名六年级同学
调研内容	对于密码的什么内容感兴趣
调研方式	纸质调查问卷（在线问卷）

图表标题

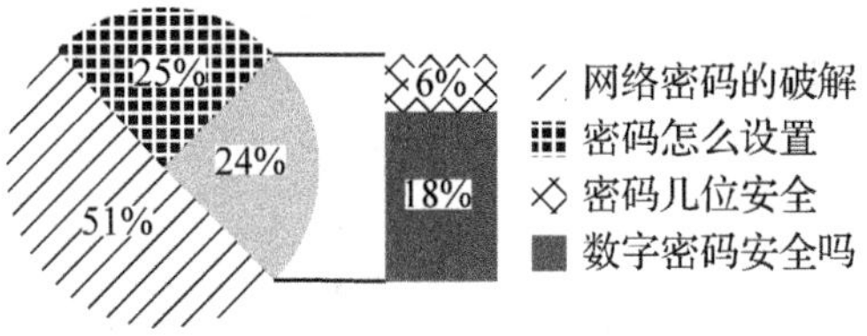

调研结果分析

(1)学生具备了学科学习习惯，如学习中，能够提出问题，思考并尝试解决问题，已经适应自主尝试、合作探究的学习模式。

(2)由于学生年龄所限，他们对某些知识、方法仅有初步的认识，尚不能独立地形成系统的认知，需要教师的辅助梳理，方能准确掌握。

(3)学生对生活中的真实事件感兴趣，但是对分解问题、分析需求、抽象算法、编程解决还存在困难，需要教师的指导。

安全教育目标

【安全知识目标】了解密码安全，了解破解密码的程序。
【行动技能目标】通过分析程序、抽象特征、理解算法，掌握计算思维的过程和方法，通过编程验证，解决密码安全防护问题；能设计出安全密码方案。
【情感态度目标】理解网络密码安全的重要性，了解网络安全的法律法规，渗透信息社会的责任感。
【教学重点】设计解决密码安全问题，渗透网络安全教育。
【教学难点】理解破解密码的原理，设置密码，总结设置安全密码的方法。

安全教育资源

【学校资源】学校自 2016 年 5 月以来，构建并实施了网络安全教育校本课程，我们梳理出学生感兴趣的主题，其中网络密码安全就是第一章第一课。为了便于课程开展，我们为每一节课准备了 6 份学习资源，包括课前测试问卷、课前学习的微课视频、微课学习单、课上使用的教学 PPT、教学设计、课后测试问卷。课程开展 3 年来，效果良好。在每年 4 月的国家安全日，我们都组织学生把课堂所学带到社区中，为老人们宣讲网络安全，影响力逐年增加，得到了北京卫视、人民网、搜狐网等多家媒体的追踪报道。
【教学资源】Scratch 3.0 程序可以用于编程破解简单数字密码。

【社会资源】某公司是我校校外网络安全体验基地。其主要目的是帮助学生了解网络安全的防范方法，通过观看因密码被破解等原因造成的安全事件，提升网络安全意识，最大限度地降低和减少因安全事件所造成的损失。我校定期请安全专家作为网络安全校外辅导员到校组织活动，把网络密码安全的实用性与科学性、综合性与专题性、知识性与趣味性等方面结合，通过场景模拟、互动体验等新颖的方式，寓教于乐，以达到全面提升广大学生的网络安全意识的效果。

活动方式

【场景体验】引导学生发现身边的网络密码安全问题，课上模拟网络密码破解与防护的全过程，让学生在体验中理解原理，掌握防护方法，解决真实的生活问题；让学生分析问题，抽象出简单模型，通过编写程序验证解决问题的方案，进而迁移到如何设置安全密码上。

活动准备

【教师准备】

1. 实地参观，了解场馆布局，结合材料，设计活动内容。
2. 设计调查问卷，了解学生的元认知。
3. 分组设计：小组成员任务分工。

【学生准备】学生自主收集，或者通过访谈查找梳理关于网络密码的相关资料。

【注意事项】教师与学生课前沟通，在制作微课过程中适当加入互动环节，让学生参与微课学习活动时，能够交流感受。

活动实施

一、提出问题，质疑思辨

设计意图：本课主题来源于学生感兴趣的生活实际问题，从学生已有的经验和将要经历的社会生活实际出发，提出疑问，帮助学生认识网络密码对网络安全的重要性。以学生为中心，让学生发现生活中密码安全面临的威胁，明确问题需求，将浓厚的求知欲作为后面合作探究的内驱力。

话题引入：我们通过课前的调查，发现很多同学都有一颗好奇心，对于密码的破解非常感兴趣。

（PPT 出示关于密码的问题调查图表与密码的破解条形图）

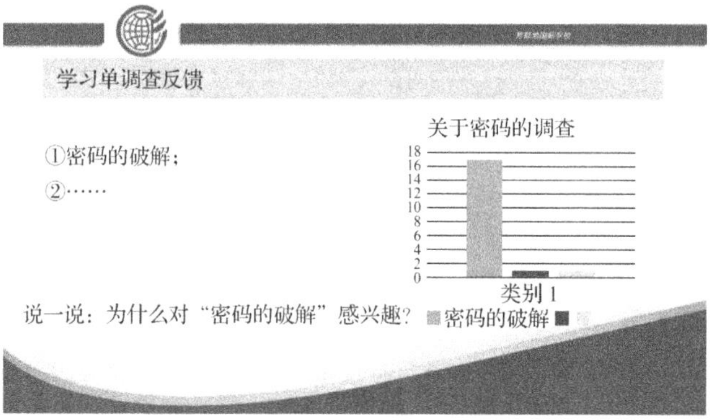

教师提问：谁来说一说，为什么对“密码的破解”感兴趣？

教师小结：恶意破解密码是违法行为。本节课我们一起来研究密码的破解问题。（板书“密码的破解”）

二、设疑自探，破解原因

设计意图：在学生对密码破解感兴趣的前提下，让学生体验破解密码程序的运行过程，请学生设置一个自认为安全的密码组合，看看程序多长时间能够破解出来。通过师生一起对比时间的长短，进而理解破解的原理。

(一)应用程序，破解密码

话题引入：老师课前用Scratch编写了一个密码破解程序，想不想体验一下？

实践操作：打开Scratch程序，请你输入一个6位数字组成的密码，看看多长时间能破解出来？(学生分组在电脑上设置自己的密码，体验破解程序)

教师提问：

1. 请同学说一说自己的密码是什么，破解需要的时间是多久？

2. 为什么破解的时间不一样，猜一猜程序是怎么运行的？

(二)了解原理，抽象特征

教师讲解：提取要点，抽象特征，标清序号。

1. 变量。

2. 变量从0开始每次增加1，用变量去判断是否等于真实输入的密码。

3. 分支语句：若是，则说出破解成功，停止全部程序；若否，则循环，再+1判断。

(三)提供资源，深度研讨

设计意图：以学生为中心，鼓励学生，通过时间长短不同，理解密码累加后去判断是否等于密码的循环过程。鼓励学生依据研讨出的板书，理解破解密码的工作原理，渗透计算思维，培养学生的综合素养。

教师讲解：因为密码由6位数字组成，且可以重复，所以，从“000000”一直组合到“999999”结束都可以作为密码，共100万个数字组合。(PPT展示)

教师提问：你们发现了什么？谁能结合破解程序和板书再说一说破解密码的工作原理是什么？

预设学生回答：破解程序，穷举所有的排列组合，一一按顺序尝试，直到与密码相同为止。

三、质疑互探，梳理步骤

设计意图：帮助学生进行知识内容梳理。说说具体的编程思路，教师简单写出步骤或者规划流程图。在充分备教材、备学情的情况下，课前预设不同的学生回答和解决策略，处理学生探究学习中遇到的问题，同时鼓励小组合作，分层互助，让学生均有收获。

教师提问：如果你们的密码只能是6位数字，了解了破解密码的工作过程，你们能不能对症下药，编写程序防护密码的恶意破解呢？(预设学生回答：限制循环次数3次)

编程实践：学生明白程序算法后，利用Scratch展开编程实践活动。

展示分享：学生展示分享程序，验证说明自己的解决方案的可行性。

四、再疑共探，设置密码

设计意图：帮助学生梳理密码安全的解决方法，明白设计的安全密码要清楚、简洁、好记忆。学会欣赏他人，学会接纳建议的评价品质。

(一)学以致用，拓展实践

学生设计：大家了解了密码的破解，学会了编写防护程序，请设置出安全又好记的密码，写在纸上。

教师出示标准：安全与好记，找好二者的平衡点。

（二）分享作品，交流方法

学生展示作品：学生讲解，同学之间交流不同的方法。

教师点评：大家说一说，你认为这个密码哪一点最值得你们学习？如果给大家更多的时间，你们将如何完善这个密码？

五、活动总结

设计意图：通过师生聊天式的方式，折射出以学生发展为本的教育理念。避免只是关注学生成果展示，忽略学生内在的自我认识、自我评价，要注意学科的立德树人，在学习中明理守法。

教师总结：

1. 通过这节课的学习，大家有什么收获？

2. 在设计安全密码的过程中，碰到了哪些问题，你是怎样想的，又是怎么解决的？

3. 如何设计安全的密码？（强调法律意识，不能有意破解密码，触犯法律；主动遵守信息社会责任；遵守网络道德）

【板书设计】

密码的破解与防护

无限次数

变量＋1＝	201345	0.21 秒	限制次数
	305378	0.35 秒	
	896754	0.67 秒	
密码特点	长、混、乱、好记		

实效性评价

学生自评、互评体现在作品的展示评价环节；教师评价体现在过程性激励评语和课堂总结评价中。学习效果评价方面以检测题形式呈现。

围绕本次的学习目标制定，学生能够叙述出破解网络密码程序的工作原理，能够独立完成“密码”预防破解程序的编写和调试。评价采用网络调查问卷，在线展开自评，网络后台自动收集全班的评价数据，形成报表。

课后评价题

1. 设置安全的密码有什么要求？（单选）

A. 长度 8 位及以上　　B. 字母数字混合

C. 密码排列有变化好记忆　D. 以上都对

2. 设计预防破解程序需要使用哪些语句？（多选）

A. 变量　B. 分支语句　C. 循环语句　D. 其他请说明：________

3. 破解 6 位数字密码，大约需要循环多少次？（单选）

A. 1000 次　B. 100 万次　C. 1 亿次　D. 1 万次

4. 本节课你有什么收获？（填空）

请说明：________

案例3 净化网络的海洋

【案例推介】

网络已融入我们的日常生活，我们每时每刻都可以遨游在网络的海洋中。然而，网络的海洋也危机四伏，“净化网络的海洋”一课的目标是帮助学生了解如何安全上网，培养学生辨析网络信息的良好能力。教学设计以真实问题为出发点，使用了辩论和角色扮演的形式，充分发挥了学生的主体作用，培养学生乐于探究、勇于展示、积极向上的学习态度和团结协作的精神，同时也提升和培养了学生的安全意识。通过这些活动，学生的思维与心灵有所触动，学生能真正懂得维护网络安全的重要性，并且明白每一个人都需要为营造绿色网络环境、维护网络安全承担应有的一份责任。

<table>
<tr><th colspan="6">活动基本信息</th></tr>
<tr><td>课名</td><td colspan="5">净化网络的海洋</td></tr>
<tr><td>领域</td><td>综合实践</td><td>学段</td><td>初中</td><td>年级</td><td>七年级</td></tr>
<tr><td>设计者</td><td>张海霞</td><td>单位</td><td colspan="3">北京市陈经纶中学团结湖分校</td></tr>
<tr><th colspan="6">活动背景分析</th></tr>
<tr><td colspan="6">当今网络已经渗透到人们生活的方方面面，然而越来越开放的网络系统也带来了众多安全隐患，同时还有其他不良诱惑。由于青少年对于网络的热衷，社会、学校和家长对网络安全也越来越关注和重视。在一次青少年网络认识的调查中，51名参与调查的中学生里每天上网时间在1～2小时的占19.61%，上网时间超过半天的占41.18%；认为网络不利于学习的占5.88%，认为网络对学习影响有利也有弊的占78.43%；当问及网络对青少年有哪些危害时，88%的学生认为沉迷于网络游戏会形成不好习惯，92%的学生认为网络影响身体健康特别是对视力有影响，还有82%的学生认为网上的不良信息会对青少年的成长产生不良影响。在关于如何防止青少年沉迷网络的问题中，96%的学生认为应该增强自控力、提高自觉性，只有两名同学认为需要家长控制和学校教育。由此可看出，中学生知道网络有利有弊，但是对于沉迷于网络带来的不良影响及防止沉迷网络的对策并不是很清晰。
“净化网络的海洋”是七年级学生要掌握的关于网络安全的内容。通过学习让学生知道网络虽已成为人们获取信息的主要渠道之一，但它的存在有利也有弊，要学会合理使用网络，通过正确的方法在参与网络活动中做文明网络公民。</td></tr>
<tr><th colspan="6">学生特点分析</th></tr>
<tr><td colspan="6">七年级学生在生理、心理到智力等方面都处于发展阶段，对新鲜事物充满好奇心，很快能适应新环境、能接受新事物，但是他们的自我管理能力、自我控制和约束力、辨别是非能力有限。学生对自己充满自信，不太喜欢完全听从家长的意见，更乐意自己亲自去尝试和体验，日常中对手机、网络等接触较广泛，因此在学习中选择体验感悟的方式进行教学。</td></tr>
</table>

安全教育目标
【安全知识目标】通过课堂学习认清网络的双面性，掌握文明上网要求。 【行动技能目标】在学生合作学习的过程中，掌握如何安全地上网，并掌握远离不良信息的方法。 【情感态度目标】通过学习能够文明、自律地上网，养成良好的上网习惯，树立正确的网络道德意识和法律意识。
安全教育资源
【学校资源】中学既是学生学习文化知识获取知识与技能的地方，更是成长中体验社会参与、道德修养、人生价值观、法治意识形成的关键时期。在信息化时代，网络已不陌生，给人们的生活带来了太多的影响。为了帮助学生更好地参与社会生活，尤其是更好地参与网络生活，学校开设的计算机信息课程中，会安排每学期的第一节课进行网络安全教育，加强使用网络安全意识，引导学生认识网络安全的重要性；学生通过制作手抄报、展板等方式宣传正确上网、网络安全常识，提高安全上网意识与能力，树立良好的公民责任意识。 【社会资源】通过网络资源，观看网络安全教育宣传片，增强对网络影响的认识，学习相关法律法规，增强法律意识和观念，争做网络文明公民。
活动方式
【场景体验】情境问题引入，激发学生学习的兴趣。 【合作探究】让学生理解网络无处不在，它与我们的生活有密切联系。 【感悟提升】通过学生的角色扮演，在相互学习中解决学生在学习过程中因个体差异带来的问题，提升合作学习的能力。 【总结反馈】帮助学生加深对本课学习内容的印象。 【小小安全员承诺书】明确自身责任，自觉维护网络环境，从自己做起。
活动准备
【教师准备】 1. 设计调查问卷，并对调查结果进行统计，了解学生情况。 2. 分组设计：提前将学生分组，每组 5 人，确定组长。 【学生准备】 1. 完成调查问卷。 2. 以小组为单位，完成小组准备任务。 【注意事项】学生调查问卷提前完成，教师做好统计。
活动实施
一、创设情境 设计意图：情境问题引入，激发学生学习的兴趣。 引入话题：网络在我们的生活中一点儿都不陌生，你一般利用网络做些什么？ 学生结合自己的体验进行交流。 教师：网络与我们的日常生活很密切，大部分同学说起网络心情就很愉快，可是有些人却说网络像一个“恶魔”，伸出“魔爪”，把我们拉进“深渊”，那网络到底给我们的生活带来的是好处还是坏处，是利大于弊还是弊大于利呢？

二、合作探究

设计意图：让学生理解网络无处不在，它与我们的生活有密切联系。

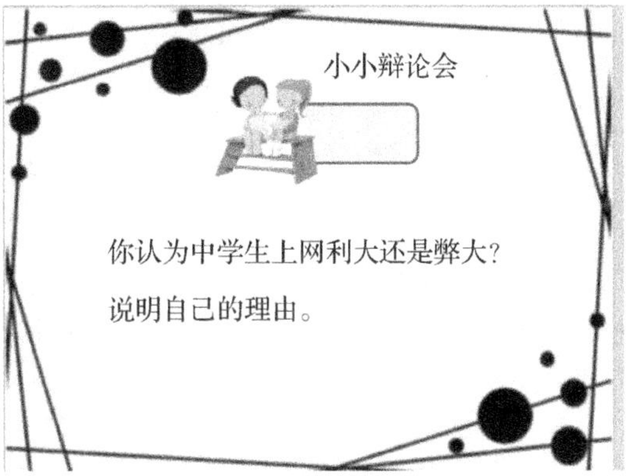

活动一：小小辩论会

辩题：你认为中学生上网利大还是弊大？说明自己的理由。

要求：先阐明立场，再陈述理由，双方轮流交战，时间5分钟。

教师小结：看来大家对网络的认识还是比较清晰的，那么你们是否遭遇过来自网络的安全威胁或者伤害，该如何去面对和解决，或者有什么好的方法帮助所有网民享受安全的网络生活呢？

三、感悟提升

设计意图：通过交流解决学生在学习过程中因个体差异带来的问题，在相互学习中解决问题，提升合作学习的能力。

活动二：小小网络安全员为你安全上网支妙招

活动要求：

1. 以小组为单位共同商讨出针对具体活动的2～3个妙招，以保障网络生活的安全。
2. 在小组中选派代表进行班级发言。
3. 各组代表在班级内交流。

四、总结反馈

设计意图：通过教学活动帮助学生了解安全上网、守护安全的网络环境的知识与技能，增强营造良好网络环境的责任意识。

活动三：小小网络安全员升级赛

教师讲解：感谢我们各位网络安全员的真挚建议，互联网信息量大，信息交流速度快，中学生可以根据学习的需要，快速地查阅相关信息，并及时了解世界新闻信息、科技动态，不受时空限制，这给中学生的生活、学习带来了很大的便利；由于网上内容良莠不齐，存在暴力、赌博等，这些都属于违反法律和道德的不良信息。中学生正处于价值观形成的阶段，这些不良信息可能会混淆是非，误导我们的价值观，最终使人走上违法犯罪的道路。希望大家能记住他们的妙招，擦亮眼睛，掌握安全知识，理智地辨别网络中的真与伪，共同维护绿色网络空间。

以下是根据各位网络安全员的真挚建议整理后的内容，让我们再认真地回忆一下。

对不良信息说“不”。不法分子经常利用不良信息，诱使网民点击，而使其电脑感染病毒。同学们要加强自身道德修养，树立法制意识，自觉抵制不良信息，不传播不良信息。

电脑小卫士。定期用杀毒软件检查电脑并使用防火墙；不要随便点击弹跳出来的页面；下载东西要去正规网站或官方网站；尽可能记录网络上的一切活动，安装软件时最好选择自定义安装，电子邮件要进行安全过滤，要确认链接或附件的安全性。

中学生如何安全上网。不要把自己的姓名、家庭住址、学校名称或电话号码等与自己身份有关的信息提供给聊天室、公告栏或者QQ空间等；没有家长或监护人的同意，不要向别人提供自己的照片；不要理睬如下信息：暗示信息、淫秽信息、挑衅信息、威胁信息和让你感到不安的信息。如有发现，第一时间要通知家长或者告知学校；有人以赠送钱物等为由请你前去赴约或提出登门拜访时，应高度警惕；网上的朋友可能用假姓名、假年龄、假性别，不要轻易相信，以免上当。

文明网络小公民。

全国青少年网络文明公约

要善于网上学习，不浏览不良信息。

要诚实友好交流，不欺辱欺诈他人。

要增强自护意识，不随意约会网友。

要维护网络安全，不破坏网络秩序。

要有益身心健康，不沉溺虚拟时空。

活动四：网络安全员通关赛

设计意图：帮助学生加深对本课学习内容的印象。

1. 下列属于文明上网行为的是(　　)。

A. 合理控制上网的时间

B. 在网络上说脏话或辱骂他人

C. 随意浏览不健康的网站

2. 网上交友时，下列行为正确的是(　　)。

A. 与聊得来的网友单独见面

B. 对谈话低俗的网友，不要反驳或回答，以沉默的方式对待

C. 遇到聊得来的网友可以向对方透露自己的真实姓名、地址、电话号码和学校名称等信息

3. 如果有陌生网友要求与你见面，我们应该(　　)。

A. 立刻答应　B. 犹豫不决　C. 坚持拒绝

4. 上网时，下列做法正确的是(　　)。

A. 随意将自己的详细信息发布到网上

B. 随意从网络上下载来历不明的资料

C. 去正规的官方网站下载东西

5. 如果不小心进入一些不好的网站、论坛，此时你应该(　　)。

A. 继续浏览

B. 用不适当的语言去骂里面的人

C. 马上退出

<table>
<tr><td>
活动五：小小安全员承诺书
文明网络安全员
为了营造文明网络秩序，净化网络的海洋，我承诺：
自觉遵纪守法，倡导社会公德，促进绿色网络建设；
提倡先进文化，摒弃消极颓废，促进网络文明健康；
提倡自主创新，摒弃盗版剽窃，促进网络应用繁荣；
提倡互相尊重，摒弃造谣诽谤，促进网络和谐共处；
提倡诚实守信，摒弃弄虚作假，促进网络安全可信；
提倡社会关爱，摒弃低俗沉迷，促进少年健康成长；
提倡公平竞争，摒弃尔虞我诈，促进网络百花齐放；
提倡人人受益，消除数字鸿沟，促进信息资源共享。
出示文明网络安全员承诺书，学生齐读。
教师小结：明确自身责任，自觉维护网络环境，从自己做起。
</td></tr>
<tr><td>实效性评价</td></tr>
<tr><td>
通过教学过程，学生对网络有了更清晰的了解，懂得如何利用网络获取、保存、交流信息，发挥网络的积极作用。由于学生在使用网络时信息安全意识薄弱，因此设计课堂活动，通过学生合作学习，引导学生树立网络安全意识，掌握安全知识，养成良好的上网习惯，提高自我防护能力和道德修养，享受网络生活的同时做文明网络公民。
利用测试题检查学生是否掌握本节课所学，对问题的处理方式是否正确，通过测试题进一步巩固正确使用网络的基本常识，养成良好的网络活动习惯，增强道德品质与法律意识。
</td></tr>
</table>

案例 4　侦破网络信息案件

【案例推介】

大数据是新时代互联网的事物，大数据在服务社会的同时也存在着信息安全隐患。“侦破网络信息案件”以生活中的三个真实案例为背景开展网络安全教育。教学设计中设置“我是大侦探”活动，利用角色扮演的形式，鼓励学生参与活动并积极主动发言，培养学生的创造性思维，让学生在活动中认识大数据背景下的信息安全。本节课通过合作学习有助于学生团队合作意识的培养，在合作学习中掌握必要的防范个人信息泄露的技能，增强保护个人隐私的安全意识。

<table>
<tr><td colspan="6">活动基本信息</td></tr>
<tr><td>课名</td><td colspan="5">侦破网络信息案件</td></tr>
<tr><td>领域</td><td>综合实践</td><td>学段</td><td>高中</td><td>年级</td><td>一年级</td></tr>
<tr><td>设计者</td><td>周新</td><td>单位</td><td colspan="3">江苏省南菁高级中学</td></tr>
<tr><td colspan="6">活动背景分析</td></tr>
<tr><td colspan="6">随着信息化的飞速发展，互联网中的数据量越来越大。这些数据是人们在学习、工作、生活等各种社会行为中的真实记录，也是企业、行业、国家和社会发展的重要资源。毋庸置疑，大数据时代给我们的生活、学习带来了极大的便利，但是反向思考，大数据时代还有个人隐私吗？大数据时代的网络信息是安全的吗？
本次学习围绕大数据时代背景下的信息安全，通过之前的学习，学生对于网络服务以及网络信息交流有一定的掌握，了解网络给人们生活带来的便利。本节课通过一些真实案例的展现，带领学生思考网络可能存在的一些危险，让学生了解到网络的双面性，学会计算机安全防护知识，能甄别网络信息的真伪，增强保护个人信息的安全意识。</td></tr>
<tr><td colspan="6">学生特点分析</td></tr>
<tr><td colspan="6">此次课针对刚步入高一的学生，通过初中三年的学习，他们对网络信息已经有了一定的了解，有了一定的小组合作学习能力，具备了收集、处理外部信息的能力和基本的实验探究能力。但是学生对大数据的概念以及大数据背景下的网络安全并不是特别了解，对网络安全知识有待提高。</td></tr>
<tr><td colspan="6">安全教育目标</td></tr>
<tr><td colspan="6">【安全知识目标】提高学生对计算机安全维护的认识，提升网络信息甄别能力；在大数据时代背景下，提高学生保护个人信息的意识。
【行动技能目标】在学习大数据和信息安全概念的过程中，掌握实际案例分析能力，能将课堂知识应用于生活。
【情感态度目标】培养学生的信息安全素养，提高网络安全意识。</td></tr>
<tr><td colspan="6">安全教育资源</td></tr>
<tr><td colspan="6">【学校资源】学校牢固树立和谐发展、安全发展的理念，始终坚持以人为本、“安全第一，预防为主”的方针，紧紧“围绕建设和谐幸福校园，办人民满意教育”的总要求，全面贯彻落实安全工作法律法规及上级的指示，扎扎实实地落实每一项要求。不断完善各项规章制度，逐级签订安全责任状，做好学生的安全教育与宣传，加大人防、技防设备的投入与维护（目前我校共有 500 个 720P 高清摄像头、学校围墙上安装电子围栏、一键报警、门禁等），以确保我校长期平安和谐。
【社会资源】自 2019 年 4 月起，无锡市全面加入学校安全教育实验区。通过学校安全教育信息化平台建立了常态化、科学化、信息化的学校安全教育机制，目前全市所有学校都在安全教育平台上开展安全教育学习及活动，借助于现代信息手段，全市所有教师、学生、管理者以及社会层面共同参与、共同组织；全体师生的保护意识和防范能力不断提升，取得了较好的成效。</td></tr>
</table>

<table>
<tr><th colspan="4">活动方式</th></tr>
<tr><td colspan="4">【角色扮演】让学生充当小警察，侦破案件，更具有代入感，同时提升学生学习的积极性，破案成功也让学生更具有成就感。
【团队讨论】以小组的形式让学生感受团队合作的力量，培养学生的集体意识。
【案例分析】以生活中的真实案例呈现，让学生更有代入感；同时培养学生阅读案例、分析案例和归纳总结案例的能力。</td></tr>
<tr><th colspan="4">活动准备</th></tr>
<tr><td colspan="4">【教师准备】视频素材，关注最新网络诈骗案例，进行归纳整理，让学生分析。
【学生准备】了解大数据概念，以及在生活中的应用。
【注意事项】分小组讨论的时候，应根据案例的难度合理分配小组成员和人数。</td></tr>
<tr><th colspan="4">活动实施</th></tr>
<tr><th>教学环节</th><th>教师活动</th><th>学生活动</th><th>设计意图</th></tr>
<tr><td>情境引入：我是大“侦探”</td><td>播放动画视频《大数据与个人隐私》，引出课题。
人们在学习、工作、生活等各种社会行为中的真实记录都将形成数据。当这些数据汇总分类就形成了大数据，介绍大数据的概念、特征。
提出问题：随着网络的普及，我们在日常生活中不可避免地就会产生各种网络数据，请你列举一二。（如刷卡消费、网络购物、实名认证、指纹识别、人脸识别等）</td><td>观看视频，思考大数据时代可能存在的问题。</td><td>本次项目学习的主题来源于生活实际问题，从学生已有的经验和将要经历的社会生活实际出发，帮助学生认识网络与人类生活的密切关系。</td></tr>
<tr><td>环节一：案例分析</td><td>临近春节，各类盗窃、诈骗案件呈小幅度上升，今天就请大家来当一回“大侦探”，帮助公安断案。今日，菁园小警队接到了三个报案。
案件一：
据《华商报》12 月 13 日报道，某市刘女士在扫描共享单车上的二维码时，不仅单车没有解锁，手机还出现故障。</td><td>学生分成三个小组，分小组进行案件分析，并提出预防措施。（可上网查询信息）
第一小组：
刘女士扫描的二维码是被人恶意覆盖和篡改过的二维码，才导致手机出现故障，我们在扫描二维码时，一定要正确识别官方二维码，不轻易转账、下载不知名的 App。</td><td>通过展示三个典型的生活网络诈骗案件，提高学生的网络安全意识。通过“我是大侦探”的活动，调动学生主动学习的积极性，让学生自主上网搜索信息，查找融合并阐述，培养学生发现问题与自主解决问题的能力。</td></tr>
</table>

环节一：案例分析	案件二： “高考结束了，可是高兴不起来，感觉自己没发挥好。”小贾说，心里不踏实，玩也玩不好，昨天在QQ上瞎逛，在一群里看到一个提前查分的高考网址，不由得心里一动，就点进去了，结果刚进去，鼠标就动不了了，然后电脑直接黑屏，重启也没动静。我的一些同学也说，现在这些查分网站有很多，有通过QQ群传播的，有通过短信传播的，还有通过微信群传播的，防不胜防啊。 案件三： 今年4月以来，崔先生所在的某网络公司，不仅直播平台服务器屡遭恶意攻击，还接到陌生电话敲诈。“许多用户反映无法正常登录，短短一个多星期就造成大约20万元的经济损失。”崔先生随即向余杭警方报警。 三个小组对各自的案件进行分析，提出案件发生的原因。	第二小组： 小贾同学由于轻信了QQ群里的高考网址，打开了携带病毒的钓鱼网站，导致电脑发生故障。这类钓鱼网站可以通过网络广泛传播，因此，我们应该提高警惕，不轻易打开陌生网址。 第三小组： 电商、互联网金融、云计算等，金钱和信息从未像今天这样密切地与互联网技术联系在一起，这也使黑客渐渐和网络犯罪联系在一起。 崔先生由于自我信息保护意识不强，导致信息泄露，被不法分子获取，从而对其服务器进行攻击，导致经济损失。	在分组展示过程中，展现小组成员交流学习的成果，强调学生在上网时的自我保护意识。
环节二：案件预防	通过案件分析，作为“大侦探”的你应该如何给广大市民发布预防警告，降低此类案件的发生率。 1. 我们应该如何辨别正规网站和钓鱼网站？ 学习域名概念，通过分析域名来辨别网站的真伪性。	通过案件分析，三个小组作为“大侦探”，思考应该如何预防此类案件的发生，并提出预防方案。 第一小组： 网址＝协议＋主机名＋域名 域名最前面一般由“http：//”或者“https：//”构成，这是超文本传输协议，域名的“http：//”到第一个“/”之间便是域名的所在位置。	增强学生的社会责任感，具有社会主人翁意识，将所学知识应用于生活实际。 帮助学生进行知识内容梳理。

环节二： 案件预防	2. 电脑中毒后会出现哪些症状？ (1)经常死机。 (2)文件打不开。 (3)经常报告内存或硬盘空间不够。 (4)出现大量来历不明的文件。 (5)数据丢失。 (6)系统运行速度慢。 (7)操作系统自动执行操作。 3. 我们应该如何防范电脑中毒？ (1)安装防火墙和防病毒软件，并经常升级，及时更新木马库，给操作系统和其他软件打补丁。 (2)对计算机系统的各个账号要设置口令，及时删除或禁用过期账号。 (3)不要打开来历不明的网页、邮箱链接或附件，不要执行从网上下载后未经杀毒处理的软件，不要打开 QQ 等即时聊天工具上收到的不明文件等。 (4)打开任何移动存储器前用杀毒软件进行检查。 (5)定期备份，以便遭到病毒严重破坏后能迅速修复。 4. 如何防范个人信息泄露？ (1)利用社交网站的安全与隐私设置保护敏感信息。 (2)不要轻易点击未经核实的链接。 (3)在社交网站谨慎发布个人信息。	第二小组： 计算机病毒是指编制或者在计算机程序中插入的破坏计算机功能或者毁坏数据，影响计算机使用，并且能够自我复制的一组计算机指令或者程序代码。 有可传播性、可执行性、破坏性和可触发性、感染彻底清除、破坏性大等特点。 传播的途径：电子邮件、网页、文件下载。 第三小组： 黑客：利用系统安全漏洞对网络进行攻击破坏或窃取资料的人。 危害： (1)窃取机密文件。 (2)盗取密码、提取存款。 (3)破坏文件、损害电脑。	
课堂小结	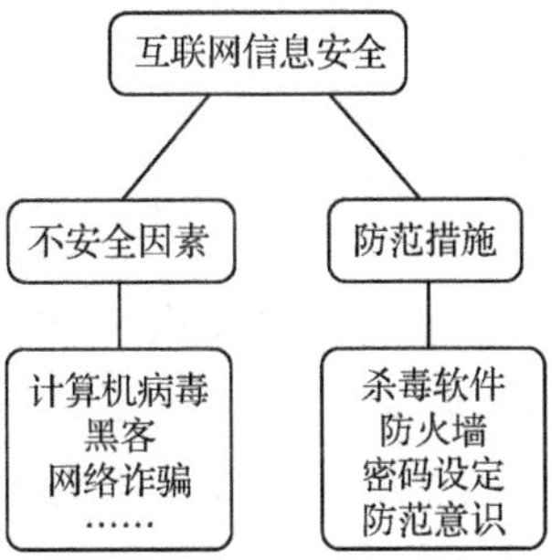	回顾本堂课所学的知识点，结合生活中可能发生的信息安全事件，加强自身的网络信息安全防范意识。	大数据是当下的热词，我们生活的方方面面都离不开大数据的支持，同时，我们每个人也都是大数据的制造者。因此，如何在享受数据便利的同时，保护好个人隐私，就尤为重要。

课后思考	通过本堂课的学习，结合课堂开始播放的动画视频《大数据与个人隐私》，思考问题： 在如今信息大爆炸的时代，我们应该如何利用好网络这把双刃剑？		
实效性评价			
通过案例的设定，视频分析在大数据下产生安全隐患问题的本质，使学生对大数据信息安全、计算机病毒、网络攻击、黑客有了基本的了解。通过小组讨论培养了学生协作意识与竞争意识，让学生知道在大数据下信息安全的重要性，在提高学生素养的同时也基本掌握了最基本的信息防御措施。			

第三部分　写在后面

一、在“网络安全教育”上，我们的挑战是什么？

随着信息时代的到来，人们建立了一个与现实社会互为影响的网络社会，网络已经成了当今人们进行人际交往、信息接收的主要工具，它进入中小学生的学习和生活，给学生的发展带来机遇和挑战。网络是把双刃剑，我们可以取其精华、去其糟粕，利用好它对我们有利的方面，充分发挥网络的力量帮助我们的日常学习和生活。当然，在给学习和生活带来便捷的同时，网络也存在着诸多安全问题。

网络安全事件有网上诈骗、个人信息泄露、账号或密码被盗、设备中病毒等。其中网上诈骗、个人信息泄露出现的频率较高，相信很多师生都遭遇过骚扰短信、骚扰电话、欺诈短信、垃圾邮件等的骚扰，也有许多人因此而受到经济或精神损失。比如，网络诈骗形式多样，包含虚拟中奖信息诈骗、冒充好友诈骗、网络兼职诈骗、网络购物诈骗、钓鱼网站诈骗、利用虚假招工信息诈骗等，需要人们在上网时保持足够的警惕性。在上网过程中还会遇到网络病毒(网络通信行为的恶意代码)、违法不良信息、假冒网站或被恶意破坏、更改网页内容的网站。在使用手机连接移动互联网的过程中，也会遇到违法有害的 App，这些危害集中在诱骗欺诈、内容违规、资费消耗、隐私窃取、流氓行为、恶意传播、盗版侵权、恶意扣费和系统破坏等，同样会给人们带来经济或精神损失。

学校教育在重视学生交通安全、食品安全、消防安全等方面的同时，对网络安全的关注还需要继续加大。只要连接互联网，就会涉及网络安全。在网络活动中，网络安全不亚于人身安全，深入地了解网络安全就显得尤为重要。随着互联网规模的扩大，云计算、大数据、物联网、移动计算等新技术逐步得到广泛应用，网络安全教育也面临着许多新的挑战。

互联网、移动互联网及物联网等的相互融合使得未来遭遇到的安全事件更加多样化，以往的电脑病毒、手机病毒可能扩展到更多设备上，而信息诈骗、病毒侵入的途径也可以经由网络终端多方渗透。同时网络技术手段的发展也对网络安全提出新要求，在进行网络安全教育时，要时刻关注网络安全事件中的新手段和新趋势，帮助学生提高鉴别虚假、诈骗信息的能力，提高网络安全能力，避免上当受骗。

随着密码学领域和硬件的发展，网络泄密隐患增多。破解密码手段更多、时间更快，还可能出现新的密码攻击方式，这要求在设置密码时更要注重安全性。在进行网络安全教育时，既要让学生理解保护个人隐私的重要性，了解密码破解的原理，也要让学生理解设置密码的原则，掌握设置安全密码的具体方式，时刻保持警惕。

上网过程中还有许多安全问题值得注意，如网络交易的虚假信誉与恶意行为，网络内容的篡改窃取与违法侵权。此外，封建迷信、暴力色情等不良信息更加隐蔽，网络游戏成瘾、社交成瘾导致的心理安全问题也值得关注。中小学在开展网络安全教育时应该尽可能全面地覆盖各个主题。随着技术的日新月异，新的网络安全问题还会源源不断地产生，要关注和及时更新网络安全教育的主题，在日常课堂中渗透网络安全教育，增设实践教育环节，规范学生的网络行为。

二、在“网络安全教育”上，我们的目标是什么？

网络安全教育是提升中小学生网络素养的重要途径。为中小学生创设安全健康的网络环境是一项长远的任务，不仅依赖于全社会的努力，更需要学校和家长在平时教会学生自我保护，提高安全使用网络的意识和能力。

网络包罗万象，许多信息未经过审查，一些不良信息占据了很大的比例，这些不良信息给中小学生的身心产生了很大的影响。网络安全在全社会已经得到了很大重视，《中华人民共和国网络安全法》的施行让网络安全工作有法可依，特别是中央网络安全和信息化领导小组成立后，党中央、国务院对网络安全和信息化工作的重视程度前所未有，国家立法支持研究开发有利于未成年人健康成长的网络产品和服务，同时应依法惩治利用网络从事危害未成年人身心健康的活动，为未成年人提供安全、健康的网络环境。越来越多的技术部门对网络信息进行更有效的筛选，努力净化网络环境。

学校要提高网络信息安全教育的意识，加强信息化教育。建立和完善校园网络管理制度，健全网络安全防范体系，加强校园网络文化建设。在中小学信息技术课程或综合实践课程中增设网络安全教育课程，建设网络安全教育师资队伍，提高教师自身的信息技术。在教学中要规范学生的网络活动，培养学生树立正确的网络观，监督其自我约束能力，教会学生自我保护、提高安全合理使用网络的意识和能力，抵制各种不良信息的侵害。

家长是孩子的榜样，首先，家长要做到以身作则，要恰当引导孩子日常使用计算机、手机上网时的行为，教会孩子识别有效的网络信息，培养孩子上网时的自我保护意识。其次，家长要及时与学校和教师沟通，配合学校教育，了解孩子在学校进行网络活动的情况。学校在开设网络安全教育时，也可适当邀请家长共同参加，提醒家长在家里关注孩子的电脑上网和手机上网情况。

每位学生都要从自身做起，维护网络安全。在日常用网的过程中，提高网络安全意识，认识信息泄密的危害。养成良好的上网习惯，不随意连接无线网络，不随意登录陌生网站，不向陌生人透露个人信息等。

第五节　自然灾害篇①

第一部分　写在前面

问题1：在学校开展“自然灾害教育”的重要性是什么？

自然安全观也是国家安全观的重要组成部分，人类生活与自然环境紧密相连。自然灾害是人类依赖的自然界中所发生的异常现象，它对人类社会所造成的危害往往是触目惊心的，如地震、火山爆发、泥石流、海啸、台风、洪水等。以目前人类的科学技术水平和能力，人们还无法阻止自然灾害的发生，也无法抵御自然灾害的破坏，但是完全可以根据自然灾害发生的规律和特点，采取积极有效的安全措施，尽量地减少损失，避免人员受到伤害。

根据相关调查资料的数据显示，平均每天都有因地震、火灾、溺水而失去生命的中小学生，即使将人力不可抗拒的重大事故和无法预料的自然灾害排除掉，每年也有上万名中小学生因自然安全事故而意外死亡，但是如果学生具有足够充足的自然安全知识，有大约80%的意外死亡是可以通过预防措施和应急处理加以避免的。②青少年是特别容易受到伤害的群体，而这个群体在社会中占据着重要的比重。同时，青少年在接受过自然安全知识教育培训后，能够在很大限度上避免一些安全事故的发生。因此，对全社会尤其是青少年加强自然安全教育意义深远。

开展自然安全教育是发展素质教育的需要。教育的最初目的是提高学生的全面发展，为社会存储合格的人才。很明显，学校进行安全教育时，扮演了加速培养合格人才的角色。积极地展开自然安全教育，一方面，致力于学生对自

---

① 本部分主要作者：石心，博士，北京教育学院朝阳分院教师。

② 戴真：《小学生安全教育的现状、问题与对策研究——以江苏省张家港市为例》，硕士学位论文，西北农林科技大学，2015。

身健康、安全的管理和约束，对纪律和规则的遵守；另一方面，致力于生命安全教育，普及生命安全知识，就是加强自然安全教育的意义所在。从学校管理的角度来看，不仅可以大幅度地提高学生的基本素质，而且为学生的健康成长和全面成才营造了良好的、稳定的外部学习环境，推动了素质教育的发展。

开展自然安全教育是构建和谐校园的重要保障。平安学校建设的目标是构建和谐的学校，没有安定的校园环境，和谐校园的构建更是无从谈起。校园安全文化建设是平安学校创建工作的根本保障，大力建设校园安全文化，将校园安全问题提升到学校文化的层次加以建设，不仅从制度上规范了平安学校建设的过程管理，更是将平安建设理念(安全文化观念)深入到学校的教学以及师生的日常生活中去，从而保证校园安全环境有序进行。

开展自然安全教育是提高学生生命安全意识的需要。中小学生的年龄特点决定了他们的安全意识普遍薄弱，同时学生普遍对社会了解不够，因而在自我保护意识方面还比较欠缺。在地震、防火安全等方面，很多学生不够重视，常常容易因为无知或轻视造成安全事故。长期以来，由于学校教育侧重文化知识的传输，防灾意识较薄弱，对于防灾教育几乎是呈现空白状态。虽然在汶川地震后，防灾教育受到重视，但由于我国缺少完整的防灾应急体系，日常生活中对于防灾减灾、防火知识接触较少。从新闻报道中不难看出，学生在灾难来临时，根本没有意识到自身处于危险之中，缺乏危机意识，无自救觉悟是造成悲剧的重要原因。因此，学校必须加强自然安全教育，提高学生的安全防范意识和能力；培养面对灾难时的自信心与冷静的判断能力，掌握求生技能。传统的防灾教育及防灾活动基本以形式化的应对灾害来临时的逃生活动为主，灾害教育不是单纯地只包括当灾害来临时，如何将灾害现场的受害情况减小的防灾教育，学校应该如何选择自然安全教育的主题，这是值得深入探讨的问题。

问题 2："公共卫生教育"主题下教学设计的重要选题有哪些？

教师在自然安全教育中应根据各地的自然环境及社会状况采取制定相应的防灾、减灾措施，培养以自助、共助、公助为基础的灾害应对能力。

(一)通过学习地理知识了解产生灾害的原因

学校防灾教育要注重培养学生的灾害意识，重视普及灾害的预警知识。在教育内容与过程中，培养学生根据各类自然灾害的征兆，做出准确的判断尤为重要。

在了解了有关自然灾害的知识的基础之上，通过体验自然的活动，教师要培养学生对自然的敬畏之情。在中小学地理课中，教师在引导学生学习自然界的各种基础知识之外，还应学习应对灾难的知识，使学生意识到美丽的自然界也有恐怖、狰狞的一面，要清醒地认识灾难的真面目，必须学习有关地理、气象等知识。

作为生活在地球上的一分子，青少年有必要清楚地了解与其相关的知识，诸如地球是如何形成的，地壳是如何运动的，地震是如何发生的，火山是如何形成及活动的。此外，还必须知道水在地球上是怎样循环的，在什么样的机制下导致雨的形成及台风的发生，以这些知识为前提，才能对灾害的形成有初步的认知。

教师通过图文并茂的故事，可以使青少年学生对自然灾害有清醒全面的认识，使他们从小就对灾害的不可预测性、危险性以及防灾准备和灾害救助的重要性产生深刻的认识，即虽然自然灾害具有不可预测性，并且通常会带来非常严重的影响，但可以通过人的努力来降低灾害带来的损失。因此，在平时培养灾害意识，学会相关灾害知识和防灾救灾技能，就显得尤为重要。

(二)通过具体案例体验灾后生活

虽然在汶川大地震后，中国的学校灾难教育逐渐受到重视，但是目前大都停留在“主题班会、墙报展览、口号宣传、参观场馆、观摩演习”等传统的教育模式中。教育形式枯燥单一，缺乏让学生亲身参与的机会，导致学生的学习热情不高。

建议学校每个学期都要进行防灾演习，以让学生亲身参与的体验式为主，通过丰富多样的体验活动提高学生的学习积极性。

教师要根据学生的年龄段设计形式多样的防灾体验活动。比如，面向小学低年级学生的“呼救比赛”，让学生在模拟受灾状态下大声呼救，声音分贝高者获胜；“消防写生比赛”，组织学生到消防队参观写生，借机学习逃生救援知识。面向小学高年级学生的家庭课中，要求学生假设在受灾后利用有限的水和食物，尝试自己动手煮饭。在中学高年级的课堂中，学习心肺复苏术的具体操作步骤。并且在普通的课堂教学中穿插防灾救灾知识。例如，在中学生的数学课中，会假设某地发生地震，海啸将于半个小时后到来。要求学生计算要想顺利避开海啸，最迟在地震发生后几分钟开始避难。这种假设极大地激发了学生的兴趣，使他们能更加投入地学习，牢固地掌握知识。学生通过亲自体验和感受，把理论知识运用到了实际操作中，在面临真正的灾害时就不会慌乱。

(三)通过生命教育对灾后心理创伤进行疏导

灾难往往具有不可预测性，突发的灾难可能会在瞬间夺去人们的生命以及财富。灾难往往会给目睹这一切的幸存者带来巨大的心理创伤，因此，通过生命教育对幸存者进行灾后心理疏导非常重要。与其在灾难发生后进行心理干预、疏导等，不如在平时进行生命教育，起到预警作用。而死亡教育作为生命教育的一种可以帮助学生正视生命的脆弱与不确定性，只有正视死亡，才能在灾难来临时，有勇气面对自然的残酷无情，才能真正懂得珍惜生命；同时也适用于灾后受灾者的心理重建，让他们树立继续生活的信心，引导他们以淡然的态度应对死亡的挑战。

问题 3：如何做好“自然灾害教育”主题下的教学设计？

自然安全教育是在自然事故发生时维护生命财产安全的措施及消除安全隐

患的教育，它涵盖了人身财产教育和应急指导等内容。

(一)自然安全课的教学目标

自然安全课应该紧紧围绕以尊重和保护生命为基础，以保障未成年人生命财产安全、提高自我保护意识、防范与处理事故能力为目标，使其能应对生活中可能遇到危险处境的教育。

(二)自然安全课的教学内容

在内容选择上，建议教师在选择贴近学生生活的内容的同时，应根据自然安全教育主题结合本地的地理环境，在自然资源防灾教育中加入“虚构城市防灾体制”的内容。让孩子们假设自己所在的城市将要发生的自然灾害，自由设定该城市的人口结构及数量、产业类型及结构、地形及气候状况、灾害隐患等。然后根据假设条件制作该城市的“防灾手册”，并根据年龄段分别制定教学内容。例如，四年级学生地震中的紧急避险，五年级学生的“关爱生命远离火灾”教育主题，初中生在对城市进行介绍的同时，重点学习防灾与地震知识。内容尽量全面、细致，让学生多了解方方面面的自然灾害知识，学习防范技能。

(三)自然安全课的教学方式

在教学方式上教师应结合实际情况，权衡各种教学方法、手段的利弊，改进并且创新教学方法，提高学生的学习兴趣，从而提升安全实践能力。为此应做到：优化安全教育教学情境，激发学生安全学习的热情。

教师在安全教育教学中，根据实际环境，有目的地优化以往模拟现实的情境，引导学生进入场景，让学生产生更真实的安全体验。第一，情境内容要符合教材安全教育的目标，符合学生的生活环境。第二，要优化创设贴近中小学生实际生活和学习的情境。第三，教师要尽量少“摆事实，讲道理”，而要多采用体验式教学法，确定主题，优化丰富其教学互动、表演以及自我反思成分，甚至加入模拟演练互动形式，然后面向学生展开已设计好的场景，在演练过程中实施动态化效果评价，通过评价激励学生，实现与学生之间的信息交流反馈，最后分享体会。需要说明的是运用体验式教学法时需消耗大量人力、物力，所以要注意节约成本，因地制宜；同时还需预防学生摔倒、踩踏等各种安全事故的发生。

第二部分 案例设计

案例 1 地震中的紧急避险

【案例推介】

这节课以地震中的紧急避险为切入点，通过一系列的地震报道，引发学生讨论地震的危害、紧急避险的重要性，使学生感悟到地震虽然可怕，但是若采用正确的方式进行避险，是有可能逃生的，因此选题很有意义。本节课最大的特色是让学生始终在活动中进行学习，这样的教学方式增强了学生的防震减灾意识，使学生初步掌握了应急避险的正确方法和地震发生时紧急疏散的程序、方式等，熟悉了学校紧急疏散的程序和线路，培养了他们听从指挥、自我保护、自我救护和团队协作的基本能力，提高了突发公共事件下的应急反应能力和自救互救能力。

<table>
<tr><th colspan="6">活动基本信息</th></tr>
<tr><td>课名</td><td colspan="5">地震中的紧急避险</td></tr>
<tr><td>领域</td><td>综合实践</td><td>学段</td><td>小学</td><td>年级</td><td>四年级</td></tr>
<tr><td>设计者</td><td>刘志保</td><td>单位</td><td colspan="3">北京市朝阳区教育研究中心附属小学</td></tr>
<tr><th colspan="6">活动背景分析</th></tr>
<tr><td colspan="6">我国处于环太平洋的地震多发地带，地震是主要的自然灾害之一。地震给我们带来的损失是无法估量的，但是在汶川地震中却有着不同的事例：有些孩子蜷缩在危房里，门窗虽然变形，但是也开着，他们由于惊吓过度腿发抖，丧失了逃生能力；还有住在高楼里的人很少往楼顶、厨房、卫生间跑，大多数盲目下楼，而下到楼底下又没有避险的安全空间，惨遭伤害。而四川省绵阳市安县桑枣镇桑枣中学 90 多名教师，2200 多名学生，全部冲到操场，可见，对于小学生而言，面对地震采用正确的逃生方法，会大大降低伤亡率。
针对在地震发生后应该采取的避险措施问题，我对班级中的 30 个孩子进行了问卷调查。有 95%的孩子没听说过安全三角区，有 90%的孩子不知道地震逃生的黄金时间是 12 秒，有 70%的孩子认为地震后应该赶快逃跑，有 50%的孩子认为能够乘坐电梯逃跑，大概有 30%的孩子面对地震来袭，不知道怎么办。
事实证明，在地震来临时，掌握正确的方法是可以逃生的。小学生对地震的认知非常有限，相关知识匮乏，缺少自我保护意识。广大师生需要对地震发生后的具体措施进行有效的学习和训练，提高自救能力。</td></tr>
<tr><th colspan="6">学生特点分析</th></tr>
<tr><td colspan="6">9～11 岁年龄段的孩子正在从被动学习向主动学习转变，分析应变能力逐步增强。作为教师应该创设学习的情境，充分激发学生的学习兴趣，培养解决问题的实践能力。针对以上分析，教师用身边的事例作为引入，激发学生的兴趣；采用小组探究合作的方式，让学生明白概念；采用演习方式，使学生掌握紧急避险的逃生方式。</td></tr>
<tr><th colspan="6">安全教育目标</th></tr>
<tr><td colspan="6">【安全知识目标】通过图片、视频、教师资料拓展等活动，使学生了解到地震的危害，能牢记“就近躲避别乱跑”的避震原则；能够至少举出家中三处避震地点、学校三处避震地点。
【行动技能目标】通过视频学习，能够找到安全三角区，进行紧急避险；通过小组合作探究，能够找到就近的躲避处，进行正确的逃生；通过互评互议等方法，进行逃生演练，能够掌握正确的逃生步骤。
【情感态度目标】懂得珍爱生命，明白灾难来临之前人人为我、我为人人的精神。</td></tr>
</table>

安全教育资源
【学校资源】 学生安全重于泰山。学校围绕“创建安全文明校园、构建和谐育人环境”这一目标积极行动，坚持“地震安全，预防为主”。 1. 环境与制度 学校力主健全制度，制定详细的防震常规，如《学生安全一日常规》《突发安全事故应急预案》《学校防震应急预案》等。涉及学校防震安全的各项工作都做到有章可循。此外，学校领导定期巡查班级环境，清理楼道杂物，排查门窗是否牢固，确保地震逃生时无任何羁绊。 2. 课程与活动 课程的开发：学校开设的校本课程中，有专门的防震主题，确保学生了解地震带的危害以及地震逃生时的正确方法；学校每年都要结合中小学安全教育月，组织学生围绕防震开展系列活动，如防震主题班会教育活动、防震专家走进校园、社区防震知识宣讲等。 3. 常规与资源 少先队利用升旗时间、节假日前后对学生进行防震安全、交通安全、饮食安全、防火安全等教育，每月进行一次防火、防震、防暴安全演练活动，做好演练记录。 【社会资源】 1. 抗震加固 学校认真做好校舍抗震加固改造和综合防灾能力建设工作，改善校舍安全状况，真正把学校建成最安全、家长最放心的地方。 2. 加强宣传力度 学校多次组织防震知识竞赛、防震避险创客活动、防震减灾绘画征集活动等，加大防震避险的宣传力度。
活动方式
【案例分析】通过一系列案例，引发学生讨论地震的危害、紧急避险的重要性。使学生感悟到地震虽然可怕，但是采用正确的方式进行避险，是有可能逃生的。 【场景体验】观看视频，教师讲解，学生体验，使学生明确安全三角区的含义。学生通过场景体验，寻找教室内的三角区，能够在地震来临时，准确找到安全三角区并进行紧急避险。 【模拟训练】教师指导，学生讨论模拟地震发生情境，教师组织学生进行逃生演练。根据多次演练的交流互相指出优点与不足，进行改进。 【团队讨论】根据本节课所学，引发学生讨论遇到地震时我们应该怎么做。
活动准备
【材料准备】 教师准备：课件、图片；地震来临时的视频；介绍安全三角区的视频。 学生准备：课前收集有关地震的资料。 【注意事项】 教师对学生进行分组，因为涉及活动比较多，教师要提前做好动员，提出安全注意事项。

活动实施
一、情境创设，感受地震的危害性 设计意图：从九寨沟地震报道，让学生体会到地震的可怕。从真实的故事例子引出本节课的主题：地震虽然可怕，但是掌握正确逃生规则，就有可能避险逃生。 (一)视频引入 播放：2017 年 8 月 8 日 21 时 19 分，四川阿坝州九寨沟县发生 7.0 级地震。 教师提问： (1)关于这次地震，从视频中你了解到了哪些信息呢？(学生讨论) (2)地震造成 25 人死亡(其中 24 名遇难者身份已确认)，525 人受伤，6 人失联，176492 人(含游客)受灾，73671 间房屋不同程度受损(其中倒塌 76 间)。这些数据带给你怎样的感受？(学生讨论) 教师小结： (1)地震非常可怕；来势凶猛，很多人、财产短时间内被毁坏。 (2)在地震面前，人们显得是多么弱小啊，瞬间便被夺走了宝贵的生命。但是，如果我们能够采取正确的自救方法，或许我们就能够在地震中幸运逃生。 (二)案例研讨 地震突然来袭，芦山县双石镇的朱开慧从睡梦中被摇醒，她赶紧喊醒 11 岁的儿子。她由于当时腹中怀着孩子，来不及跑出屋外，于是便拉着儿子躲到床底下。剧烈的震动导致房屋大面积倒塌。可喜的是，母子平安无事。最后，朱开慧在华西医院顺利产下一名婴儿，取名为“华西”。 教师提问：同学们，地震时，母亲究竟做了什么，让她和孩子幸运地活了下来呢？(学生研讨) 教师小结：在地震中，采取正确的应急避险措施非常关键啊。(板书：地震中的紧急避险) **二、资料交流，掌握逃生智慧** 设计意图：本环节的设计意图在于先让学生明确地震逃生的黄金 12 秒，使学生确立逃生信心。让学生明确逃生的方法，介绍新的知识三角区，接着让学生判断掩体的选择，让学生在有层次的学习中，通过交流、感知、自悟，掌握地震的逃生方法。 (一)地震来临不要慌，就近躲避别乱跑 1. 教师提问。 (1)同学们，如果就在此时，地震真的来了，你打算怎么做呢？(学生小组讨论并分享) (2)可不可以赶紧跑，跑到教室外面？(学生小组讨论并分享) 2. 教师讲解。 (1)从感觉到震动到房子被破坏大约就只有短短 12 秒的时间。如果我们恰巧正在楼里，这么短的时间内，想跑出去几乎是不可能的。再加上震动导致的门窗变形，根本无法快速把门打开，这样一来，跑出去的概率就更小了。 (2)在剧烈的晃动中，人们是不能保持平衡的。这样一来，跑出去的概率就更小了。当我们费劲打开门以后，或许这短暂的 12 秒已经过去了。 (3)住在平房，恰巧门也是打开着的，房外又比较空旷，我们才可以采取这样的方式。 3. 全班小结。 地震来临不要慌，就近躲避别乱跑。 (二)地震来临不要慌，就近躲避巧躲藏 设计意图：总结具体的躲避方法，巩固本节课的重点内容：地震虽然可怕，但是掌握正确的逃生方法，就有生还概率。加深本课所学内容，能够判断出地震中逃生的方法正误。

1. 小空间、三角区，坚固遮挡物下藏。

(1)小组讨论：我们可以躲避在哪儿呢？一起来看，这些都是我们生活中特别熟悉的地方，请大家在组内进行讨论，在适合我们躲避的地点下面画钩，并说明选择的理由。

坚固的床底下　　卫生间　　结实的桌子下

柜子里　　厨房　　阳台

玻璃和窗户旁边　　沙发旁　　大房间

(2)教师提问：强烈的震动有可能导致什么？谁来说说你们组选择了哪些地方？理由是什么？(以小组为单位回答问题，教师围绕“小空间”进行引导和追问)

(3)教师小结：在地震中，最不容易倒塌的地方就是卫生间，因为卫生间内管道比较多，能起到很好的支撑作用。除此之外，还因为卫生间的空间比较狭小，不会出现天花板整块坍塌进而砸伤我们的情况，相对于大房间来说，是比较安全的。

(4)教师追问：除了卫生间，家中还有哪些比较狭小的空间？请大家来看一段短片，看完或许你就会有新的收获了。(播放室内三角区的短片)

(5)避险演练：教室中的哪些地方可以形成三角区呢？请学生寻找教室内的三角区，进行地震来临时的避险演练。

2. 护住头部找掩护，蹲下等待再撤离。

(1)观看短片。

请你仔细观看，在就近避险的过程中，小女孩是怎么做的？(学生研讨)

(2)教师小结。

①护头。(重要部分，以防被高处落下的物体砸伤)

②首先要用双手或者书包、枕头、靠垫等柔软的物体遮住头部；然后迅速躲避起来；立即蹲下或趴下；等待地震过后，遮挡头部马上逃离到安全的地方。

三、练习巩固，掌握方法

设计意图：通过安全技能训练，保证学生在真实生活中可以有效解决灾害中的应急问题。

1. 地震发生时，要保持清醒，头脑冷静，就地避险。下面不适合躲避的地方是(　　)。

A. 阳台　　B. 卫生间　　C. 床边

2. 当地震发生时，你在学校上课，应如何避震(　　)。

A. 向外　　B. 快速就近躲避　　C. 蹲在地上

3. 地震发生后，从高楼逃生时(　　)。

A. 快速、有序撤离　B. 乘坐电梯

4. 地震来临，我们应该马上躲在(　　)。

A. 最近的床边　　B. 较远的卫生间

四、避震演习，汇报总结

设计意图：首先让部分学生练习，在生生交流中总结优势和不足。然后全班演习训练，力求人人掌握地震中的逃生方法。

(一)实践演练逃生方法

1. 模拟演习。

地震来了，你会怎么办呢？请一组同学进行模拟演戏，当音乐响起，表示发生地震，音乐结束，表示地震已经结束，请注意黄金 12 秒时间的有效运用。

2. 建议和改进。 他们哪些地方做得好？你还有什么话要提醒其他还没有演练的同学？ (二)全班演练 请大家牢记今天的收获，下面，我们马上开始今天的避震演习。 **五、活动总结** 设计意图：总结全课，再次强化地震来袭学生应该灵活运用所学的避震方法进行防震逃生。在生生交流中，在教师的指导下学生巩固逃生方法。 通过本节课的学习，面对地震来袭，你打算用什么样的方法逃生？ 教师根据学生地震演习时候存在的问题，进行具体指导。 (1)地震来袭，第一时间避险，不要慌张和乱跑推搡。 (2)迅速找到避震掩体或者安全三角区，做好逃生准备。 (3)护住头部同时，清理逃生路线上的杂物，方便撤离的同时，避免摔倒造成踩踏。 (4)回家后向父母和社区进行防震知识宣传。
实效性评价
通过本节课的学习，学生能够初步掌握应对地震发生时采取的防护措施和方法，提升紧急避险、自救自护的应变能力，有效增强学生的安全意识，掌握地震逃生技巧，增强应对突发性事件的综合反应能力。通过演练和课后访谈，90%的学生能够找到教室内的安全三角区，并能够进行紧急避险。98%的学生能够在教室内找到安全的掩体，能够进行紧急避险。在最后的活动中，所有学生能够做到头顶软物互相提醒，迅速有序地撤离教室。绝大部分学生能够明确部分掩体不能躲避危险，特别对于黄金逃生时间12秒、安全三角区等概念能够做到胸有成竹，并能够在家庭中、在社区中进行广泛宣传。

案例2　关爱生命，远离火灾

【案例推介】

案例结合学生生活的实际需要，选取了火灾逃生这一话题，通过让学生收集相关资料，分析火灾发生案例，了解发生火灾的主要原因，掌握消防安全和安全逃生的知识，明确防火自救的重要性。一方面，结合了学生生活实际的需要。本课的设计与实施所处的时间节点为学生放寒假前夕，冬季本身就是天干物燥容易发生火灾火情的季节，再加上放寒假后学生独自在家或到公共场所(超市、电影院)参加社会活动的概率增加，对学生进行消防安全的教育非常必要、非常及时。另一方面，体现了学校教育与社会资源教育的有机整合。学生通过课堂教学活动对消防安全自护自救的方法有了一定的了解，但迫于学校资源的有限性和局限性，没有相关资源供学生进行实际的体验与操作；而社会大课堂基地——朝阳区公共安全馆恰恰提供了这方面的资源，通过参观体验，使我们的主题活动由课堂延伸到了课外，由学校走向了社会，起到了“1+1”大于“2”的效果。

<table>
<tr><th colspan="6">活动基本信息</th></tr>
<tr><td>课名</td><td colspan="5">关爱生命，远离火灾</td></tr>
<tr><td>领域</td><td>综合实践</td><td>学段</td><td>小学</td><td>年级</td><td>五年级</td></tr>
<tr><td>设计者</td><td>庄重</td><td>单位</td><td colspan="3">北京市陈经纶中学嘉铭分校</td></tr>
<tr><th colspan="6">活动背景分析</th></tr>
<tr><td colspan="6">安全问题关系到千家万户的幸福，是社会、学校、家庭需要共同关注和关心的问题。在我们生活的周围，到处都存在着潜伏的火灾危机，使我们的生命和财产时时处于火灾的威胁之中。因此，在小学生中普及消防安全教育既是现实需要，也是落实新课程“以人为本”理念的要求。消防安全意识和自护自救能力已经成为消防安全教育的重点和关键，让孩子们在一个安全的环境中健康成长是家长、教师乃至全社会共同的责任。
综合实践活动课程强调学生的亲身实践与体验，倡导学生面向生活选择研究的问题并通过亲力亲为的活动解决现实生活中的问题。作为一名综合实践活动教师，我们有责任也有义务通过相关消防安全课程的设计和实施，引导学生认识安全的重要性，掌握火灾必要的逃生方法。基于此，教师结合北京市地方课程“研究性学习实践与评价”五年级上册第三单元“救护与逃生”一课中，推荐主题二“火场中的自我救护”的相关教学内容，指导学生开展自护自救以及逃离火灾现场的基本方式和方法的研究实践活动，增强了学生消防安全及自我保护的意识。</td></tr>
<tr><th colspan="6">学生特点分析</th></tr>
<tr><td colspan="6">五年级学生处于小学高年级阶段，他们已具有一定的动手实践能力，解决实际问题的勇气，主动学习和探究的意识，对于一些问题有自己的见解和想法。通过在学校度过的四年学习经历，学生对消防安全的知识还是知道一些的，但是学校课程体系中没有单独开设消防安全类的课程，这就客观地导致学生对消防知识、自救方法没有系统地学习和了解。此外，学生几乎都没有经历过火灾事故，防火意识淡薄。
我的思考：针对学生的实际情况，教师应该充分借助各种校内外的资源，带领学生开展丰富的消防安全教育实践活动，引领学生在活动中、在体验中学习了解消防安全的知识与技能；同时关注学生在活动中研究方法的指导，让学生运用已有知识、技能解决火场中的实际问题，增强自我救护的能力。</td></tr>
<tr><th colspan="6">安全教育目标</th></tr>
<tr><td colspan="6">【安全知识目标】学生通过相关资料的收集及分析火灾发生案例，知道发生火灾的主要原因，掌握 3～5 条消防安全和安全逃生的知识，明确防火自救的重要性。
【行动技能目标】学生通过参与消防知识竞赛答题、体验拨打 119 报警电话、安全疏散演习等活动，提高自我保护及救助的能力，以及遇到突发情况的应变能力。
【情感态度目标】学生通过校内的案例分析、逃生演习与校外参观朝阳区公共安全馆的实践体验活动，增强消防安全及自我保护的意识，逐渐形成珍爱生命的态度，树立“安全第一”的理念。</td></tr>
</table>

安全教育资源
【学校资源】学校每学期都会定期组织学生进行安全逃生演习，并对各班在演习中的表现进行评价；利用“家长博学大讲堂”的方式，邀请有消防经验的家长走进学校、走进课堂为学生和教师进行安全讲座；同时，借助综合实践活动课程的实施，将消防安全教育、自护自救的方式方法与实践体验活动相结合，寓教育于活动中，在活动中引导学生不断去体验和感悟珍爱生命的意义，渗透安全第一的意识。 【社会资源】朝阳区公共安全馆是朝阳区内最大的安全教育专项体验馆。中小学生可以在模拟场景中，进行互动体验、知识问答、实际操作等形式的活动，方便了解和掌握公共安全各方面的知识。在本次主题实践活动中，可以将校内外的教学资源进行整合，学生在校内了解火灾预防的相关知识后到校外的公共安全馆进行更加深入地学习和体验活动，掌握自救互救的方法。学生通过参观安全展区中消防器材展示，了解佩戴消防面罩体验火场逃生的技巧，以及在逃生自救时，学会如何正确使用绳子、结实的打结方法进行安全逃生等消防安全知识。
活动方式
【模拟训练】模仿火灾发生现场，组织学生进行逃生演练。 【案例分析】教师与学生一起对生活中发生的真实火灾案例进行分析，探寻火灾发生的原因。 【角色扮演】组织学生学习拨打 119 报警电话，分为报警人和接警人进行模拟演练。
活动准备
【教师准备】制作课件，准备火灾发生的真实案例，学习消防安全相关背景资料；邀请法制副校长(学校管片民警)和家长代表参与课堂教学活动。 【学生准备】课前学生收集火灾发生的案例及相关防火自救小常识。 【注意事项】对学生进行安全教育，避免在疏散演习中发生安全事故。
活动实施
一、问题导入 设计意图：激发学生的学习兴趣，导入本课活动。 (一)教师出示谜语 (红彤彤，一大蓬，见风它就逞凶狂，无嘴能吃天下物，单怕雨水不怕风。) (二)教师出示研究主题：关爱生命，远离火灾(板书) **二、案例分析** 设计意图：通过观看火灾案例，引发学生思考，感受火灾对人民生命及财产的危害。通过组织学生对于火灾事故的进一步研讨交流和法制副校长、教师的讲授，引导学生明确火灾事故的危害性，使学生知道作为未成年人在发生火灾时要以保护自身安全为第一目标。 (一)教师出示课件：火灾事故案例 1. 央视新址大楼在建工地大火。 2010 年 2 月 9 日，央视新址大楼在建工地突发大火。起火原因为附近燃放焰火的火花落在楼顶，引燃了易燃的防水材料。

2. 北京大兴“11·18”重大火灾。

2017年11月18日，位于北京市大兴区西红门镇新建二村的一幢建筑发生火灾，事故造成重大经济损失。

3.12·13北京朝阳区自建房火灾事故。

2017年12月13日1时18分，北京市朝阳区十八里店乡白墙子村一村民宅基地自建房发生火灾，119指挥中心调派2个中队9部消防车赶赴现场处置，共营救出14名被困群众。经初步勘查是电动自行车引发火灾。

4. 北京一电动车商店起火事件。

2018年4月1日1时23分，北京119指挥中心接到报警，北京市海淀区中关村北大街水磨西社区电动汽车商店着火，119指挥中心迅速派出3中队12辆消防车进行救援，1点58分大火被扑灭，烧毁面积50平方米。

5. 北京交通大学校园实验室发生火灾爆炸。

2018年12月26日9时34分，北京交通大学一实验室发生爆炸，现场黑烟滚滚。119指挥中心接到海淀区北京交通大学东校区2号楼起火报警后立马赶往现场。经现场核实，此次爆炸事件是2号楼实验室内学生进行垃圾渗滤液污水处理科研试验时发生爆炸。

(二)案例讨论：看过这些火灾案例你有什么想法？

1. 学生小组进行交流，之后每个组选出代表在班内交流。

2. 法制副校长对学生的发言进行点评，针对学生火灾发生过程中的一些错误认识，如对积极参与救火、保护财物等进行教育引导。

(三)教师讲授强调发生火灾时的注意事项

火灾发生后是非常危险的。首先，我们要做到的就是保持镇静；其次，要做的就是安全逃生。作为未成年人要先保护自己的生命，不能参与到救火的过程中。

板书：保持镇静　安全逃生

三、问题解决

(一)教师提问：发生火灾时，你知道哪些安全逃生的方法？

设计意图：通过交流活动体现学生课前研究成果，引导学生认识正确的逃生方法，培养学生的安全意识；同时突出本课重点。

小组交流：学生交流课前收集到的信息资料，讨论安全逃生的方法。

班级交流：学生结合自身实际以及小组交流的内容进行班内分享。

教师小结：出示课件，介绍安全逃生的基本方法。

设计意图：在学生交流安全逃生方法的基础上，教师进行补充和强调。一是体现教师在教学中的指导作用；二是通过多种方式的交流与介绍逐步加深学生对于安全逃生方法的感性认识，提升他们发生火灾时自护自救的意识。

1. 要树立良好的消防安全意识。

2. 当被火灾围困时，行动要果断迅速。

3. 可用湿毛巾捂住脸部，用毛毯裹住头部，防止或减少吸入有毒烟气，并匍匐前进。

4. 即使房门不热，也要小心打开，并做好准备，万一开门后迎面碰上烟或热浪，随手迅速关门防止烟气流通，助长火势蔓延。

5. 当安全通道被火焰所阻时，最需要的是冷静。可用绳子或将床单撕开连成长条，一头固定在门窗上，顺着绳子下滑。

四、角色扮演

设计意图：学生通过模拟拨打119报警电话活动，明确火警报警电话拨打的基本要求，掌握基本的方法。

（一）邀请法制副校长进行讲授，学习拨打119报警电话的正确方法

1. 记清火警电话是119。

2. 报警时要讲清着火的确切地址，包括所在区街道、胡同、门牌。

3. 讲清报警人的姓名、电话号码和住址。

4. 说明什么东西着火，火势怎样。

5. 报警后要安排人到主要路口等候，引导消防车去火场。

6. 遇有火灾，不要围观消防车，这既有碍于消防人员工作，也不利于大家的安全。

7. 不能乱打火警电话，谎报火警是扰乱公共秩序、妨碍公共安全的违法行为。如发现有人谎报火警，要加以制止。

（二）学生分角色模拟实践

（三）法制副校长点评学生模拟实践活动，提出改进建议

（四）学生根据法制副校长的建议，继续模拟实践练习

五、知识竞赛

设计意图：针对学生日常可能出现的问题，教师以"小比赛"的方式检测学生本课的学习成果，激发学生的学习兴趣。

1. 油锅突然起火，应该赶快用哪种方式处理（　　）。

A. 用水灭火　　B. 用锅盖把油锅盖上　　C. 赶快逃离

2. 屋里的煤气味很浓，首先应该（　　）。

A. 打开所有窗户　　B. 关闭煤气闸　　C. 关闭煤气闸并打开所有窗户

3. 电视突然冒烟，首先应该（　　）。

A. 取水灭火　　B. 拔掉电源插头

4. 当身上着火应该（　　）。

A. 在地上打滚　　B. 跳入水中　　C. 及时脱下着火衣物

5. 房子着火以下做法不对的是（　　）。

A. 用毛巾捂嘴　　B. 用被单等连接，做成逃生索，逃生

C. 及时拨打119　　D. 直接跳楼

六、疏散演习

设计意图：发展学生实践能力，培养学生的自救意识，突破本次活动的难点。

教师组织学生进行安全疏散演习。如果时间允许，就尽可能带领学生进行多次演习。在演习的过程中，要提醒学生注意保持秩序、不打闹、不推搡，快速安全演练。

七、活动总结

设计意图：通过总结交流活动，引导学生将参与此次活动的所思、所感、所获与同学、家长和老师进行分享，将消防安全意识铭记心中。

教师组织学生谈一谈关于消防安全的认识，分别开展：

对家长说的一句话________________

对同学说的一句话________________

对自己说的一句话________________

八、活动拓展 设计意图：通过设计班级安全逃生示意图，锻炼学生的动手操作能力，能够学以致用解决生活中的实际问题；学生参观体验朝阳区公共安全馆可以将校内外的教育资源有机结合，深化消防安全的活动目的。 1. 设计班级的安全逃生示意图。 2. 利用课余时间参观体验朝阳区公共安全馆。
实效性评价
通过本次“关爱生命，远离火灾”主题实践活动的实施，全体学生在消防安全意识、自护自救能力等方面均有提升，能够注重日常的消防隐患，杜绝火灾发生。通过逃生资料收集与消防知识竞赛活动，每名学生都能知道并熟记3～5条逃生方法；同时有95%的学生学会了拨打火灾报警电话的方法，知道了报警时应该“说什么，怎么说”。在参与安全逃生演习的过程中，所有参与学生均能做到不打闹、不嬉笑，认真完成逃生演习，运作规范，演习效果好。

案例3　当地震来临时

【案例推介】

在汶川大地震后，公众对于本地地震情况和地震知识了解、地震知识关注、防震减灾技能掌握、防震减灾态度和意识其实都有提升。本节课选取防震知识，通过学习使学生了解并掌握必要的防震、避震、自救、互救知识，具有很强的实用价值。教学过程中教师提供了不同的地震场景，采取了模拟训练使小组同学进行避震动作的模拟，掌握在地震发生过程中怎样防护、怎样逃生的方法，使学生在地震演练中模仿运用教师、教授的黄金12秒法则，然后内化成为自己的“下意识”动作，形成自己的“条件反射动作”，从而保护自己；角色扮演环节重现地震情境，锻炼学生在地震来临时做出正确的反应能力；讨论环节，引导学生针对不同场景的避震知识进行讨论，总结出符合北京地区的情况；最难能可贵的是教师安排了设计制作环节，让学生设计并制作“当地震来临时”的宣传手册，到社区进行宣讲，将自己的所学分享给更多的人。

活动基本信息					
课名	当地震来临时				
领域	综合实践	**学段**	初中	**年级**	八年级
设计者	赵孟	**单位**	北京市陈经纶中学分校		
活动背景分析					
近年来，我国的地震灾害偶有发生，对人们的生命财产安全造成了重大损失。即使是在科技高速发展的今天，人们对于地震的来临仍然束手无策。既然地震是我们无法避免和控制的，那么我们就应该掌握一些关于地震的逃生与自救方法，让自己在灾难面前尽可能少受伤害！					

为了解我校学生地震科普知识的掌握情况，我设计了调查问卷，对八年级学生进行现场调查，共发放355份问卷，有效回收337份。调查结果为：优、良、中、差等级分别占1%、5%、19%、75%。这说明我校学生地震科普知识掌握情况令人担忧，高达94%的学生普遍缺乏防震避震意识和相关的专业知识。因此，我们应尽早加强避震和自救知识的普及，以提高学生防震减灾的意识，这有利于学生未来更好地应对其他地震的发生。
学生特点分析
此次课程针对的是八年级的学生。经过分析可知，学生已具备的防震知识基础包括：知道一定的地震成因知识；了解一定的地震逃生要领；知道一些避震要点；懂得向他人求助。已具备的能力基础包括：初步具备情境模拟的能力；有小组合作团结完成任务的意识；具备一定的设计制作宣传手册的能力。 根据此学情，在本节课的教学活动中，以教师播放视频素材，普及相关知识，学生分小组进行资料收集、整理成小手册或卡片进行公益服务，分享与交流各组的成果，构成教学活动的主线，充分发挥学生的积极性和主动性，引导学生在体验中感悟生命的脆弱，始终有生命的警觉，提高对珍爱生命、学会自我保护的重要性的认识。
安全教育目标
【安全知识目标】了解并掌握必要的防震、避震、自救、互救知识。 【行动技能目标】掌握在地震发生过程中怎样防护、怎样逃生的方法，能够在地震演练中运用教师教授的黄金12秒法则先模仿后内化，形成自己的“条件反射动作”，从而保护自己，并且能够通过“情境再现”灵活地掌握自救与互救的技能点。 【情感态度目标】在突遇危急情况时能够进行一些有效举措，培养学生勇敢坚强的性格和保护他人的能力。
安全教育资源
【学校资源】我校建立了健全的学校安全管理制度，层层签订安全责任书，无论是教师还是职员，全员参与安全环境的创设。本着“教育为先，预防在前”的原则，把防震减灾科普知识纳入学生的安全教育内容，让学生正确认识地震灾害，树立科学防御地震灾害的理念，掌握必要的地震应急避险知识。以确保学生了解掌握地震应急演练的具体步骤，熟悉地震应急演练信号、紧急避险措施、应急疏散线路、疏散场地等具体内容。 【社会资源】地震是一种使人类文明毁于瞬间的巨大灾难。它的发生是不以人的意志为转移的。目前的地震预报水平还不能准确地说出它将要发生的时间、地点和震级。但是，经过几十年的探索，我们有办法减轻地震所造成的损失，这就是“防震减灾”。网上关于这方面的内容有很多，但大多都比较散乱，不够系统化，也未必适合中学生学习。在这里向大家介绍数字地震科普馆。数字地震科普馆是通过网络多媒体方式进行科普宣传的平台，采用360度全景技术，结合视频、音频和图文等方式，将实体的地震科普馆虚拟数据化，融入地震科普知识，建立虚拟仿真的地震科普馆，并通过互联网形式向大家提供地震科普知识宣传服务，以实现科普宣传受众的最大化，是信息量较全、科普性较强的防震减灾网络宣传平台。

活动方式
【团队讨论】根据教师给出的情境，讨论遇到地震时我们应该怎么做。 【模拟训练】通过教师普及的相关知识，小组同学进行避震动作的模拟，并内化为自己的“下意识”动作。 【角色扮演】小组同学分别扮演地震后会出现的人物，如伤者、被困者、救护人员、解放军等，重现当时的情境，并做出正确的反应。 【设计制作】设计并制作“当地震来临时”的宣传手册，到社区进行宣讲，将自己的所学分享给更多的人。
活动准备
【教师准备】编辑地震相关视频、设计地震相关知识的前测与后测调查问卷、向学校报备学生地震演习的方案并申请制作宣传手册的材料。 【学生准备】通过网上搜索、图书馆查资料等方式，初步了解地震相关知识。 【注意事项】设计制作宣传手册后，需要到社区进行宣讲，要注意与社区人员的沟通。
活动实施
一、创设情境 设计意图：到目前为止，地震仍然是个不可预测的重大性灾难，观看视频，直面这种刺激，会让学生明白对于这种重大性灾难必须有防灾意识和知识，否则一旦发生将是以生命为代价的，所以需要平时积极预防，做到以防万一。学生之前或多或少地了解过关于地震逃生的知识，激活已有知识的讨论，可以让学生得到口头上共享观念和交换看法的机会。 播放视频：中国是一个地震多发的国家。 教师提问：如果我们外出旅游、游学时遇到了地震，你会怎样做？怎样才能有效地保护好自己？ **二、普及新知** 设计意图：通过地震相关知识的普及，让学生掌握有关安全的知识，对他们提高自我保护能力是十分重要的，它关系到每个学生的安全和健康成长，更关系到每个家庭的幸福平安。教师应该本着“宁可有备无患，不可无备有患”的原则，提高自己的责任心和学生的危急意识。 (一)震前——防震准备 1. 制订防震计划。 2. 加固住房，加固睡床。 3. 把牢固的家具下腾空，以备地震时藏身。 4. 清理杂物，让门口、楼道通畅。 5. 把易燃易爆和有毒物品放在安全的地方。 6. 固定高大的家具，防止倾倒砸人。 7. 准备一个家庭防震包，放在便于取到的地方。 8. 进行防震演练。 (二)震中——避震 1. 在家。 2. 在学校。

3. 在公共场所。

4. 在户外。

黄金 12 秒：是跑是躲，瞬间抉择。

室内避震→“伏而待定”→就地躲避，利用三角空间，蹲或趴下，护住头部。

室外避震→尽量到开阔的空地，降低重心，护好头部。

(三)震后——自救与互救

1. 自救。

(1)学会处理外伤的基本方法。

(2)保护好呼吸系统，尽量减少体力消耗。

(3)要有顽强的毅力和强烈的求生意识。

2. 互救。

(1)先救近，后救远。

(2)先救易，后救难。

(3)先救轻伤员和青壮年、医务人员，以增加帮手壮大救助队伍。

(4)先救“生”，后救“人”。

(5)听仔细(注意倾听被困人员的呼喊、呻吟、敲击声)。

(6)要仔细确定被困人的位置，不要盲目乱挖、乱刨，以防止意外伤亡。

三、公益服务

设计意图：将学到的知识再宣传给他人，实际是一种固化知识、内化知识的方法，可以让学生更深刻地掌握地震逃生的相关问题。而且绝大多数公众尚不知道震前、震时自己应该做些什么才能对防震减灾做出贡献。因此，学生的卡片或手册就很好地承担了地震知识的普及与宣传工作。

设计制作：“当地震来临时”卡片或手册。

实效性评价

初中生的认知发展特点是不能维持长时间的关注，因此，本课以具体、直观的视频引入，再由学生分组完成指定任务，最后设计制作宣传手册到社区进行宣讲，既满足了学生认知发展的需求，又培养了他们解决防震、避震、自救、互救等实际问题的能力。

本课前测中，我们已经知道我校学生地震科普知识的调查结果为：优、良、中、差等级分别占 1%、5%、19%、75%。而经过地震相关知识的普及后，再次进行测试的调查结果为：优、良、中、差等级分别占 42%、47%、11%、0%。在地震逃生演习中，更是有 100%的学生参与其中，并做出了正确的逃生动作。

案例 4 防震教育

【案例推介】

本节课虽然选取防震教育这一自然灾害教育最普遍的主题，但是教师充分利用了公共安全馆的资源，材料丰富、直观，给学生真实的安全体验，说明教师收集素材、设计教学的能力较强。通过让学生观看4D电影，从视觉、听觉和触觉等多种感官中感受到地震来临时各种动物的异常行为，以及正确避震的应急措施，这些最真切的体验能够加强学生对地震的认识，从而提高防震意识。接着教师又设置了不同场景中的自救训练，检验了学生的学习效果，在真实的地震场景中，学生能够通过观察周围事物的晃动而迅速做出应急反应，采取正确的自我防护措施，加上专业人员的专业指导，这对培养学生在地震发生时的警觉性、应对突发事件的沉着心态以及防护技能训练有很大帮助。

<table>
<tr><th colspan="6">活动基本信息</th></tr>
<tr><td>课名</td><td colspan="5">防震教育</td></tr>
<tr><td>领域</td><td>综合实践</td><td>学段</td><td>初中</td><td>年级</td><td>八年级</td></tr>
<tr><td>设计者</td><td>单春红</td><td>单位</td><td colspan="3">北京市陈经纶中学劲松分校</td></tr>
<tr><th colspan="6">活动背景分析</th></tr>
<tr><td colspan="6">我们要加强防震教育，这关系到每位公民的生命和财产安全。现如今，大多数人尤其是青少年学生对地震的认识和感知通常是通过电视、广播等媒介了解到的，防震意识薄弱，缺乏地震应急知识、基本的逃生避险技能和科学应对措施。公共安全馆中的地震模拟平台，很好地展现了地震发生的情景，学生通过参观，看到地震发生所带来的危害，可以切身感受到面临地震的心理恐惧，进而达到主动学习地震相关知识并增强防震意识的目的。</td></tr>
<tr><th colspan="6">学生特点分析</th></tr>
<tr><td colspan="6">中小学生心理发展的一个重要特点是好奇心强、接受能力强，但并未具备完全行为能力。好奇心是青少年认识事物、探究事物、寻找问题根源的一种内驱力；如果引导正确，它会转变成一种积极的求知欲，会对学生的学习有很好的促进作用。多次震例表明，中小学生是易受地震伤害的弱势群体，主要原因是他们缺乏防震减灾常识，在地震面前惊慌失措，心理承受能力和自我防御能力不强，地震伤亡人员中有三分之二以上是中小学生。基于以上分析，适合通过实际的场景训练和真实的地震感受，加强学生对地震的认识，结合家居安全演习，强化知识运用，考查地震应急能力。</td></tr>
<tr><th colspan="6">安全教育目标</th></tr>
<tr><td colspan="6">【安全知识目标】了解地震给人类和城市带来的危害、有关地震的知识、在不同场所躲避和逃生的知识。
【行动技能目标】能够在模拟演练中运用冷静、躲避、转移等方法来保护自己，能够通过“大型”“坚固”等原则来识别安全点躲避危险。
【情感态度目标】培养地震发生的警觉性及应对突发事件的沉着心态。</td></tr>
<tr><th colspan="6">安全教育资源</th></tr>
<tr><td colspan="6">【学校资源】学校里所有窗户设有安全护栏，每个楼层设有安全出口的灯牌、应急灯、消防栓、应急箱以及警报器，楼道墙壁上设有安全疏散示意图，可以作为教学资源使用。</td></tr>
</table>

【社会资源】朝阳区公共安全馆是朝阳区内最大的公益性公共安全教育专项体验馆，同时也是教育部、公安部认定的国家级中小学消防安全教育社会实验基地。该馆由朝阳区委区政府投资建设，场馆面积2400平方米，地上面积600平方米，地下面积1800平方米。其主要功能为传播公共安全知识，提升公民的安全意识，最大限度地降低和减少各种灾害和突发公共安全事件所造成的损失。场馆遵循实用性与科学性、综合性与专题性、知识性与趣味性相结合的原则，设计了消防安全、卫生健康、生产安全、交通安全、人民防空、治安反恐、自然灾害共计七大主题展区。通过场景模拟、互动体验、新媒体技术和活动训练等新颖的展示方式，寓教于乐，以达到全面提升广大民众的公共安全意识的效果。因此教学中可以充分利用朝阳区公共安全馆的各种设施，给学生真实的安全体验。
活动方式
【场景体验】体验到不同震级带给人的不同感受，强化学生对震级的区分。 【模拟训练】将学生分布在教室、楼道、卫生间等不同的位置，在模拟的家居环境中，观察不同震级给家居设备带来的影响，同时做出避震的应急反应，模拟地震逃生演习。 【团队讨论】梳理学习地震应急知识。
活动准备
【教师准备】 1. 实地参观，了解场馆布局，结合教材设计预设活动内容。 2. 设计调查问卷，了解学生的元认知。 3. 分组设计：结合问卷调查结果，根据馆内设施，将学生分为4组，设计4个体验活动，分别是灾难虚拟书、地震体验、家居安全演习、灾难警示影院。 【学生准备】 课前登录公共安全馆的网站学习，了解地震防护的知识。 【注意事项】 教师与讲解人员沟通，在讲解过程中适当加入互动环节，让学生参与活动并交流感受。学生在参观时带好相机、笔和本子，以便随时记录。
活动实施
一、情境创设 播放汶川地震发生后的悲痛场景。 设计意图：从视频画面中感受地震给房屋、人身造成的损失和伤害，引发学生对地震灾害的认识，激发学习防震知识的欲望。 教师提问： (1)看完这段视频，你有什么想问的问题吗？ (2)你们知道地震发生时，我们应该如何保护自己吗？ 教师小结：我们不能阻挡地震的发生，但防震是减少伤害的有效措施，今天我们就来学习防震知识。

二、场馆实地考察学习

设计意图：结合自身需求有目的地进行参观学习，发挥自主学习的能力，提高学习效率。

（一）梳理学习内容

关于地震，你们还有哪些想知道的？小组讨论，将学习内容进行整理。

什么是地震？
地震逃生的最佳时间？
地震发生时，躲避在什么地方比较安全？
地震发生时，哪些行为是不可取的？

（二）活动流程框架

参观前的预备会 → 带领学生梳理学习内容，将不清楚或认识不到位的内容进行梳理。

实地参观 → 第一站：灾难虚拟书
学生在此区域能够自主学习自然灾害知识。

第二站：地震体验
在地震体验区，学生能够体验到不同震级带给人的不同感受，强化学生对震级的区分。

第三站：家居安全演习
此区域模拟了家居环境中不同地震等级给家居设备带来的影响，学生通过观察电视、吊灯、壁画摆动的现象，从而做出避震的应急反应。

第四站：灾难警示影院
学生在4D动感电影院里，充分体验地震、火灾、海啸等自然灾害来临时正确的应对方法和求生手段。

交流感受 → 参观后的感受：
深刻体会到了地震给人们带来的危害是严重的。

（三）地震模拟训练

1. 教师提问：前面我们知道了很多地震的相关知识，那么地震真正发生时我们应该如何保护自己呢？

2. 小组合作：请以小组为单位，抽取不同的场景任务，进行地震模拟自救训练和展示，同学们可以充分利用学到的防护知识来保护自己。

(1)学校避震。

地震发生后，若正在上课，同学们要在教师的指挥下迅速抱头、闭眼，躲在各自的课桌下，并用坐垫或衣服护住头部，决不能乱跑或跳楼，要有组织地撤离教室，到就近的开阔地带避震。

(2)家庭避震。(选择合适的避震空间)

室内较安全的避震空间：承重墙墙根、墙角、水管和暖气管道等处。

最不利避震的空间：没有支撑物的床上；吊顶、吊灯下；周围无支撑的地板上；玻璃(包括镜子)和大窗户旁。

(3)公共场所避震。

应选择结实的柜台、商品(如低矮家具)或柱子边，以及内墙角处就地蹲下，用手或其他东西护头，避开玻璃门窗和玻璃橱窗，也可在通道中蹲下，等待地震平息，有秩序地撤离出去。

(4)户外避震。

迅速离开各种高大的危险物，就地选择开阔地避震，蹲下或趴下，不要随便返回室内，避开过街天桥、立交桥上下、高烟囱、水塔、电线杆、路灯等。

3. 专业指导：经过了一段时间的训练，同学们的表现越来越好。接下来有请公共安全馆中的专业人员对我们刚才的训练进行指导。

避震原则

(1)不要惊慌：在大地震来临时，要保持镇静，避免惊慌，要克服“惊呆”和“惊逃”两种不良反应。地震时严重伤亡的众多事例，大多是慌忙向外奔跑所致。

(2)伏而待定：要保持镇静，迅速躲到附近最安全的地方(大型、坚固物体的旁边)，躲避时尽量将身体蜷曲缩小，卧倒或蹲下，用手或其他物件护住头部，一只手捂口鼻，另一只手抓住一个固定的物品。

(3)定后转移：在主震之后相对平静的一段时间内，迅速离开藏身之处，转移到更安全的地方。

三、活动总结

设计意图：引导学生对学习内容进行梳理，反思自己的收获和不足，为后续学习厘清思路。

教师提问：谁能谈一谈你对本次学习活动的收获和体会。

学生汇报：之前在观看4D电影时，我明显感觉到人类在灾难面前是多么软弱，所以我们不光要丰富地震防护知识，更要增强自我保护的能力。经过今天的地震防护训练，我知道了地震来临时应该沉着冷静，并迅速躲避到安全的地方，如大型、坚固的物体旁边，要保护好头部和颈部，这些对于我们来说都非常实用。今天回家我要做一个“防灾袋”。

教师总结：通过今天这节课的学习，同学们知道了很多防震知识和在不同场景下的避震措施，都有了自我保护的能力，希望同学们能够牢记知识，平时加强避震逃生练习。把防震知识分享给身边的亲人和朋友，提高地震警觉性和避震能力，减少地震伤害。

实效性评价

本次教学借助公共安全馆中丰富的资源，如灾难虚拟书、地震体验、防护训练等资源充分调动了学生的好奇心和学习自主性，知道了地震给人类和城市带来的巨大危害以及有关地震的知识。通过在不同场景中的自救训练，学生能够正确识别安全的躲避位置，并做出自我防护的行为措施，经过训练后的专业指导，纠正了学生因恐慌而发生的大声吼叫现象，让学生明白了在地震发生时要保存好精力和体力，等待时机进行转移。通过反复训练，学生面对地震的心态逐渐变得沉着、冷静，对地震的警觉性也越来越强，同时在模拟训练中，学生真切地感受到地震带来的危害和自己内心的恐惧，进而增强了防震意识。

第三部分 写在后面

一、在“自然灾害教育”上，我们的挑战是什么?

自然灾害教育虽然近些年在我国受到重视，但是很多学校防灾安全教育内容单一，以防震、火灾为主，对其他方面如爆炸、泥石流、台风、海啸等涉及较少。防灾安全教育内容不够全面，没有涵盖各种危险情况，学生接触到的防灾知识还是很有限的。另外，长期以来学校教育侧重文化知识的传输，对于灾害意识的培养却几乎很少涉及，学生的防灾意识较薄弱。从新闻报道中不难看出，学生在灾难来临时，根本没有意识到自身处于危险之中，缺乏危机意识，无自救觉悟是造成悲剧的重要原因。

近年来各种灾害造成的惨痛教训值得重视及反思，灾害教育不是单纯地只包括当灾害来临时，如何将灾害现场的受害情况减小的防灾教育，而是关乎个人的内在成长，不仅包括逃生能力，还包括防灾意识能力、预警能力、灾后自救能力、心理疏导能力等，主要解决的是如何使个人能够具有度过灾害的能力。培养灾害意识、面对灾难时的自信心与冷静的判断能力，与掌握求生技能同等重要。因此，建议学校拓宽自然灾害教育的内容，加强灾害意识训练，教师要针对不同年龄段的学生群体设计自然灾害教育方案，把灾害教育做深做实。

二、在“自然灾害教育”上，我们的目标是什么?

一是要构建学校、家庭、社会合作伙伴式的自然灾害教育模式。

我国学校的安全教育大多存在着由学校独自完成的教育形式，虽然学校的该项工作能得到学生、家长的支持，也能得到社会各方面的配合，但在教育过程中却是各管各的事，说起来大家都重视，但行动起来缺少协调和合作，效果不显著。因此，要切实加强中小学生安全教育，及时普及灾害(事故)防范的知识，强化师生避险、自救的意识，提高师生自我防范和避险的能力，既需要学校、社会和家庭密切关注，又要构建以学校教育为核心，以家庭和社会为合作伙伴的自然灾害教育模式。

自然灾害教育需要与家庭教育安全整合。学校安全教育需要家庭教育的有效配合，考虑到许多安全知识不仅反映在校园里，日常的防火、地震保健以及避灾等方面的知识都涉及家庭教育。学校与家庭在安全教育上的整合，增进学生的安全知识，提高学生对安全知识的实际运用能力，是学校和学生家长的共同责任，这样做还有利于培养学生的家庭责任感。

自然灾害教育需要与社会安全教育配合。安全教育还需要社会各方面的支持与配合，尤其需得到消防、交通、公安、卫生防疫等部门的专业知识和行为规范的指导，有计划地进行有关法律、法规的教育，在法制法规教育层面上掌握安全知识，指导专业演练，构成安全教育的良好社会氛围。

学校、家庭、社会合作伙伴实施安全教育，能改变过去单一地以学校进行安全教育的做法，突出以学校为核心，与家庭安全教育相结合，与社会各方面进行全面协调与配合，把封闭型教育转变为开放型教育，把单一传授安全知识转变为在认知基础上的行为训练教育；形成学校、家庭、社会合作型教育。因此，可以这样认为，学校、家庭、社会安全教育合作伙伴的形成，其本身就是安全教育工作组织形式的创新。

二是要拓宽学校、家庭、社会安全教育合作伙伴的工作路径。

学校、家庭、社会安全教育合作伙伴是一项系统工程，它涉及面较广，体现了学校安全教育组织形式的完整性，内容的系统性和广泛性。在实施这一系统工程的过程中主要分两条路径：第一，在校长室统一领导下，由校教务处、德育处、少先队、团委等多方勾画整体方案，由年级组和相关学科教研组具体分工落实到每一位班主任和相关的任课老师；第二，发挥学校教育作用，在家庭、社会各个方面的配合下，由公安、消防、交警、卫生防疫等部门和社区居委会形成合力，做好相关的宣传，有针对性地组织专业技能的培训和指导工作，让学生学习安全知识和避险自护自救能力，并进行有关的法律法规教育。

在工作原则上，明确工作的流程与职责。安全教育合作伙伴的工作原则是：第一，营造协作氛围。要充分认识安全教育合作伙伴的优势资源，就安全教育的使命、前景和价值观达成相互共识，建立正式、非正式的开放式沟通渠道，构成行之有效的合作伙伴。在此框架下，开展一系列有效的安全教育活动。第二，明确合作目标。安全教育工作流程、方案和活动要始终环绕合作的理想和目标，建立监控和评估机制，不断调整合作思路，做好各阶段教育规划。第三，促进持续发展。在不断巩固现有教育成果，积极开发新的教育资源，判断合作的发展趋势下，制订中长期教育方案，使合作能够更好地促进安全教育的实现。在遵循合作原则的基础上应明确安全教育合作伙伴的工作流程及职责。

在合作流程上，学校安全教育领导小组分析本校安全教育的目标和任务，与合作方进行沟通、联系，成立合作团队，构成良好的合作氛围，使各合作方树立共同的安全教育价值观和使命感。之后，围绕合作目标制订详细可行的合作计划，合理配置教育资源。同时，要明确学校、家庭、社会各自的职责。学校作为合作伙伴的核心，应将安全教育各项工作的开展均与“合作伙伴”具体讨论和构成工作计划，并纳入学校的工作计划中，由学校分步骤实施，保证教育各项内容和行为训练得到有效保证。家庭要积极配合学校安全教育各项任务的落实，每位家长应承担安全知识传播者、安全行为指导者以及安全行为实施监督者的职责，努力做到言传身教。社会主要涉及交警、消防、公安、卫生防疫等部门。交警部门在法律法规层面上有计划地进行交通安全知识宣传工作；公安部门负责校园周边的综合治理；消防部门有计划地进行消防知识的宣传工作，并对灭火基本知识和技能及训练进行现场指导；卫生防疫部门有计划地讲授防疫卫生系统知识，并对意外伤害时的自救自护进行实践行为指导。

学校、家庭、社会安全教育合作伙伴在安全教育内容上要注重创新，既注重安全教育内容的广泛性，又注重教育内容与实际技能操作的密切结合，不断增强安全教育的有效性。同时在整个合作过程中要及时地进行评估和反思，调整合作思路，适应不断变化的形势，进一步巩固合作成果。

三是要探索合作伙伴框架下学校安全教育的主要实施途径。

安全教育涉及学校工作的方方面面，体现在学校所有的教育教学活动中，充分发挥学科教学、专题教育和学生综合实践活动等载体作用。在合作伙伴的框架下具体实施安全教育，应充分考虑学校教育的本体，一般从以下几个方面来落实：第一，学科教学。要充分发挥思品、社会与历史、科学、体育和健身等学科教学实践，安排与渗透安全教育的各项内容，分层次、分阶段、适时、适量、适度地对学生进行生动活泼的安全教育，以达到教育的各项目标。第二，专题教育。通过青春期教育、心理健康教育、消防、交通、饮食卫生和避灾自护知识等专题教育，让学生多方位了解、掌握各种安全知识，提高遇险自救的能力。第三，通过班会、团队的主题活动和社会实践活动，把安全教育渗透到活动过程中，做到潜移默化。第四，通过网络和信息平台开展以安全教育为主题的电脑板报设计制作活动，让学生既获得安全知识，又在设计制作过程中巩固有关安全知识，以及扩大安全知识的宣传效果。第五，在社会有关部门与专业人员的指导下，学校每学期进行正常性和系统性的避险逃生演练，提高学生的避险自护能力。

促进安全教育，有利于以学校教育为核心，有机结合家庭和社会的教育力量和教育资源，构成合力，全方位抓好学生的安全教育，使安全教育进一步规范化、系统化和制度化。让安全教育真正落到实处，以达到保证青少年健康成长的目的。

第六节 其他事件篇①

第一部分 写在前面

问题 1：在学校开展“其他事件教育”的重要性是什么？

除了以上五个领域的安全教育，在学校公共安全领域的其他事件，如学生

① 本部分主要作者：岳红伟，博士，中国科学院附属实验学校教师。

良好人际关系的建立，面对语言暴力和肢体暴力时具有的潜在保护意识和能力，能够良好地处理人际冲突、校园暴力冲突、道德冲突等问题在学校教育中也不能忽视。学生良好的人际关系对其健康成长具有重要的促进作用。每一名学生都应掌握建立良好人际关系的基本原则和方法，努力建立适应社会需要和个性发展的人际关系。

人际关系是人们在各种具体的社会领域中，通过人与人之间的交往建立起心理上的联系，它反映在群体活动中，人们相互之间的情感距离和相互吸引与排拒的心理状态。它主要体现在群体之中，不仅影响着群体成员的心理状态，而且直接关系到群体行为的绩效。马克思曾精辟地指出："人的本质并不是个人所固有的抽象物。在其现实性上，它是一切社会关系的总和。"事实正是这样，凡是有人群的地方，就有人际关系。我们每个人都处在多维的、双向的、错综复杂的人际关系网络中。可以说处理、协调人际关系是每个人都要遇到的、不可回避的事情。和谐、友好、积极、亲密的人际关系都属于良好的人际关系，对于学生的生活和学习是有益的；相反，不和谐、紧张、消极、敌对的人际关系则是不良的人际关系，对学生的生活和学习是有害的。良好的人际关系是少年儿童心理正常发展，个性保持健康和生活具有幸福感的重要条件之一。

近年来，我国经济社会迅速发展，各方面都取得了瞩目的成就，但是与学生身心密切相关的一些其他事件，如校园同伴冲突、人际关系、安全道德观念等事件却层出不穷，这严重影响着校园未来的发展。① 其中校园同伴冲突中语言暴力出现的频率远比肢体暴力高，而语言是人类交流沟通的纽带，是叩问心灵的钥匙，语言暴力造成的心理伤害是难以磨灭的，尤其是对于正处在发育成长阶段的未成年人，这使得我们不得不重视校园中的语言暴力现象。本部分将校园中重要的几种其他事件分类并探究其成因，提出相应的对策，以期为保护未成年人、为校园安全出一份力。

问题2："其他事件教育"主题下教学设计的重要选题有哪些？

其他事件教育涉及的范围很广，在这里我们的焦点聚集到学生与学生之间的人际关系上，根据中小学生目前的身心发展情况，我们将其他事件归类如下。

(一)认识校园暴力

让学生以小组为单位收集关于校园欺凌的案例并进行加工，如制作小视频、PPT、画报、改编成故事，让学生以小组为单位，用情景短剧的方式，反映校园暴力的危害及应对策略。教师点评并提供相关的知识点。

---

① 崔晓玉：《关于校园语言暴力现象的研究》，载《内蒙古教育》(科研版)，2017(5)。

学生通过本课的学习知道校园暴力是指发生在学校校园内、学生上学或放学途中、学校的教育活动中，由教师、同学或校外人员，蓄意滥用语言、躯体力量、网络、器械等，针对师生的生理、心理、名誉、权利、财产等实施的达到某种程度的侵害行为，都算作校园暴力。校园暴力分语言暴力、肢体暴力、关系暴力和网络暴力。通过一系列正确回应，要勇于对校园暴力说“不”，获得友谊、朋友、和平的正确交友观念。

(二)校园暴力问题研究

校园暴力严重影响了学生身心健康的发展和学校日常教育活动的开展，已经成了社会广泛关注的热点问题。

广义的校园暴力概念，包括校园暴力、校园欺负、校园欺凌、校园霸凌、校园冷暴力、校园软暴力、校园精神暴力等。目前国内关于校园暴力的研究成果不断增多，研究的主题涉及校园暴力的概念、特点、成因、预防措施等。根据汪敏先生在《我国校园暴力研究述评——基于 1990－2015 年“中国知网”的统计分析》一文中的统计数据，以 5 年区间的文献数量为单位进行比较，可以发现，1990－2000 年的文献数量呈缓慢递增趋势，2001－2015 年呈急速增长趋势。从研究内容看，研究视角更加广泛，尤以从法理学、社会学和心理学及多学科交叉视角的研究成果居多。

(三)对校园语言暴力现象的教育

从古代私塾到现代公立学校，从圣人贤君“养民教民”到现在的义务教育，教育一直是国家处理问题的重中之重。作为教育的场所，校园几乎成了狭义教育的代名词。在人们的潜意识里，校园是孩子们的乐园，是社会中的一片净土。随着网络上不断流传出的校园暴力视频，人们开始重新审视“校园”这个词，开始关注校园暴力。不同领域的学者也都积极探索校园暴力的成因并寻求解决方案。一部分学者从社会语言学角度看到了还未受到关注的校园暴力的重要组成部分——语言暴力。

建议让同学们将自己亲身经历的语言暴力进行分类，研究校园语言暴力出现的原因，通过采样或者数据的形式将结果进行直观展示。本部分还可以图片展示的形式通过学生的情感描述感受语言暴力对其造成的不可挽回的伤害。按照语言暴力的形式，校园中的语言暴力可以分为言语性语言暴力和身体性语言暴力两大类。言语性语言暴力中包括书写文字和口头伤害；身体性语言暴力则可以分为目光接触、面部表情、手势姿势、空间距离等。按照语言暴力的施受双方，校园中的语言暴力主要产生在师生之间和生生之间。

校园暴力中的语言暴力对青少年的影响是巨大的，轻则使他们心灵受创，看待问题偏激；重则使他们性格扭曲，长大后对社会造成危害。对青少年的教育是国家发展的重中之重，而校园中的语言暴力是青少年健康成长的重大阻碍之一。探究校园语言暴力的成因并提出防治校园语言暴力的对策是本部分的内容，保护青少年免受语言暴力伤害是本部分的主旨。将语言暴力赶出校园是社会上每位成员的责任，也是整个社会刻不容缓的工作。

问题3：如何做好“其他事件教育”主题下的教学设计？

其他事件教育更加侧重于学生良好人际关系的建立，面对语言暴力和肢体暴力时具有的潜在保护意识和能力，它强调人与人之间的微妙关系受多种因素的影响。对此部分的教育，建议如下。

（一）其他事件教育的教学目标

通过参与本教学的活动和学习，学会理解其他事件教育中比较有代表意义的如校园暴力的含义、表现形式、基本种类，能知道常见校园暴力的原因及危害，掌握并领会预防和应对校园暴力的实用方法，学会与校园内外人群的相处之道，构建尊重、平等、友好的校园环境。

（二）其他事件教育的教学内容

在教学内容上可以有正面教材呈现，也可以有反面教材呈现，最主要的就是把课堂还给学生，根据日常生活中的具体事例自然地引出一些概念，辨析生活中的正确做法。如在处理以下问题时，正确的态度：(1)受暴者在面对和解决冲突的过程中，是选择被动容忍等待还是主动积极寻求解决？(2)如何教会受害者及时适当地说“不”，如何帮助双方的心理成长，尊重人性、化解仇恨，在人生的道路上学会与不同的人相处。我不喜欢你这样做，这是不对的，你得停下来。如何挺胸站立，如何与对方进行强有力的目光接触，如何瞪着欺负自己的人，然后走开等。同学们通过真实案例分析，可以有效地把知识应用到生活实际中去。

（三）其他事件教育的教学方式

本主题的教学就是应该结合教学实际，积极调动各种教学手段，利用声音、表演等多种方式激发学生的参与度，提高他们学习的兴趣。本单元的主题可以设计成班会形式，但主题班会需要学生更多、更长时间的事前准备。其他单元可以考虑结合生理卫生课、思想品德课等灵活开展。

本主题的教学在一些具体事例下引出，可以采用学生们在参与中学到知识、增强意识的教学方式。可通过以下两点来具体实现：其一，在本单元目标基础上，还可以重点解决本班同学的一些实际问题，突出针对性和实际作用，如结合本班实际，在渗透理念和知识的同时，处理本班同学中的矛盾和欺凌问题，帮助欺凌的双方正视问题、友好和解。其二，发挥学生的参与和主动性，在前期准备、案例分析、活动设计等环节，放权给学生，充分体现青少年群体的活力和创造力。

第二部分 案例设计

案例 1 课间休息守规则

【案例推介】

课间休息是一段很重要的时间，虽然仅仅 10 分钟，但是同学们利用这段时间不仅要整理好课桌，还要准备好下节课上课需要的学习用品，然后喝点水或者去上厕所，最后还可以和小伙伴们玩会小游戏。通过本节课的学习，同学们都明白了课间要遵守的规则，利用课间做一些文明的活动，让课间时间变得健康而有益。

本节课积极利用各种手段，让同学们通过讨论、图片、视频等手段更加形象、具体地让学生初步认识课间活动的原则与秩序，懂得玩些什么，怎样玩才玩得开心、动得愉快，使学生通过有益的课间活动既可以消除大脑的疲劳，又可以增进身心健康；既可以提高交往能力，又可以增进友谊和情感。

<table>
<tr><th colspan="6">活动基本信息</th></tr>
<tr><td>课名</td><td colspan="5">课间休息守规则</td></tr>
<tr><td>领域</td><td>综合实践</td><td>学段</td><td>小学</td><td>年级</td><td>一年级</td></tr>
<tr><td>设计者</td><td>张贵金</td><td>单位</td><td colspan="3">北京市垂杨柳中心小学劲松分校</td></tr>
<tr><th colspan="6">活动背景分析</th></tr>
<tr><td colspan="6">规则是指规定出来供大家共同遵守的制度或章程。社会有社会的规则，学校也有学校的规则，但是有的学生不喜欢受到规则的约束，有的同学随意破坏规则并且不愿意承担责任，这对一个人的成长是很不利的。遵守规则对养成良好的行为习惯尤其重要。
一年级学生刚刚入学，对课间如何文明地休息了解不是很多，所以课间经常会出现追跑打闹、大声喧哗等现象，只有少部分学生能文明休息。从小培养孩子的规则意识会对今后的法制教育打下一个良好的基础。因此，根据他们的实际情况，我制定了本节课的教学内容。</td></tr>
<tr><th colspan="6">学生特点分析</th></tr>
<tr><td colspan="6">一年级学生的年龄在 7 岁左右，爱动、爱说、爱笑，对于学校生活充满了渴望，对于学校班级的各项纪律、规定已有了一定的了解，但自我约束能力太差，良好的学习习惯处于初步形成期，他们自我保护意识不够强，课间经常会出现追跑打闹、大声喧哗等现象，对课间休息要遵守的各项规则需要进一步了解。</td></tr>
</table>

安全教育目标
【安全知识目标】知道什么是规则。课间休息要遵守哪些规则。能做到课间休息注意安全、有秩序、守规则。 【行动技能目标】通过小组讨论、场景体验，学习课间休息时可以做的游戏，并能够在情境模仿中掌握课间休息时要遵守的规则。 【情感态度目标】增强学生课间休息时的安全意识，培养学生养成良好的行为规范。
安全教育资源
【学校资源】充分利用课间休息时学生在教室里、楼道里和操场上出现的安全隐患和遵守规则的行为进行对比分析，加深对规则的认识。 【社会资源】针对社会上出现的校园安全事故进行有针对性的收集和整理，在教学过程中进行举例和分析。
活动方式
1. 场景体验。 翻绳游戏、影子游戏、抛杏核的游戏。 通过教师和同学们的展示，让学生们了解课间休息时在教室里可以做很多有意义的小游戏，丰富课间生活，从而避免学生在课间休息时出现危险，不能得到充分的放松和休息。 2. 模拟训练：擦黑板。 擦黑板是同学们课间都会做的一件事情，通过让学生观察并模拟训练，让他们认识到擦黑板时也要遵守一定的规则，这样才能把事情做好，而且不会发生危险。 3. 团队讨论。 (1)教室里，同学们做游戏为什么玩得这么好？ 擦黑板时两位同学是怎么做的？如果不按照规则会发生什么危险？ (2)楼道里，饮水机前接水的同学和去厕所的同学是怎么做的？他们哪些地方值得我们学习？如果不排队会发生什么？楼道里为什么不能打闹？ (3)操场上，我们排队去操场的时候要注意遵守哪些规则？ 我们在操场上做游戏的时候要注意些什么？ 通过观察学生在不同场所的表现，引导学生认识到无论是在室内还是在室外都要遵守规则，这样才能最大可能地保证每个学生的安全，相反，就会出现一些安全事故。 4. 案例分析。 校园踩踏事件、在楼道和教室里打闹，某校学生私自翻栏杆，把腿摔骨折。同学们通过分析案例，认识到课间休息时，无论在教室里、楼道里，还是在操场上都要遵守规则，听从指挥，有序活动，这样才能保证自己和他人的安全，否则就会出现相撞、挤压等危险。

活动准备

【教师准备】

1. 观察校园里发生的安全隐患，结合学生实际设计活动内容。
2. 设计调查问卷，了解学生的元认知。
3. 创编儿歌、制作课件。

【学生准备】了解和学习一些影子游戏和翻绳游戏。

【注意事项】教师举例时要注意保护学生的隐私。

活动实施

一、情境导入

设计意图：从学生每天都经历的课间活动入手，通过对比，让学生发现课间休息时哪些事情是可以做的，哪些事情是不能做的，了解课间休息的意义。

（一）教师提问

同学们，看到下面的画面，你们觉得他们做得对吗？（出示图片）

（二）小组合作

课间休息时学生可以做什么呢？请学生根据自己的想法或平时的做法选择相应的图片。

（　　）

（　　）

（　　）

（　　）

（　　）

（三）教师小结

学校安排学生在两节课之间休息10分钟是想让同学们休息一下，去厕所、喝水，准备下节课的用品，也可以适当地开展一些有益的活动，换换脑筋，放松一下眼睛，以便下一节课能精神饱满地学习。

二、活动实施

（一）案例呈现，了解什么是规则

教师提问：

1. 你们看，课间休息的时候这些学生在做什么呢？认真观察，这些学生做得怎么样？

2. 这些学生在排队接水，我们就把这种做事情认真排队叫遵守规则。那什么是规则呢？（学生研讨并总结）

教师讲解：规则就是每个人都应该共同做到的，我们每位同学要共同遵守的行为。在《中小学生守则》中就有许多规则，第4条中就写道：明礼守法讲美德，遵守国法校纪，自觉礼让排队。第8条写到红灯停绿灯行等。这些既有校内要遵守的规则，也有校外要遵守的规则。今天这节班会课我们就来一起看一看作为一名学生，在校内课间休息的时候要遵守哪些规则。

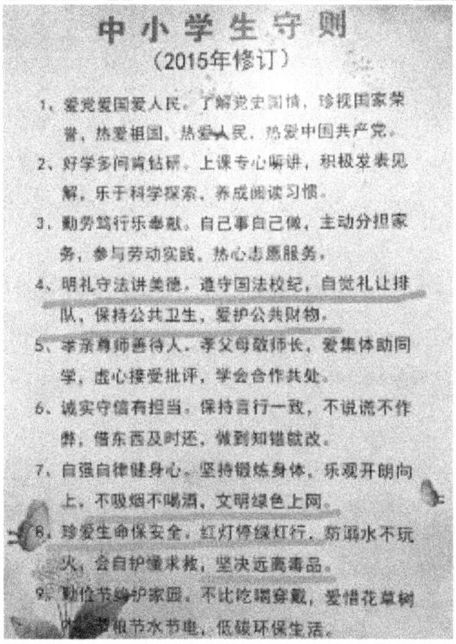
中小学生守则
（2015年修订）
1、爱党爱国爱人民。了解党史国情，珍视国家荣誉，热爱祖国，热爱人民，热爱中国共产党。
2、好学多问肯钻研。上课专心听讲，积极发表见解，乐于科学探索，养成阅读习惯。
3、勤劳笃行乐奉献。自己事自己做，主动分担家务，参与劳动实践，热心志愿服务。
4、明礼守法讲美德。遵守国法校纪，自觉礼让排队，保持公共卫生，爱护公共财物。
5、孝亲尊师善待人。孝父母敬师长，爱集体助同学，虚心接受批评，学会合作共处。
6、诚实守信有担当。保持言行一致，不说谎不作弊，借东西及时还，做到知错就改。
7、自强自律健身心。坚持锻炼身体，乐观开朗向上，不吸烟不喝酒，文明绿色上网。
8、珍爱生命保安全。红灯停绿灯行，防溺水不玩火，会自护懂求救，坚决远离毒品。
9、勤俭节约护家园。不比吃喝穿戴，爱惜花草树木，节粮节水节电，低碳环保生活。

（二）明辨是非，知道课间遵守哪些规则

1. 教室里。

设计意图：通过讨论，情境体验，让学生认识到课间休息时在教室里要做到礼让、轻声，这样才能友好相处，不吵不闹。相反，如果不能遵守室内的规则，就会出现危险。同时让学生把学校中学到的室内活动规则意识引申到校外，做到知行合一。

教师提问：大家知道课间休息时，我们在教室里应该遵守哪些规则呢？

情景体验：同学们看看咱们班同学课间在做什么？

小组讨论：观察这些同学，他们在教室里正在做什么？他们是怎么做的？这些同学为什么玩得这么好？

教师小结：这些同学两个人一组，别的同学观战，这一组玩了一局就换下一组，他们不争吵，互相礼让。（板书“礼让”）

情境展现：请两位同学来擦黑板，观察他们是怎么做的？

教师提问：如果这些同学不按照规则做，会怎么样？会发生什么危险？（学生讨论后，板书“安全”）

教师小结：教室空间比较小，除了要注意礼让、安全这些规则以外，我们还要做到轻声，不能影响别人。（板书“轻声”）

延伸拓展：想一想，我们在教室里可以轻声做哪些小游戏呢？高年级的同学非常有经验，我们看看他们在做什么呢？（播放视频）

跳棋　翻绳　影子　游戏　石头剪刀布　拍手游戏　折纸　猜谜语……

场景体验：你会做这些游戏吗？我们一起来玩一玩吧！

同学和老师一起玩翻绳游戏、影子游戏、拍手游戏……

2. 楼道里。

设计意图：学生通过观看图片和视频，认识到课间休息在楼道里也要遵守规则、有序活动，这样才能保证自己和他人的安全，否则就会出现相撞、挤压等危险。如果遇到这种情况，他们就能主动进行劝说和阻止。

小组讨论1：观察这些同学在楼道里做什么呢？这些在饮水机前接水的同学和去厕所的同学是怎么做的？他们哪些地方值得我们学习？

教师小结：同学排好队，按顺序，一个一个地接水喝，一个一个地去厕所。（板书“有序”）

教师提问：如果不排队会发生什么呢？大家都知道在楼道里要靠右走，上下楼梯也要靠右走，那为什么要靠右走？（引导学生关注危险事件）

观看视频：观看校园踩踏事件视频。

教师讲解：发生校园踩踏事件的一个主要原因就是逆行。在拥挤的通行人群中逆行是高度危险的行为。在狭窄的楼梯上，一部分学生上行，另一部分学生则下行，当通行人数众多，上、下行人群互相干扰、阻碍时，很容易导致学生恐慌和互相推挤，进而引发踩踏事件。走路时要顺着人流走，靠右走，切不可逆着人流前进，否则，很容易被人流推倒。

行为判断：说一说他们做得对吗？

（出示楼道里追跑的视频）

小组讨论2：他们做得对吗？楼道里为什么不能打闹？

教师小结：刚才我们讨论了，课间休息的时候我们要去楼道里接水、去厕所、上下楼梯等。如果我们遵守规则，课间休息就会非常有序，而且很安全。相反，如果我们不遵守规则，就会休息不好，甚至出现一些危险，希望我们每个人都能遵守规则。

3. 操场上。

设计意图：通过观看图片和教师举例，学生能认识到在操场上进行课间活动要做到守秩序、听指挥。

教师提问：操场上真热闹！大家看同学们有的在玩青蛙跳，有的在玩老鹰捉小鸡。

课间休息的时候，我们也会到操场上活动，请看图来概括我们在操场活动时要注意遵守哪些规则？

教师小结：在课间活动时，同学们按照教师指定的区域在操场上活动，都很守秩序、守规则，所以他们玩得很高兴。

案例分析：大家看了这个事例，想一想，课间休息时我们在操场上还要遵守什么规则？

某校学生在一次体育课上学习跳跳箱，老师在课前已经把跳箱摆放好了，同学们提前来到操场上，这时两个同学看见了，说："这有什么难的，咱们比比看，谁跳得高！"说完，两个同学在没有经过老师同意的情况下就去跳了。一不小心，腿被跳箱磕到了，直接摔倒在地，把腿摔骨折了。其他同学连忙找老师把他送到医院……

教师小结：在操场上运动时要按老师的要求做，不能随便动体育器材。(板书"听指挥")

三、总结提升

设计意图：同学们了解了课间休息时在教室里、楼道里和操场上活动要遵守的规则，为了便于学生掌握，教师设计了一首儿歌，并且通过总结进行巩固和提升。

平安歌谣：同学们对课间休息应该怎样活动一定有了正确的认识，希望大家都能守规则，休息好。就像儿歌中说的一样，请大家一起读一读这首儿歌。

课间休息欢乐多， 遵守规则要牢记。 教室休息要轻声， 注意礼让才安全。 楼道活动要有序， 不追不跑休息好。 操场活动最有趣， 遵守秩序听指挥。 大家课间会休息， 上课专心效果好。 教师小结：今天我们一起探讨了课间休息时要遵守哪些规则，相信通过今天的学习，你们一定知道了如何才能度过一个文明、安全、健康、快乐的课间 10 分钟。希望你们能尽情享受愉快的课间 10 分钟，让校园充满你们的欢声笑语。同时希望同学们走向社会时也能做一个守纪守法的公民，只有每一位公民讲文明、守规则，我们的社会才会更加和谐，更加美丽。
实效性评价
本节班会活动课目的是让学生知道课间休息要遵守哪些规则，能做到课间休息注意安全、有秩序、守规则，逐步形成规则意识，为今后法治教育奠定基础。95％的学生在课上都能积极参与，在一个个情境活动中意识到遵守规则的重要性，并且通过观察、辨析、模仿等活动了解课间要遵守哪些规则，教学效果较好。

案例 2　友爱同学，解决生活中的小矛盾

【案例推介】

在本课教学中，教师采用了将真实的案例引入课堂研讨、角色扮演引发思辨等多种有效的教学方式，通过不同的活动环节，启发学生思维的不断深入，从而增强学生的法治思维能力。本节课利用小组合作学习方式，让学生共同在活动中探究，在探究中发现和解决问题，使学生真正参与到课堂之中，真正成为课堂的主人，从而提高法治教育的实效性。通过本节课的教学，学生们初步树立了法治意识，知道了作为公民要学法、知法、守法，同时，在同学之间发生矛盾时，不恐惧、不逃避，要运用智慧解决，增强了与人交往的能力。不少学生课后都主动选择适合自己的方式化解与同学间的矛盾，增强了集体的凝聚力，使班级氛围更加和谐。

活动基本信息

课名	友爱同学，解决生活中的小矛盾				
领域	综合实践	学段	小学	年级	三年级
设计者	李玲	单位	北京第一师范学校附属小学		

活动背景分析

近些年校园里因为不能很好地处理同学之间的矛盾而引发的校园欺凌及校园伤害案件频有发生，这也给我们的教育敲响了警钟，要从小树立孩子的法律意识，提高交往合作的能力，为成为社会合格公民奠定基础。学校是集体场所，青少年活泼好动，性格各异，在家父母关爱照顾比较多，在学校，大家一起学习，一起生活，产生小矛盾在所难免。我们有必要将容易产生的情况，全面地让学生有所了解，这样会起到防患于未然的作用。

学生特点分析

三年级的学生普遍有着良好的人际互动愿望，但在交往技能方面存在着一定的差异。我所任教的三(8)班也不例外，他们在家庭中都有着“小公主”“小皇帝”般的待遇，是全家人捧在手心里的宝。不少学生步入校园后，不知如何与他人交往，造成在与其他同学交往的过程中频繁出现矛盾却不知如何解决，这样的情形带给他们很多困扰。

为了使教学更具针对性，课前我对学生的交往现状进行了调查，调查结果显示：

1. 你觉得“同学”在你的生活中重要吗？

有99.3%的学生认为“同学”在生活中非常重要。

2. 是否与其他学生发生过矛盾？

有99.6%的学生与其他学生发生过矛盾。

3. 与其他学生发生矛盾时，是否会影响你的心情？

有99.6%的学生与其他学生发生矛盾时会影响心情。

4. 你了解与人交往的基本方法吗？

有71.8%的学生不了解与人交往的基本方法。

通过分析数据，我们发现：

1. 大部分学生都很重视同学间的交往情况。
2. 绝大部分学生都与同学发生过矛盾，而且直接影响了心情。
3. 大部分学生不清楚与人交往的方法。

根据学情，我们要指导学生学会关心、帮助、尊重、理解同学，并学习一些与同学友好交往的方法。

课前我还建议学生进行实践活动：回忆与同学发生矛盾时，自己印象最深的一件事是什么，并投入“知心姐姐的信箱”。

安全教育目标

【安全知识目标】知道与人相处的基本规范和礼仪知识，知道改善同学关系的技巧知识。

【行动技能目标】初步掌握一些处理同学之间矛盾的方法，提高学生保护自己、保护他人的能力。

【情感态度目标】学会懂得与人相处要学习宽容和谅解，在友爱中成长。

安全教育资源

【社会资源】学生之间的矛盾预防和处理，需要学校和家长共同参与，取得家长的支持，效果会更有效。

【学校资源】楼道环境创设、班级环境创设。

活动方式

【案例讨论】选取学校熟悉的场景和身边真实的案例，探讨在这种情境下，容易出现的冲突。

【角色扮演】通过角色扮演引导学生学习换位思考，提高安全教育的实效性。

【小组合作】利用小组合作学习方式，让学生共同在活动中探究，在探究中发现和解决问题，使学生真正参与到课堂之中，真正成为课堂的主人。

活动准备

【教师准备】提前收集有关资料，设计“分享卡”“问题卡”“智慧卡”。

【学生准备】按自愿的原则，进行分组，选出组长。请学生把生活中遇到的有关同伴交往的问题写在卡片上，并投入“知心姐姐的信箱”。

【注意事项】为了让大家都有发言的机会，每组选取1～2个最突出的问题进行交流。

活动实施

一、关注热点，揭示主题

设计意图：在一静一动、一美一丑的对比中，学生们意识到在校园中，正确处理同学间的关系非常重要。如果不能很好地处理同学关系，实际上是缺乏自我保护的意识，以及缺乏与人交往的能力。

出示图片及相关案例：校园，本该是一方净土，文明的殿堂。然而，近年来，在校园内，因为不能正确处理同学间的矛盾，而产生的恶性案件频发，给宁静的校园蒙上了一层阴影，成为校园中的隐患。

2017年4月10日中午，陕西省咸阳市两名九年级学生与两名八年级学生在厕所因一点儿小事发生口角，继而动起手来，导致两名九年级学生受重伤，给自己及同学的家庭都造成了难以挽回的伤害。

教师提问：这样的恶性案例还有很多。听到这样的事件，我们都很痛心。实际上，这就是缺乏自我保护的意识，更是缺乏与人交往的能力。听了这些，大家有什么想法呢？（预设：提高保护自己及与他人交往的能力）

二、同学之间，快乐多多

设计意图：引导学生回顾同学之间的点点滴滴，感受同学友爱相处的温暖。同时梳理总结出与同学日常相处的一些经验。

教师提问：怎样才能更好地与同学相处呢？请大家认真看看这些图片中的故事，边看边思考：同学之间该怎样相处。

小组讨论：相信每位同学都有了自己的想法。请大家把自己的思考与小组同学进行分享，之后请一位同学把你们小组总结的方法写在黑板上，全班进行交流。

三、同学之间，智慧多多

设计意图：通过来源于学生的数据，激发学生参与讨论和思考的主动性。

数据分析：同学之间和睦相处能带给我们很多快乐。但是在现实中，我们却经常和同学发生矛盾。对此，你想说些什么？（预设：与同学发生矛盾是很普遍的现象，所以我们更要好好学习怎样处理与同学发生的矛盾。）

表演配音情景剧：请欣赏下面的同学的配音情景剧，同时思考问题。

设计意图：通过学生的汇报、编排情景剧等多种实践活动以及课上学生相互交流和分享等环节的设计，引导学生强化方法，并进行实践运用，切实提高教学的实效性。

1. 听了他们之间的故事，你有什么想法？

2. 你认为应该怎样化解同学间的矛盾呢？

3. 解决同学间的矛盾还有哪些好方法呢？（预设：同学之间要相互体谅、相互谦让、有效沟通或求助他人……才能更好地化解矛盾。）

> 近期，班里出现了这样一件事。小A和小B本来是一前一后坐在一组，是关系不错的好朋友。有一天，后面的小B不知不觉间把桌子往前挤了挤，影响了前面的小A。小A很不高兴，提醒他往后点。可是，小B觉得自己坐在最后一排，已经没地可退了，就没有挪动桌子。这下，小A生气了，拿起铅笔在小B新的试卷上画上了一个大道子。两位同学都觉得自己很委屈，来找老师评理。

“知心姐姐的信箱”：通过前面的讨论，大家都增长了同学交往的智慧，我们现在来实践一下，解决生活中的问题。平时，大家有了什么矛盾或困惑，都会把问题投入“知心姐姐的信箱”中。现在，请各组从信箱里，抽取一张问题卡，看看你们能不能自己解决这些生活中的问题。具体要求如下。

1. 根据问题卡的内容，思考解决同学间矛盾的方法，可以选择已经总结的方法，也可以运用新的方法，并将新的方法写在智慧卡上。

2. 汇报时，可以选派代表回答，也可以集体回答，还可以用表演的形式将正确的做法展示给大家。

四、总结收获、拓展延伸

设计意图：任何一节课都是教育过程的一个音符，只有后续的拓展延伸才能使教育更具社会化和实效性。

教师提问及小结：

1. 通过这节课的分享，我们每位同学都有哪些收获呢？

2. 在我们的生活中，还会与家长、老师及身边不同的人进行交往，大家还会遇到哪些问题，增长哪些沟通智慧……可以继续投入“知心姐姐的信箱”，一段时间后，我们进行分享。

实效性评价

1. 语言性评价：课堂上教师根据学生学习的状态、发言等做出相应的、及时的评价，肯定他们的发言，强化教学内容。

2. 效果评价：本节课的事例，都是本班实际校园生活中的真实事件。在课堂教学结束后，通过对学生在生活中解决同学矛盾、处理同学关系的观察，检验学生本次活动掌握的相关内容；继续通过道德与法治课及班队会课进行后续跟进训练，进一步检验课堂的实效性。

案例 3　校园暴力零容忍

【案例推介】

本节课能够提高学生对“校园暴力”的认识，有助于学生辨识什么是“校园暴力”及其危害，并进一步了解应对“校园暴力”的方法，提高学生安全意识，掌握保护自身安全的方法。教学活动过程中，以学生为主体，安排小组讨论、情境模拟、文献收集等教学活动，提高学生的分析、归纳、搜集信息的能力。最终通过制作“校园暴力零容忍”宣传手册，既能够将本节课内容进行归纳梳理，又能够提高学生综合实践能力，还增强了学生社会服务意识。

<table>
<tr><th colspan="6">活动基本信息</th></tr>
<tr><td>课名</td><td colspan="5">校园暴力零容忍</td></tr>
<tr><td>领域</td><td>综合实践</td><td>学段</td><td>初中</td><td>年级</td><td>七年级</td></tr>
<tr><td>设计者</td><td>李丽莉</td><td>单位</td><td colspan="3">北京市陈经纶中学团结湖分校</td></tr>
<tr><th colspan="6">活动背景分析</th></tr>
<tr><td colspan="6">研究表明校园暴力直接影响学生的身心健康。对于被施暴学生，校园暴力不仅对他们的身体会造成不同程度的伤害，还会严重影响其心理健康。暴力事件之后会使受害者处于恐惧之中，长期处于“校园暴力”下，还可能会导致精神失常，甚至引发抑郁并有自杀行为。
国务院总理李克强对校园暴力频发做出重要批示。批示指出：校园应是最阳光、最安全的地方。校园暴力频发，不仅伤害未成年人身心健康，也冲击社会道德底线。2016 年 11 月 1 日，教育部等九部门联合印发《关于防治中小学生欺凌和暴力的指导意见》，指出要积极有效预防学生欺凌和暴力，依法依规处置学生欺凌和暴力事件。
校园暴力是当前广泛存在的一种社会现象，严重影响着青少年学生的身心健康及社会稳定。尤其近几年校园暴力频繁发生，在给当事人造成身心伤害的同时，也给家庭、学校、社会带来严重的负担，对其他学生也造成了一定的负面影响。
校园暴力已经成为不可忽视的社会问题之一。然而，目前的学科教学对此却很少具有针对性的课堂。因此，亟须将校园暴力教育工作带进校园，让学生了解校园暴力，学会应对校园暴力，并能够利用自己的实践，为宣传拒绝校园暴力做出贡献，提升社会责任感。</td></tr>
<tr><th colspan="6">学生特点分析</th></tr>
<tr><td colspan="6">七年级的学生恰好处于青春期。在生理上，他们的性激素分泌激增，大脑皮层经常处于极度兴奋状态，容易产生过激行为。在心理上，埃里克森认为青少年期是自我同一性和角色混乱时期，它反映了个体在青春期发展过程中所遇到的矛盾与冲突，表现于学生在这一时期对自我认知的混乱。在此时期，若学生自我认知常处于“自卑状态”，容易成为校园暴力的受害者；若学生自我认知处于“盲目自大”，极有可能成为校园暴力的施暴者。</td></tr>
</table>

除此之外，学生辨别是非的能力及自控能力较差，易受到他人及社会的影响。由于网络媒体的发展，学生很容易接触到渲染暴力情节的视频，由此可能造成校园暴力的发生。

初中学生通过新闻报道等途径对校园暴力有一定的认识。但这种认识不够深入，不够全面。因此，活动伊始讲述三种不同类型的校园暴力，有助于学生理解校园暴力的类型和概念。学生对校园暴力的认识需要更加真实的情景体验，才能切身感受到校园暴力，从而讨论学习应对的方法。初中学生具有一定的信息搜索能力，通过搜索校园暴力相关法律法规有助于学生主动提高认识。一方面，提高学生收集信息、组织材料的能力；另一方面，提高学生的法律意识，不仅是知法懂法、不违法、不犯法，更要学会“利用法律作为武器保护自己人身权益”。为了让学生养成更高的社会责任素养，让学生书写《“拒绝校园暴力”保证书》并自行制作有关校园暴力的宣传手册，对今天学习内容进行总结。

安全教育目标

【安全知识目标】了解校园暴力的定义及主要类型，对校园暴力有一个初步的认识；了解校园暴力造成的危害；了解与校园暴力相关的法律法规常识。

【行动技能目标】面对校园暴力时能够用恰当的方式来应对，学会校园暴力的防范措施。

【情感态度目标】能够树立自我保护的意识，主动应对校园暴力侵害，培养健全人格。

安全教育资源

【学校资源】校园作为宣传学习成果的场所，倡导全校师生在《“拒绝校园暴力”保证书》上进行签字。

【社会资源】社区作为宣传学习成果的另一个场所，将学生制作的“校园暴力零容忍”宣传手册在附近社区进行宣传与发放。

活动方式

1. 案例分析(分类及概念)。

通过分析校园暴力案例，一方面，增加学生的感性认识；另一方面，提高学生分析事物的能力。在不同案例中既能找到其不同特点，又能自行归纳出校园暴力的概念。加深学生对校园暴力的初步认识。

2. 团队讨论(危害)。

校园暴力的危害来自各个层面，通过团队讨论，有助于学生更加全面地认识校园暴力的危害，从而增强学生拒绝校园暴力的意识，并且在讨论活动中能够提高学生的交流能力。

3. 情景模拟(应对措施)。

情景模拟中相对单纯的语言叙述更能够让学生有真实的感受。不管作为校园暴力事件的“施暴者”“受害者”还是“旁观者”，都能够在校园暴力中进行积极有效地应对。只有在观察过一次较为完整的校园暴力后，才能提出更为切实的应对措施。

4. 自主学习。

自主学习是初中生必不可少的学习能力。让学生提前通过网络资源搜索与校园暴力相关的法律法规，并进行整理汇总，课上进行汇报，有助于提高学生自主学习的能力和意识。

活动准备
【教师准备】 1. 根据学生的情况准备校园暴力案例。 2. 教学 PPT。 【学生准备】 1. 情景模拟小品。 2. 相关法律法规汇报。 【注意事项】 1. 教师准备校园暴力案例时，可根据学校实际发生的案件或社会热点新闻进行准备，但需要注意两点。第一，隐去当事人的真实姓名，保护当事人的隐私。第二，案例要全面，需涵盖三种校园暴力类型。 2. 校园暴力的发生是由多方面因素共同造成的。因此，学生准备的情景模拟也需要从“施暴者”“受害者”“旁观者”几个角度出发，才能更好地还原场景，为深入讨论应对措施提供完整素材。
活动实施
一、问题导入 设计意图：授课开始后，教师抛出本节课的核心词，聚焦本节课的内容。并通过一系列的设问，引发学生思考。让学生概括性地了解本节课知识框架的同时，对本节课的内容产生兴趣。 教师提问：我相信大家在最近的新闻报道中一定听说过校园暴力这个词。那么，什么是校园暴力？校园暴力有哪些类型？有哪些危害？面对校园暴力你应该怎么做？希望同学们能够从今天的课堂中寻找到答案。 **二、校园暴力的概念，我知道** 设计意图：学生通过一系列不同类型的案例，了解哪些情形属于校园暴力。对校园暴力有一个感性的认识。并且通过真实案例，引发学生的学习兴趣。通过对校园暴力的分类，提高学生的分析归纳能力。为了更好地应对校园暴力，应该让学生清楚地认识什么是校园暴力，校园暴力有什么样的形式，能够识别出身边是否存在校园暴力，对学生有关校园暴力的情况进行了解。 (一)校园暴力的类型 案件一：因为患有先天性心脏病，自小就需要吃药的小洋在小学时体重便超过了100斤，“胖猪”“秤砣”成为她的代名词，她也因此变得少言寡语。沉默孤冷的性格让她在初中变得更为自闭。(来自《法制日报》) 案件二：2016年9月，1999年出生的小蓉来到某技工学院读书。2016年11月3日，下午有一节钢琴课，班上有一名女生旷课，小蓉作为班长向老师报告后，这名旷课的女生被老师点名批评。看似平常的一件小事，却让小蓉的校园生活发生了翻天覆地的变化…… 因为这名被点名批评的女生怀恨在心，小蓉先是被扇耳光，然后又被包括这名女生在内的6个人堵在了宿舍里进行殴打，并将过程拍下，还扬言要把侮辱小蓉的视频发布到网上。小蓉静静地站了不到2分钟的时间，选择从大约12米的高空一跃而下。(来自央视网) 案件三：娟娟回忆说，上小学时，她有个关系很好的同学，但后来因为一些矛盾，导致互不理睬。对方就鼓动其他学生一起排挤她。在这之后，娟娟情绪低落，不愿上学，不愿吃饭，也不愿意跟人相处。家人发现异常后，带她去看心理医生，被诊断为有一定的抑郁情绪。(来自《法制日报》)

小组讨论：同学们在看过刚才的案例后，你们觉得校园暴力可以被分为几种类型？什么是校园暴力呢？请小组讨论后分享。

1. 语言暴力。

语言暴力，就是使用谩骂、诋毁、蔑视、嘲笑等侮辱歧视性的语言，致使他人的精神上和心理上遭到侵犯和损害，属精神伤害的范畴。而低龄语言暴力，就是限定了施暴者或受暴者是青少年。很多情况下，语言暴力源自不平等的相互关系，受害者通常缺乏自卫的力量，未成年人遭受的语言暴力就属于这一类。

2. 肢体暴力。

肢体暴力，是所有暴力中表现最直观明显的一种形态，它有着相当具体的行为表现，施暴者通常会在受害者身上留下明显的伤痕，包括种类很多，如踢打同学、抢夺东西等。施暴者的暴力行为也会随着他们年纪的增长而变本加厉，并会对被害者造成一定的心理影响。肢体暴力是一种恶劣的行为表现。

3. 关系暴力。

关系暴力，是最常见也是最容易被忽视的，通常是通过说服同伴排挤某人，使弱势同伴被排挤在团体之外，或借此切断他们的关系联结，让他们觉得被排挤，也被称为冷暴力。

（二）校园暴力的概念

1. 教师提问。

(1)你认为什么是校园暴力？

(2)不知你的身边是否有这样的情况？

(3)你能说一说你身边的校园暴力吗？

2. 教师小结：校园暴力的定义，发生在校园内、学生上学或放学途中、学校的教育活动中，由老师、同学或校外人员，蓄意滥用语言、躯体力量、网络器械等，针对师生的生理、心理、名誉、权利、财产等实施的达到某种程度的侵害行为，都算作校园暴力。

三、校园暴力危害，我分析

设计意图：通过讨论分析校园暴力的危害，提高学生的分析、表达能力。了解校园暴力的危害，让学生对校园暴力有了更深入的认识，并且对此产生抵触情绪。

小组讨论：校园暴力都会带来哪些危害呢？我们为什么要对校园暴力零容忍呢？

1. 对学生的危害。

校园暴力不仅会对被施暴的学生的身体造成伤害，还会严重影响其心理健康，使其不能正常地学习生活，影响成绩。对于施暴者，在事件发生后将成为一生的污点，很难被社会接受，无法接受正常教育。

2. 对校园暴力双方当事人家庭的危害。

家长会处于“管教不当”或“没有保护好子女”的自责之中，使家长工作、生活受到影响。如果出现人身伤害，还会涉及监护人赔偿。

3. 对学校的危害。

校园暴力可使校园正常秩序受到破坏。

4. 对社会的危害。

产生负面的消极影响，形成恶劣的社会风气。

四、应对校园暴力，我做到

设计意图：通过角色模拟让学生能够切身感受到校园暴力事件，对校园暴力的发生有更加全面的认识、更加真实的感受。通过小组讨论不同角色的应对策略，提高学生分析能力及应对校园暴力的能力。

1. 教师提问：我们看到校园暴力带来的危害是多方面的，那么，我们应该如何应对呢？

2. 情景模拟：校园暴力的过程。

故事背景：

小刚和小强是同学。小刚家境不好，父母收入不高，几乎没有零花钱，看到很多想吃的零食，喜欢的玩具都没有钱去购买。小强家境较好，上学还会带很多的零用钱。

（场景一：放学路上）

某一学期开学初始，小强背着新书包走进教室。小刚看到后，感到落差，起初只是自卑，但慢慢地有一种说不出道不明的情绪涌上心头。

小刚内心独白："凭什么他家有钱？我没有？凭什么他有新书包、新鞋子？我就只能用旧的？气'死'我了！越想越生气！"小刚脑子里突然闪现出很多电视里的暴力画面。

在放学路上，小刚堵住小强把他的书包扔在地上猛踩。

小强说："你凭什么扔我书包？"

小刚说了句："没有为什么，就是看你不爽。"

有些同学看到，不敢吱声。

同学A内心独白："要不要去找老师呢？"

有些同学有"劫富济贫"的想法，开始叫好。

同学B内心独白："小强家那么有钱，就应该受受教训，省的他以后猖狂。"

听到同学们的叫好，并且没人阻拦，小刚不满足于对物品的损坏，踹了小强一脚。小强无还手之力，捂着肚子说："明天告诉老师去。"

小刚说："你敢告诉老师，我就打死你。再说，你有证据吗？"小刚还抬头看了看围观的几名同学，"你们谁要是敢说，我连你们一起揍！"

同学A内心独白："算了算了，我可不想挨小刚揍。"

（场景二：教室里）

第二天。

小刚坐在教室里，胆战心惊，生怕老师知道这件事情，对他批评教育，找家长谈话。

小刚内心独白："完了完了，要是他告诉老师怎么办？老师肯定请家长，我爸要是知道了肯定揍我。别的同学不会有多嘴的吧？"但发现一天过去了，没有人提及。小强迫于恐惧，没有告诉任何人。同学也没有告发。

小刚对小强说："算你识趣！"并挥了挥拳头。小强"庆幸"自己什么都没说。

小强内心独白："还好我什么都没说，要不又要挨揍了！"

（场景三：放学路上）

看到没事儿之后，小刚的胆子越来越大。"欺负"小强成了家常便饭，并索要小强的零用钱。这个事情也被其他人看在眼里，觉得小强好欺负，欺负完小强还能分到小强的零用钱。以小刚为首，陆陆续续又有几个同学加入了"欺负"小强的"队伍"。

同学B内心独白："反正打了也白打，我不是打的最重的那一个，老师找肯定也是找小刚。"

同学A内心独白："我就是看热闹的，这事儿跟我没关系。"

小刚内心独白："活该，打完你心里舒服多了。"

被更多的同学欺负却没有人为他说话，使得小强越来越孤僻，越来越不爱跟人说话。内心中的无助感越来越强，只能任人欺负。

小强内心独白："我心里好难受，我该怎么办呀，谁来帮帮我？我感觉被所有人抛弃了一样。"

（场景四：小强家中）

小刚每次"欺负"小强都会把小强书包里所有东西抖落在地上，在小强身上踹上几脚。小强的书包、衣服全是土。

家长看到问及，"孩子，你怎么又弄了一身土回来？"

小强不敢说，只说是："没……没事儿……和同学闹着玩儿不小心弄脏的。"

小强内心独白："妈妈，我心里好难受，好想跟您说我害怕上学，但是我不敢。"

（画外音）

直到有一天，小强因为长期抑郁选择了自杀。小刚在得知消息之后，也意识到是自己的原因间接害死了自己的同学，想想当初，只是因为一个新书包，只是因为自己的妒忌。现在每天也都活在悔恨与自责之中。

小刚内心独白："如果当时我没有因为小强背了新书包而生气就好了。"

3. 小组讨论：讨论以下几个问题。

故事的最后发生这样的悲剧是谁也不想看到的。如果你是事件中的当事人，你会怎样处理呢？如何应对校园暴力呢？我们不仅要从被施暴人角度上考虑，还要考虑施暴人及旁观者如何应对可能存在的校园暴力。

(1)如果你是施暴者你应该怎样化解不良情绪？

A. 有矛盾及时沟通

B. 提高自控能力

C. 寻求纾解情绪的正确渠道

D. 不要受影视剧或游戏中暴力画面的影响

E. 将注意力放在学习上

(2)如果你是被施暴的人，你应该如何寻求帮助？

A. 发生时，首先保证自身安全

B. 保留证据

C. 要勇敢寻求同学、家长、老师甚至司法的帮助

D. 在平时与他人接触时，注意他人情绪

E. 不要过多显现自己，为人要谦逊

(3)如果你是旁观者，你应该怎样去做？

A. 不要加入

B. 尝试制止

C. 求助家长、老师或其他成年人

D. 安抚被施暴者

E. 注意保护自身安全

五、相应法律法规，我了解

设计意图：通过收集相关的法律法规来提高学生收集信息、组织材料的能力；提高学生的

法律意识。让学生能够在校园暴力方面，不仅是知法懂法、不违法、不犯法，更要学会“利用法律作为武器保护自己人身权益”。

教师提问：校园暴力的发生并不仅仅是违反了校规校纪或者单纯的打闹，有些行为可能已经触犯了我国相关的法律法规。因此，在应对校园暴力时，我们有没有相应的法律法规可以寻求帮助呢？请你汇报之前收集相关的法律法规。

小组汇报：学生进行相关汇报，参考以下法律法规：《中华人民共和国未成年人保护法》《中华人民共和国刑法》《中华人民共和国治安处罚条例》《中小学幼儿园安全管理办法》，其中明确规定教师不能侮辱或变相体罚学生。

六、拒绝校园暴力，我有责

设计意图：通过让学生倡写《“拒绝校园暴力”保证书》，宣扬正确的价值观，形成良好的校园风气。学生利用信息技术及美术实践，制作“校园暴力零容忍”宣传手册，在对本节课内容进行复习的过程中，养成社会责任核心素养。

教师小结：亲爱的同学们，我相信通过今天的学习你一定对校园暴力有了更多的了解。“校园暴力零容忍”不仅是一种认识，更需要你的实际行动。

倡写《“拒绝校园暴力”保证书》：请你根据今天学习的内容以及你对今天学习的感受，写一份《“拒绝校园暴力”保证书》。在保证书中，书写如果你是校园暴力的当事人或者旁观者，你将怎样去做来拒绝校园暴力。保证书通常由标题、称呼、正文、结尾和落款几部分组成，具体的书写格式可以参照以下格式。

【标题】《“拒绝校园暴力”保证书》

【称呼】亲爱的同学们：

【正文】

____

____

____

____

____

____

（提示：正文应包括写保证书的缘由，保证书的具体内容包含两部分。

1. 保证书的缘由：同学们可以根据今天学习感受写下为什么我们要拒绝校园暴力。

2. 保证书的内容：同学们可以从“施暴者”“旁观者”“被施暴者”三个角度写下做出保证的具体事项，并以条目的形式列出，从而更好地确保校园暴力不会发生在我们身边。）

【结尾】

____

____

（提示：结尾可以再次表示实现目标的决心。）

【落款】

保证人：

日期：

七、制作校园暴力零容忍宣传手册 我相信你一定能够很好地处理校园暴力，杜绝校园暴力发生在我们身边。但是，社会中校园暴力还是经常会在某些角落中发生，希望你能够将今天的学习内容制作成校园暴力零容忍宣传手册，通过你的宣传，为消除角落中存在的校园暴力，做出自己的贡献。
实效性评价
本节课学生学习效果评价以检测题及宣传手册的形式呈现。 1. 检测题。 (1)校园暴力的定义是什么？ (2)校园暴力的主要类型有哪些？ (3)一旦发生校园暴力，你该如何应对？ (4)在发生校园暴力时，可能会涉及哪些法律法规？ 2. 制作“校园暴力零容忍”宣传手册评价量表。 (1)内容丰富、翔实，不具有科学性错误。(50 分) (2)手册内容能够起到宣传的作用。(30 分) (3)排版合理、美观，具有可读性。(20 分)

案例 4 抵制校园欺凌 共建平安校园

【案例推介】

随着网络时代的不断深化，校园欺凌的特点和方式也发生着惊人的变化。从言语欺凌、行为欺凌到现在所谓“心灵欺凌”，其所产生的影响更加广泛，传播速度也更加快速。本节课旨在指导学生进一步了解校园欺凌的含义与种类，能够结合案例分析校园欺凌的成因，在校园暴力的源头进行预防，同时根据高中生的心理特点，增强对校园欺凌的防范，做到既不做欺凌者，也不成为被欺凌对象，从源头上杜绝校园欺凌的发生，建设平安校园。

活动基本信息					
标题	抵制校园欺凌 共建平安校园				
领域	综合实践	**学段**	高中	**年级**	高一年级
设计者	王帅	**单位**	中央美术学院附属实验学校		
活动背景分析					
据 21 世纪教育研究院发布的《中国教育发展报告》研究结果，校园欺凌现象在中国发生的地域范围十分广泛，覆盖了绝大多数省份，且城市、农村均在其内。有的案件被媒体曝光引起重视可能得到了解决，但还有没有被报道出来的案件还不为人所知。					

在美国大约25%的学龄孩子为长期受害者，大约30%的孩子牵涉校园欺凌事件。在韩国9岁到17岁的儿童里，每3人中就有1人遭受过校园欺凌，每5人中有1人曾实施过校园霸凌。在澳大利亚公立学校平均每周公布的校园欺凌现象就有60多起。在日本为期6年的追踪调查中，近90%的学生曾遭遇校园欺凌，包括集体孤立、无视、说人坏话等。 我国校园安全事件发生的时间存在明显的周期性、季节性。具体来看，校园暴力、校园欺凌、设施安全、意外伤害等事件为多发事件。《中国校园欺凌调查报告》则指出，语言欺凌是校园欺凌的主要形式。按照校园欺凌的方式进行分类，语言欺凌行为发生率明显高于身体以及网络欺凌行为，约占23.3%。
学生特点分析
高一年级是自我认知发展模糊的时期，加之学生情绪不稳定、性格叛逆，很容易在自我情绪管理失调的情况下走向校园欺凌的暴力行为中。校园欺凌不仅给被欺凌者带来了伤害，还给欺凌者的未来埋下了隐患。同伴作为最重要的同辈群体，彼此之间的依恋对于他们的行为有着一定的导向作用。
安全教育目标
【安全知识目标】能够熟悉校园欺凌的现状；解释校园欺凌的概念与分类；总结面对校园欺凌的应对措施与解决方法。 【行动技能目标】通过交流讨论探索产生校园欺凌的原因；联系生活场景分析校园欺凌的危害；灵活运用相关方法应对校园欺凌事件。 【情感态度目标】遵守校规校纪，抵制校园欺凌；认同安全校园的重要意义；共同建设平安校园。
安全教育资源
【学校资源】学校在安全环境的创设中建立完善的管理体系，成立“防治学生欺凌和暴力工作”领导小组，全面统筹落实此项工作。由校长担任组长，分管德育或法治教育的副校长担任副组长，成员由学校德育、保卫、年级组长、班主任、心理教师、法律顾问等担任。在制度上明确了以德育为领导、年级组长为负责人、班主任为核心的管理制度，在日常生活环境中营造融洽平等的同学关系；在教学中利用合作探究、小组学习方式增进学生友谊。在学校的德育活动中渗透预防校园欺凌安全教育。 【社会资源】朝阳区教委在德育科设立学生欺凌和暴力事件的应急处理系统，从行政管理、政策支持、心理指导、法律援助、媒体应对等方面，为学校提供服务与指导。区政府教育督导室继续开展校园欺凌专项督导工作，组织对各校贯彻落实情况进行实地督查与指导，汇总检查情况上报，并适时进行通报。
活动方式
【团队讨论】学生根据校园欺凌案例进行讨论，并分析校园欺凌的重要原因，如家庭、社会、学校与自身等。 【案例分析】学生通过大数据案例了解校园欺凌的表现，如行为暴力、语言暴力与心理暴力等。

活动准备

【教师准备】

1. 查找校园欺凌的典型案例。

2. 对案例进行分析，并分类归因。

【学生准备】了解校园欺凌的现状。

【注意事项】关注学生课堂表现，注意问题难度，能够引起学生互动与思考。

活动实施

一、校园欺凌的现状与概念分类

设计意图：回忆生活中类似的欺凌场景，引导学生回到现实生活中面对欺凌事件。使学生认识校园欺凌的现状，了解校园欺凌的定义，对校园欺凌行为做进一步分类。

情景导入：以动漫中的情景引起学生的关注。

教师小结：校园欺凌是发生在同学之间的一种失范行为，是期凌不是犯罪。

教师提问：通过校园欺凌的定义，请同学们对校园欺凌行为做进一步分类，并分别进行解释。（预设：校园欺凌有行为暴力、语言暴力、心理暴力等）

教师讲授：校园欺凌分为行为暴力、语言暴力和心理暴力。

二、校园欺凌的危害与原因

设计意图：学生通过交流讨论探索校园欺凌的原因；根据所给材料，能联系生活场景分析校园欺凌的危害。

教师提问：

1. 请同学们思考分析校园欺凌伤害了哪些人？（预设：对方、家长、亲人、老师和朋友）

2. 校园欺凌还有哪些不良影响？（预设：校园欺凌影响学校、社会的正常秩序，破坏社会的和谐、法律的尊严）

教师小结：对欺凌者而言，容易使其形成以强凌弱的暴力意识，从而走上违法犯罪的道路。对被欺凌者来说，往往受到对方的威胁而不敢向老师、家长和有关部门报告，因此会反复遭到勒索、敲诈和殴打，使身心健康备受摧残。

小组讨论：通过阅读材料，说出校园欺凌的原因。以小组为单位汇报。

学生小结：

1. 家庭因素是导致校园欺凌的主要原因之一。

2. 社会、学校、家庭等原因也会导致校园欺凌。

三、抵制校园欺凌的具体做法 设计意图：通过视频学习，学生更加直观地认识到校园欺凌的危害，要学会如何抵制，知道安全校园的重要意义；共同建设平安校园。 教师提问：经过分析成因，请举例说明抵制校园欺凌的具体做法。（预设：与同学友好相处、结伴同行、及时报警、树立安全意识等） 观看视频：观看视频后，请讨论如下问题。 1. 校园欺凌会造成什么样的后果？ 2. 遇到欺凌时，应如何保护自己？ 3. 看到别人被欺凌时，应该怎么做？ 教师小结：在视频中看到了，我们不可以做施暴者。面对欺凌临危不乱、及时维权，树立安全守法意识。 **四、“反对校园欺凌”在行动** 小组活动：以小组为单位，设计一个“反对校园欺凌”的校园公益行动，可以起草倡议书，也可以起草宣誓书，还可以设计宣传手册或宣传标语。 教师提问：这节课你学到了什么？要说清楚你课前知道些什么，通过本节课你又知道了些什么。
实效性评价
本课程的实施增强了学生对校园欺凌的进一步认识与思考，班级中所有学生均参与到了课堂互动中；其中70%的学生能够准确区分校园欺凌的种类，超过50%的学生能够分析校园欺凌的成因并找到合理的解决方法。本课程对校园欺凌的含义与分类做出澄清，通过学生的自主探究能够对校园欺凌的成因进行分析。

第三部分　写在后面

一、在“其他事件教育”上，我们的挑战是什么？

其他教育事件涉及面很广，本部分仅仅挑选了在学校有特别代表意义的问题，特别是人与人之间的教学案例进行特别阐释。目前，中小学生课堂教学面临种种挑战，主要体现在以下几个方面。

第一，每一个孩子的原生家庭对其个性、成长都有一定程度的影响，教师也是尽可能地通过教学努力改变其对一些事物的认识，获取正确的认知。

第二，本主题的教学案例与学生的心理发育特点及性格特质相关度高，教师上课之前需要评估预期效果，进行合理的教学设计，争取和提升教育活动的有效性和实效性。

第三，主题的教学设计具有人文宣传的特点，它与学校的德育教育息息相关，可以在某一个时间段内坚持一定的时间，不要泛泛地谈，还要通过学生具体做来体现教学效果。

二、在“其他事件教育”上，我们的目标是什么？

其他事件教育涵盖了除了其他五大类安全教育外的其他安全教育，涵盖范围广，但又紧紧围绕安全展开。

（一）建立良好的人际关系

1. 生生友好相处

人际交往中总要有一定的付出或投入，交往的两个方面的需要和这种需要的满足程度必须是平等的，平等是建立人际关系的前提。在与同学相处过程中，为人要心胸开阔，宽以待人。要体谅他人，遇事多为别人着想，建立良好的人际关系离不开互助互利。与人交往时要热情友好，以诚相待，不卑不亢，端庄而不过于矜持，谦逊而不矫饰作伪，要充分显示自己的自信心。关心帮助别人。患难识知己，逆境见真情。当一个人遇到坎坷、碰到困难、遭到失败时，往往对人情世态最为敏感，最需要关怀和帮助，这时哪怕一个笑脸、一个体贴的眼神、一句温暖的话语，都能让人感到安慰、感到振奋。学生良好的人际关系对其健康成长具有重要的促进作用。每一名学生都应掌握建立良好人际关系的基本原则和方法，努力建立适应社会需要和个性发展的人际关系。

2. 师生友好相处

教育是培养人的事业，教师是培养人的专门劳动者，如何对待所培养的对象，是教师这一行业亘古不变的话题。师生关系是教育过程中最基本的人际关系，是现代人际关系的重要组成部分。教师要尊重学生的人格、意愿、隐私权等，采用恰当的方式肯定学生、赏识学生，构建良好的师生关系。作为教师，首先应该结合自身的工作转变观念，加强自身修养，提高师德素养和教学能力，以高尚的品格和过硬的素质去感染学生。另外，应该做好角色的转换。在教育中教师不再是独奏者而应是伴奏者，舞台的中心应该是学生，教师的任务是激发学生学习的兴趣，而不是监督者。

（二）从根本上解决一些社会现象，提升全民素养

1. 学生角度

从学生角度看，本课题的开展可以帮助他们自觉抵触不良信息，及时调整自身情绪，培养自我保护意识。在互联网时代，信息传播速度快、范围广。面对大量网络暴力信息时，青少年应该有的放矢，最好在长辈陪同和指导下了解校园暴力，避免受其不良影响。在面对学业上的重大压力时，尤其是高中生，应当及时调整情绪，必要时与同学、老师和家长进行沟通，并学会释放压力，劳逸结合。同时，学习法律知识是很有必要的，法律的普及程度越高，人民的法治意识越强，违法犯罪现象就会越少，在良好的法治大环境下，实施校园暴

力的欲望就会降低，这就能从源头上遏制校园暴力的发生；对于受害者来说，在权利受到侵害时，要及时采取正当的方式维权，法律就是我们手中最强有力的维权武器。

2. 家庭角度

从家庭角度看，本课题的开展可以帮助父母创造和谐的家庭氛围，为孩子营造良好的成长环境。良好的家庭氛围可以使家长与孩子之间的沟通事半功倍，家长应该以朋友的身份与孩子真诚沟通，多关心了解孩子学习生活的各个方面，及早发现孩子的不良征兆。在与孩子交流过程中，切忌语气严厉，态度强硬。此外，家长应该为孩子树立良好的榜样，身教优于言传，为孩子树立行为准则，帮助孩子形成积极健康的人生观、价值观，抵制校园暴力。

3. 学校角度

从学校角度看，开展针对性教育，改善安全保护机制。为促进学生心理素质的健康发展，学校应开设相应的心理课程，培养学生自我调节情绪的能力，同时，加强个性化教育方案的制定，针对学生个人的不同情况，学校应采取相应的具体教育措施。此外，学校应合理安排教学课程，覆盖体育、音乐等多方面内容，促进学生综合素质的全面健康发展，不能只顾学习成绩和学校升学率。关注法律知识的普及，如果没有条件，也可以邀请法律人士为学生开展法律知识讲座，培养学生的法治意识，帮助学生掌握基本的法律知识。目前，很多学校对在校师生及其财产的安全保护机制不够完善，或是设计有缺陷，或是执行不力。因此，学校有必要采取具体的措施加强对师生安全的保障力度。比如，加强夜间巡逻，进出校园登记检查等。在处理校园暴力问题时，学校应该及时与社会、政府、公安司法部门等取得联系，商榷处理办法，正视校园暴力问题，不能回避，更不能封锁消息。

4. 社会角度

从社会角度看，本课题的开展暴露了一些社会现象。本课题的开展，对国家确认校园暴力立法的提出缩短了时间，不仅在实践中有章可循，同时也能引起社会的广泛重视，这对于处理校园暴力问题十分必要。我国目前应对校园暴力的工作主要在于政府、学校以及家庭层面，社会公众参与程度较低。对于多数的未成年犯罪，刑事手段及刑事责任失效导致司法手段震慑力度不够，仅仅通过民法手段难以完全遏制校园暴力的发生。因此，为弥补政府、学校、家庭保护的不足，需要建立健全未成年人安全保护机制，集合社会力量，建立反对校园暴力的非政府组织，进一步加强对青少年的保护。

第四章　域外借鉴

第一节　日本的安全教育

日本的地理位置和自然环境使其成为一个灾害频发的国家。据统计，世界上里氏 6 级以上的地震中，超过 20%发生在日本。但与此形成鲜明对比的是，日本的灾后生存率相当高。比如，2005 年发生在日本福冈县以西海域的里氏 7 级地震，只造成 1 人死亡、735 人受伤。

为了更好地借鉴日本安全教育的理念和实践，提升国内安全教育的实效性，我们将从日本的安全意识教育、安全教育课程、安全教育教学等几个方面展开具体的介绍，以期为我国学校安全教育的开展带来启发。

一、日本的安全意识教育

日本的安全教育建立了常态化的预防和应对突发性危机的机制，非常重视国民在应对突发事件时的冷静、顽强、有序和善于协作的安全教育文化氛围，把全民防灾意识和学生学会生存作为安全教育的两个重要方面，其安全教育文化的三个基本理念很值得借鉴。

(一)责任意识

从日本政府来看，建立了庞大且周密的应急、配合、转介、延续的政府和社会责任机制。自 1995 年阪神大地震后，日本政府强化了应急职能的纵向集权，很快建立了从中央到地方的防灾应急指挥体系和各级防灾应急对策本部。各级对策本部有宽敞的大厅，里面设施齐全，有储备供 100 人左右半个月的食品和饮用水。内阁府应急对策本部与都、道、府、县、市的应急对策本部网络连接，音像相通。阪神地震后还建立起了完善的防灾应急通信网络，包括中央防灾无线网、防灾互联通信网等。此外，通过“消防防灾无线网”和“防灾行政无线网”，政府把灾害信息及时传给居民家庭(手机)、学校、医院、企业等。再加上水防通信网、紧急联络通信网、警用通信网、防卫用通信网、海上保安用通信网、气象用通信网等各种专业类型的通讯网，形成了全日本防灾应急通信网络的庞大体系。

从日本学校来看，教育管理部门、各级各类学校、不同教师角色做到了明确责任、细化分工，建立了细致入微的安全防御管理机制，具体包括内容如下。

1. 成立校园安全管理委员会

日本中小学通常设有专门的校园安全管理委员会，专门负责学校的安保工作。安全管理委员会一般由校长、教导主任和安全负责员组成，主要负责与家庭、当地的相关机构或团体保持联系；根据不同的危机状况，制定切实可行的有效对策；根据学校和本地的情况，编制学校安全管理手册；当发生危险事件时，安全管理委员会出面应对事故解决及事后责任分担，并在紧急时刻安排工作优先顺序；为了将安全管理手册的效果实际发挥出来，安全管理委员还会经常组织恰当的实际训练。

2. 进行教师职责分工

学校会对教职员工的角色担当进行明确分工。当发生不安全事件时，老师们的分工大体如下：负责全体指挥；负责应对可疑分子，控制事态形式；引导学生进行避难，确保师生安全；负责应急处理、联络医疗机构；确认事后伤亡状况；与学生监护人进行联络；应对外部关注；负责电话应对和记录。每个教师都有自己相应的安全职责。

3. 建立校园安全日常防范机制

为了防患于未然，日本校园安全防御管理形成了自上而下、分工明确的安全日常体制。这些机制包括信息收集和提供的体制、与相关机构形成协作体制、教职员工的研修、训练体制、推进防范教育的体制、设施设备的配备体制等。

(二)危机意识

危机意识是指在危机还没有发生以前对环境和局势持有的忧患意识。日本的学校安全教育十分重视学生危机意识的觉醒和培养。以东京都教育委员会2016 年发布的《安全教育指南》为例，在安全教育的目标和内容上都体现了这一理念。

1. 从安全教育目标来看

《安全教育指南》指出，安全教育的培养目标是培养儿童预知危险、躲过危险、保证自身安全的能力和为他人、社会的安全做贡献的素质和能力。其中，不同年级的培养目标如下。

(1)幼儿园。在日常生活中，养成安全的生活习惯和态度；听从教师和家长的指示并采取相应的行动。

(2)小学低年级。理解安全行动的重要性，能够遵守与安全相关的规章制度，能够发现身边出现的危险。

小学中年级。能够理解生活安全、交通安全、灾害安全三领域出现各种危险的原因以及知道如何防止事故的发生，能够发现危险情况，能够自主采取安全行动。

小学高年级。能够预测各个场合容易出现的危险并采取安全行动。

(3)初中。在日常生活中能够注意安全，能够做好日常的防灾准备以及采取恰当的避难行动。

(4)高中。能够在各种状况中确保自身的安全。

2. 从安全教育内容来看

《安全教育指南》在生活安全、交通安全和灾害安全三个领域内皆根据年度季节变迁、白天夜晚转换和不同年龄段幼儿的情况，让其定期注意学校、家庭、社会上的安全因素和不安全因素。例如，要求幼儿检查哨子能否正常使用；上下学时，确认何地何时有危险；乘坐电车和巴士时注意防范小偷和色狼；了解活动设施和玩具的正确使用方式；了解“回到家打开玄关门之前的注意事项”；了解乘坐手扶电梯之前和乘坐时的“观察、快速、陪同”原则；了解屋顶等人们较难注意到的地方有哪些危险；了解哪些地方不能自己一个人前往；了解社区的实时犯罪情况和安全的行动方式；哪些地方有危险，夜间和雨雪天的步行和行车安全等；要求较高年级的孩子了解独自在家的安全隐患、使用手机和网络时的不安全因素；要求高年级的孩子在外出活动时能向专业人员求助，了解可能出现的危险并制定行动方案和备用方案等。

(三)态度价值观

中小学生正处在思想单纯、社会经验缺乏的年龄阶段，普遍存在对安全形势认识和评估不到位、安全防范意识和自我保护意识欠缺、遇到突发安全事件时会出现害怕和紧张的问题。一般来说，情绪越稳定，人越沉着冷静，处理问题的方式就越正确和及时。因此，良好的情绪应是遇到和发现安全问题时能够沉着冷静地思考和处理。《安全教育指南》中对突发事件中情感的引导主要包括两点：一是幼儿园安全教育计划的培养目标和指导方针部分，指出幼儿的安全教育目标是培养儿童成为能够相信身边的人并珍惜彼此的有心人，在指导方针中特别指出 3 岁儿童应该注意让其在稳定的情绪下采取安全的行动，使其产生珍惜自己的身体的情感；二是初中生安全教育计划的培养目标和指导方针部分，指出初中生迎来了青春期，这一时期的孩子由于想要实现精神上的独立，对大人具有强烈的逆反心理，反抗之前习得的习惯、道德和社会规范的情绪有不断增强的趋势，他们可能会为了获得伙伴认同而明知危险却故意以身触犯，有时甚至会因此而将他人也置于危险之中。因此，在进行安全教育时要把重心放在教导其思考在各种情况和情境下人们可能出现的行为模式，并引导其选择最为恰当的行为模式。

二、日本的安全教育课程

(一)课程体系

日本学校安全教育在教学课程的各学科、道德教育、特别活动时开展，根据各教育课程的特点确切地实施。此外，学校的安全教育分为安全学习和安全指导两个方面。另外，安全学习和安全指导也不会很明确地被区分开来。例如，在安全指导时，让学生自主地进行活动，根据自己的判断采取行动等。

从日本学校安全教育的领域和构成来说，日本学校的安全教育主要分为安全学习和安全指导两大方面。安全学习主要包括体育课和保健课中的安全学习；相关学科中的安全学习；综合学习时间中的安全学习；自主活动中的安全学习。安全指导主要包括年级活动或年级教室活动中的安全指导；学校活动中的安全指导；学生会活动以及俱乐部活动时的安全指导；社团活动等课外时间的安全指导；学校日常生活中的安全指导，如图 4-1 所示。

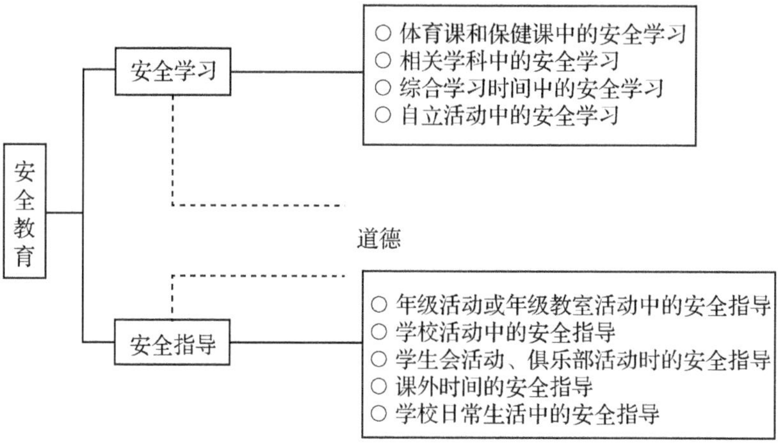

图 4-1　日常生活中的安全教育

(二)课程内容

日本文部科学省把日本学校的安全教育内容细化为三个方面：生活安全教育、交通安全教育和灾害安全教育。

1. 生活安全教育

日本非常重视中小学生的生活安全教育，他们认为生活安全常识应该是学生具备的最基本的知识。生活安全教育主要是让学生知道日常生活中可能会发生的安全事故及其原因、结果，同时要理解确保安全的方法，能够采取安全行动。

日本中小学校的生活安全教育内容可谓非常全面，涉及上下学途中、上课前、课间休息时间以及打扫卫生时间、户外活动期间和家庭生活当中。除了会对拐骗和受害等犯罪活动采取妥当的行动外，在平时的学习生活中还要求学生学会把握一些设施、设备的状态，学会制造安全的环境。

2. 交通安全教育

日本中小学校的交通安全教育主要是让学生理解在各种各样的交通场所会发生的危险，能够安全步行，会正确使用自行车、三轮车等。

交通安全教育也同样根据学生的身心发展规律和年龄特征，其每个阶段的教育内容各不相同。

(1)小学阶段主要是教会学生知道步行或横穿马路时的危险、穿越铁道线时的危险和骑自行车时的危险，以及在这些场所遇到危险时如何进行安全防范。

(2)初中阶段主要教育学生要正确理解并遵守交通法规；通过安排一些交通知识课程，让学生懂得如何保养、检查自行车以及学会骑乘自行车的正确方法；教会学生在利用各种交通手段时应注意的事项和该采取的安全行动方式，清楚各种交通事故的处理方法与责任。

(3)与初中生相比，高中生的思想逐渐成熟，自主意识增强，对摩托车、汽车等的驾驶开始产生兴趣。根据这些特点，高中阶段的交通安全教育内容主要是让学生理解摩托车和汽车的构成原理和特性以及如何安全使用这些交通手段；知道如何妥当对付暴走行为；对铁道口处的危险性有正确的认识以及知道可采取的安全行动方法和交通事故责任。除了以上这些具体交通安全内容外，日本中小学校还教育学生要知道驾驶者的责任和义务，关心幼儿、老年人、伤病者和残疾人等的交通安全，让学生懂得建设安全交通社会的重要性，并组织学生积极参与此类活动。

3. 灾害安全教育

灾害安全教育是日本安全教育中最主要的一部分，其占据了学校安全教育内容的大部分。日本的灾害安全教育覆盖了其整个社会，除了学校外，也在家庭、社区、企业等地方进行。由于学校是有计划、有组织地实施系统教育教学活动的主要场所，学校也必然就成了整个灾害教育体系中的主力军。日本文部科学省的“小学、中学、高中学习指导要领”总则中规定了学校灾害安全教育的总体目标(图 4-2)。

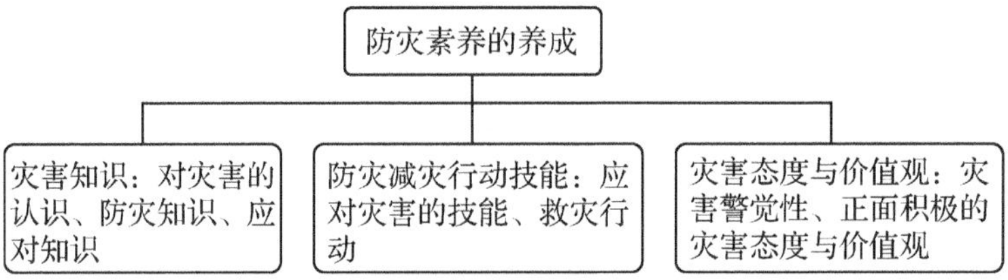

图 4-2　学校灾害安全教育的总体目标

日本中小学校的灾害安全教育内容同生活安全教育和交通安全教育一样都根据学生的身心发展阶段和年龄特征而有所不同。

(1)小学阶段的灾害安全教育内容主要是让学生知道火灾发生时的危险性及如何采取安全的行动；了解地震、台风、海啸、雷电以及火山爆发等灾害发生时的危险及如何进行安全防范；理解应对灾害的准备工作。

(2)进入初中阶段，青少年的思维能力有了很大的发展，自主行动的意识增强，学校进行安全教育时也尊重了他们的特点。在灾害安全教育方面，学校主要培养学生在发生火灾、地震、台风、海啸等灾害时如何采取安全行动保护自己。这一时期的教育内容更加侧重于在理解基础上的自我保护。

(3)高中阶段的灾害安全教育内容更加深入、全面。让学生理解风、雪、雷、电等气象灾害发生时的危险状况，知道采取安全行动的方法；认识放射线及知道发生原子能灾害时应采取的安全行动；了解避难所的作用和避难路线，懂得避难的方法；理解有关灾难信息的活用和应对灾害的准备工作；理解本地防灾活动的意义并能积极参加、协助；还包括灾害发生后的心理安慰和关怀教育。

灾害安全教育与一般的知识教育不同，它不是简单地追求认知目标的达成，而是要通过认知目标的实现促成学生心理机能完善和行为规范。所以，实施灾害安全教育要从理论衍生到实践，学校灾害安全教育的内容要由浅入深、由简单到复杂，相互衔接，让学生在掌握了一定的理论知识后参与防灾实践，最终实现认知和行为的共同改变，保证灾害安全教育的实效性。

- 学校安全教育
  - 生活安全
    - 1. 生命教育
    - 2. 防暴力、防欺凌教育
    - 3. 网络安全教育
    - 4. 食品安全教育
    - 5. 性安全教育
    - 6. 心理健康教育
    - 7. 防体育伤害教育
  - 交通安全
    - 1. 道路行走和横穿马路时的危险意识
    - 2. 闸口处的危险及安全通行方法
    - 3. 乘坐交通工具时的安全知识与行为
    - 4. 自行车的安全检查和检修知识以及正确的使用方法
    - 5. 摩托车的特性以及安全使用方法
    - 6. 机动车辆的特性及安全使用方法
    - 7. 了解并严格遵守交通法规
    - 8. 驾驶人员的责任与义务
    - 9. 幼儿、老年人、残疾人、受伤人员等的安全照顾
    - 10. 安全交通社会环境建构的重要性，并积极参与和协助
  - 灾害安全
    - 1. 了解火灾发生时的危险以及安全行动的方法
    - 2. 了解火山喷发时的危险以及安全行动的方法
    - 3. 了解风、雪、雷等气象灾害时的危险以及安全行动的方法
    - 4. 了解地震、海啸发生时的危险以及安全行动的方法
    - 5. 放射线的了解以及原子能事故时的危险以及安全行动的方法
    - 6. 了解避难所的作用、避难线路以及避难方法
    - 7. 活用灾害相关的信息以及了解防范灾害的措施
    - 8. 了解地区的防灾活动并积极地参加、协助
    - 9. 灾害时的心理康复

图 4-3　日本学校安全教育课程内容体系

(三)教材内容

日本政府非常重视学校安全教育，自 20 世纪 90 年代开始，日本的中小学就开设了防灾课程，出版了针对中小学校园安全指导的教材，并按照年级高低不断变化其中的内容。安全教育教材编制大致有三种：学校自己编制的危机管理指导手册、文部科学省编制的指导手册、地方教育委员会编制的指导手册。以此来指导各类学校开展危机预防和应对教育，这些安全教育教材至今都仍在使用之中。

此外，文部科学省的各种相关文件突出强调加强安全管理、充实安全教育，强化教师安全危机意识的重要性，还统一编修专用教材《当可疑人进入学校时的危机管理指导手册》《防止校园犯罪实践案例集》等。各地区的教育行政部门也积极配合，向学校委派安全指导员、巡视员，利用全校集会或综合学习实践课向学生传授自我保护知识。

1.《学校地震抗灾指导手册》教材内容目录

学校地震抗灾指导手册

（千叶县教育委员会 2012 年 3 月）

本指导手册的特征 ……1
1 学校日常的准备工作 ……5
学校防灾计划的制定 ……6
2 地震发生时的对策 ……13
（1）在校期间的对策 ……13
a 活用紧急地震快报的对策 ……14
b 课堂上发生地震时的对策 ……15
c 护送受保护人员的对策 ……16
d 发生无法返家、滞留人员的对策 ……18
e 教室外上发生地震时的对策 ……19
（2）校外期间的对策 ……21
a 放学途中的对策 ……21
b 校外活动时的对策 ……22
c 在家中的对策 ……23
（3）有必要提供特别援助的学生的对策 ……24
a 听觉障碍 ……24
b 视觉障碍 ……25
c 认知障碍、发育障碍 ……25
d 病弱、残疾人员 ……25
e 其他需要考虑的事项 ……26
f 储备物品样式 ……27
（4）学生心灵创伤的抚摸 ……28
（5）避难所的合作 ……30
（6）相关机关的联络体制 ……34
3 学校复学的对策 ……37
（1）教育活动再次启动 ……38
（2）遗失、损毁图书，学费减免，饮食补给 ……39
4 大规模灾害的对策 ……41
（1）东海地震的情报学习 ……42
（2）千叶县地震的假想 ……43
5 防灾教育有用的资料、网页 ……44
6 参考文献 ……47

图4-4 《学校地震抗灾指导手册》教材内容目录

2.《培育生存能力的学校安全教育》教材内容目录

培育生存能力的学校安全教育

（文部科学省 2010 年 3 月）

第 1 章 概 述	11
第 1 节 学校安全的意义	12
第 2 节 身心安全的发育与学校安全上的问题点	13
1 幼儿	13
2 小学生	15
3 中学生	16
4 高校生	18
5 残疾儿童学生等	19
6 安全行动的形成阶段与学习上的课题	21
第 3 节 学校安全的想法及其内容	22
1 学校安全的定义	22
2 有关学校安全的状况	24
第 4 节 学校安全计划的作成	25
1 学校安全计划的内容	25
2 学校安全计划的策定及实施	27
第 2 章 学校的安全教育	31
第 1 节 安全教育的目标、重点及内容	31
1 安全教育的目标	31
2 各阶段学生的安全教育的重点	31
第 2 节 教育课程方面的安全教育	32
1 幼儿园	34
2 小学	34
3 中学	35
4 高中	36
5 特别支援学校	37
第 3 节 安全教育的推进方法	38
1 安全教育基本的的推进方法	37
2 教科书中安全学习等	40
3 班级、年级活动的安全指导	39
4 学校庆典活动的安全指导	41
5 儿童会、俱乐部活动的安全指导	42
6 日常学校生活的安全指导	43
第 4 节 安全教育的评价	44
1 安全教育评价的意义	56
2 安全教育评价的方法	56
第 3 章 学校的安全管理	61
第 1 节 学校环境的安全管理	61
1 学校环境的安全管理方法	61
2 学校环境的安全管理对象	64
3 自然灾害发生时的安全管理	66

图 4-5 《培育生存能力的学校安全教育》教材内容目录 1

图 4-6 《培育生存能力的学校安全教育》教材内容目录 2

三、日本的安全教育教学

(一)教育教学方式

日本安全教育的方式方法非常灵活，除了专门的安全教育课堂以外，还在其他课堂、各种活动中渗透安全教育内容，全方位地实施安全教育活动。

1. 课堂讲授式教学

日本各级学校都开设专门的安全教育课堂。班主任、体育老师会利用专门的安全教育课堂对学生进行全面系统的安全知识讲解和安全技能培训。老师不但在专门的安全教育课堂上向学生传授安全知识，而且还注意在其他科目的教学及道德课和综合学习的教学中，抓住一切机会进行安全知识和技能的教育。地理老师会让学生画一幅从家到学校的路线图作为家庭作业上交，在批改时，会告诉学生哪些路口比较危险，上学、放学时要小心。历史老师会讲述各种交通工具的发展历程，告诉学生如何注意交通安全。在语文、数学、美术、音乐等课程中也不时地加入安全教育的内容。

2. 启发式教学

日本的学校把班级当作开展安全教育的主要基地。每周的班会都是培养学生实际生活劳动态度，使知识技能转变为能力习惯，并养成自我教育能力的好机会。因此，在班会中，教师经常围绕有关生活安全、交通安全及灾害发生时的安全防范、尊重生命、环境问题等设定一些主题，与学生开展谈话讨论，启发学生，并采取多种形式进行安全指导。在指导时，教师还根据季节的情况(特别是在暑期放假前)，配合全校活动计划或者是抓住事故发生后的关键时机，以小时为单位进行指导，除了班会以外，在早会或放学前的终会上也很注意进行安全教育。班主任、科任老师、交警卫生等专业人员、安全教育教师都不同程度地参与到学生的安全教育中；他们都有专门的安全教育教师队伍，同交警及卫生部门也保持着良好的沟通。

3. 实践活动式教学

日本非常注重对中小学生的安全演练。日本儿童进入幼儿园之后，就逐渐被灌输安全教育，并接受较为严格的安全教育和应急培训。部分幼儿园更是积极设立“父母会”，在亲子游戏中，有机渗透安全守则的内容，使家长和孩子共同接受并参与儿童安全教育，在游戏中，孩子的自我保护技能越发加强。日本首相、教育行政人员与学校教师、学生共同参加安全演练，设置安全日，都是比较好的教学方法；日本学生安全知识的获得更多地得益于安全自救演练、安全知识影片以及游戏和体验课，校外相关专业人员进校讲座也让他们获益良多。

总之，日本安全教育的形式多种多样，参与人员非常广泛，灵活多样的安全教育形式保障了安全教育的有效执行。

(二)安全教育案例

1. 生活安全教育实例

活动设计基本信息	
主题	根据可疑人物应对指南进行可疑人物应对训练
学校	北海道石狩小学
对象	小学生
活动背景分析	
虐童案件层出不穷，如何加强对儿童的保护成为包括日本警方在内的相关机构需要面临的紧要课题。	
活动重点	
1. 根据可疑人物应对手册在校内外训练如何应对可疑人物。 2. 通过事前指导、训练和事后指导，培养学生的危险回避能力。	
活动目标	
1. 清楚紧急时刻回避危险的最基本行动方式，能够安全地实现避难。 2. 清楚保护自己不受校内外可疑人物伤害的方法，能够做出恰当判断并采取行动。	
活动过程	
1. 校内可疑人物应对训练。 (1)事前指导：学习根据可疑人物的行踪，避难、锁教室门，以及用桌子制造路障等应对方法。 (2)训练：根据教师应对可疑人物的方法或者按照广播指示行动等，训练在校内应对可疑人物的方法。 (3)事后指导：全校师生接受来自警察的指导，之后各年级回顾训练时的行动，确认取得的成果与不足之处。 2. 校外可疑人物应对训练。 (1)事前指导：收听 VTR——《一个人的时候危险》《自己保护自己》(这是由文部科学省选定，社团法人青少年成长国民会议推荐的)，学习在校外遇到可疑人物时如何应对。 (2)训练：训练求救时的发声方式，训练如何灵活应用学校编制的《可疑电话应对手册》应对可疑电话的方法等。 (3)事后指导：全校学生在听完校长讲话后，各年级回顾此次训练活动，再次确认为了防身应该采取的行动。	
安全教育实效分析	
2017 年日本全国共发生了 620 起以儿童为目标的各类违法案件。其中，针对0～12岁儿童的诱拐案件为 72 起，比 2015 年减少 34 起。	

2. 交通安全教育实例

活动设计基本信息	
主题	培养自我思考安全行动的学生——通学路段安全地图制作
学校	神奈川县南足柄市立足柄台中学
对象	中学生
活动背景分析	
该校位于神奈川县西部的丘陵地带，开校 26 年，有学生 369 名，教职工 29 名，属于一所中等规模的学校。校区地形为南北细长型，有些学生需要花费 45 分钟的步行时间才能到达学校。虽然学校不允许学生骑自行车上下学，但有时学生参加节假日活动也需要骑车出行。校园周边的通学路段设备还不是很充足，没有区分车道和步行道的路段很多，因为是周边居民的通勤路，所以交通量很大。因此，为了保证学生的交通安全，有效开展交通安全教育，该校开展"培养自我思考安全行动的学生"的系列主题活动，本次活动主题为"培养自我思考安全行动的学习——通学路段安全地图制作"活动。	
活动目标	
1. 要让学生习得从学校生活中隐藏的危险中保护自己生命的必要知识和技能。 2. 培养学生当危险逼近时，根据状况在做出切实判断的基础上采取安全行动的能力。 3. 希望学生能养成为本地区的安全发挥作用的积极态度。	
活动过程	
活动一：确保上下学时的安全 该校周边道路的交通量大，且存在道路狭窄的危险路段，因此该活动首先是面向确保全校学生日常上下学时的安全而开展的。 1. 班的编成。 打破校内各学年间的壁垒，编成步行可取得联络的小组，同时让全校教职员分别担当各个地区的安全担当。 2. 各通学路的检查。 让本校每位学生确认好从自家到学校的上学路段，与此同时让学生用红色标示出自己一人行走的路段，通过此方法让家庭和学校合作起来检查通学路段。各地区担当员根据通学路段地图获取小组下学校的路线和"儿童求助点"等更加具体的信息。 活动二：制作通学路段安全地图 本校学生分属于 13 个地区，每个地区有 5～41 名学生。 1. 安全地图的制作顺序。 (1)由安全担当员确定各区的最终解散场所，准备好从学校到解散场所的地图，印制成 A3 版大小，以便能填写进去通学路段的检查结果。 (2)注意最终解散场所要避开公民馆、公园、公共设施的停车场、便利店的停车场等会给其他团体带来麻烦的地方。 (3)安全担当员把各地区"儿童求助点"的家庭名册交给当地担当职员，并在地图上画出"儿童求助点"。由于家访所有家庭有些困难，因此此次活动只选择了面对检查路段的家庭，老师和学生一起拜访这些家庭，并拜托这些家庭在发生紧急事件时能够相助。	

(4)地区担当员和学生一起从交通安全、防范、防灾三个方面检查通学路段。

交通安全的检查点可细分为以下这些：按键式信号灯的按键是否有损坏；信号灯周围是否有树木等其他障碍物，能清楚看见信号灯；“停止”“禁止横跨”“步行者专用”等与通学路段相关的标志是否有损坏；人行横道处、车的停止线和人行横道的标志是否能清楚看见；为了确保通学路段的安全，检查有没有需要新增信号灯的地点；检查有没有需要增加交通标志或人行横道的地方；检查之后，为了确保安全，看看有没有需要改善的地方；区分步行道的护栏或围栏是否有损坏；护栏或围栏内的步行道上是否有树木等阻碍行人的障碍物；步行道边上的路肩以及步行道上的铺路和下水道的井盖是否有损坏；没有步行道的路段，是否在行车道上清楚划出了可供行人行走的路段；镜子上是否有污垢或有破损；人行天桥的台阶是否易滑；人行天桥的扶手等是否被损坏或有破损；由于道路施工而改变通学路段的地方是否根据道路指示等能确保安全。

2. 制作通学路段安全地图时应注意的事宜。

(1)由于通学路段的道路情况或交通情况会发生变化，因此以要将变化的状况在讨论后决定是否实施。

(2)实施时，要私下与本地域的相关机构(警察局、PTA、自治会等)联系好，制订好实施计划，征得这些机构的支持，以确保万无一失。

(3)班长所发挥的作用极其重要，但是要注意不要让班长感到责任过重。当班长指导力不足的时候，要通过眼神和手势，边表扬、边有耐心地指导，要留意这种万全的期待机制的建成。班长要事先做好调查，提前确认好危险地点。

(4)面对具体活动时，要明确教职员中的中心人物，同时发挥好每个教师的特性。要让本地各方和家访过的家庭理解此次活动的主旨，征得他们的协助。

(5)事先要指导清楚，地图完成后，各小组间要友好合作共同发挥作用。关于制作地图的指导要点、填写方式、活用方法等要有明确的指示。

(6)参加制作地图活动的评价由学生自己进行。

活动三：危险地点的概要

(1)安全担当员要将学生所指出的具有危险的地方进行现场确认。

(2)将其加在上一年度的通学路段安全地图上。

(3)将从警察那得到的新信息上所显示的发生过异常事件的地点也加到地图上。

(4)将新通学路段安全地图分发给全校学生，并在年级活动时进行指导。

安全教育实效分析

通过主动参与式的体验式活动，大大提高了学生的安全意识。此次活动成了从学生立场来考虑安全事宜的一个非常好的机会，同时，教师的安全意识也得到了改观。

由于重新审视了所有教育活动中以尊重生命为基础的安全教育的学习内容，因此，提高安全意识的学习程序，教师们的支持、评价都更加明确了，让学生独立思考行动的基础也在逐步确立。

同时，在道德教育和年级活动时间推行安全教育，让学生们真切地感受到了生命的宝贵，努力经营安全生活的基本态度也得到了培养。通过这种以尊重生命为基础的活动，使每个学生都不禁回首自己往日的安全，逐渐显露出在日常生活中要努力生存的态度。此外，在与本地区社会人士的协作下实施安全地图制作活动，说明学校开始考虑周边环境而行动的力量在增强。

3. 灾害安全教育实例

<table>
<tr><th colspan="2">活动设计基本信息</th></tr>
<tr><td>主题</td><td>当发生地震或海啸时，知道保护自己生命的方法</td></tr>
<tr><td>学校</td><td>大分县佐伯市立松浦小学</td></tr>
<tr><td>对象</td><td>小学三四年级</td></tr>
<tr><th colspan="2">活动背景分析</th></tr>
<tr><td colspan="2">1995 年阪神大地震之后，日本政府认识到学校灾害教育、灾害管理的重要性。随后，教育部(2001 年改名为文部科学省)根据不同年龄、学段制定学习指导纲要，规定各级学校灾害教育的总体目标与内容，以及学校推进灾害教育的策略。同时编写由浅入深、由简单到复杂、相互衔接的各阶段灾害教材，并颁发给各级学校作为实施灾害教育的参考资料。防震教材内容包括震前预警、震时避险、震后自救互救等，涵盖地震灾害发生的全过程。
“国际减轻自然灾害十年”计划指出，教育是减轻灾害计划的中心，知识是减轻灾害成败的关键。在地震频发的日本，应对地震已经成为民众生活的一部分，在多年的实践基础上，形成了独具特色的学校防震减灾课程体系。</td></tr>
<tr><th colspan="2">活动目标</th></tr>
<tr><td colspan="2">在遭遇地震或海啸时，懂得根据现场情况采取行动的方法，积累安全知识，提高安全意识。</td></tr>
<tr><th colspan="2">活动过程</th></tr>
<tr><td colspan="2">1. 防震安全知识学习。
活动一开始播放短片，内容为 2011 年 3 月 11 日“东日本大地震”场面，让学生感受地震和海啸巨大的破坏性和灾难性，同时展示出一些现场的照片，让学生思考面对这种灾害时自己该如何行动。课堂部分分为六大部分。
(1)教室。思考在教室发生海啸或地震时，保护自身的方法。在教师引导下得到的所期待的答案为：发生地震时躲到桌子底下；发生地震时告诉一二年级的弟弟妹妹们可以躲藏的地方；地震停止后，大家一起逃向鹤见中学；因为可能有人还不知道，所以要大声喊出“海啸要来了、快逃”。
(2)课间休息时间。确认好休息时间自己可能会待的各种场所，并调查好各个场所的危险地方，思考在休息时间发生地震或海啸时保护自身的方法。在教师引导下得到的所期待的答案为：当发生地震时，要注意从上面掉下的坠物和倒塌的物体，先找安全地方躲起来；地震停止后，大家一起在操场集合然后逃跑。
(3)自己家里。思考自己在家里时发生地震或海啸该如何保护自己。在教师引导下得到的所期待的答案为：地震时家里会有很多东西掉下来，要注意躲避；地震停止后，要问家里人该往什么地方逃；即使是自己一个人也必须逃。
(4)朋友家附近。思考自己去朋友家周围玩时发生地震或海啸了如何保护自己，并思考周围的避难场所。学生们的答案为：比起海边应该向可逃生的山的方向跑；可向学校周围的中学、公民馆、公园或向阳高地处逃生。
(5)让学生思考该准备哪些东西防备地震。学生们的答案为：食物、水。
(6)要保护自己和他人的生命我们该怎么做。让学生们以此为主题向全校师生发表演说，</td></tr>
</table>

通过看动画视频和短片，学生们学到了很多发生地震或海啸时的自我保护方法。成立小组，探究在各个时间段做什么活动比较合适，使学生们学会了自我思考，掌握了切实的知识。 2. 地震演习。 学校是在不通知全校师生的情况下，进行的一次全校范围内的防灾演习。校长说："这种演习有的时候是上课的时候举行，有的时候是下课的时候突然举行。"一场毫无准备的地震演习往往在 5 分钟之内就可以完成。
安全教育实效分析
日本学校的防灾安全教育的最主要特点是它不是知识或逃生技能的被动灌输，而是让学生通过亲身体验来全面地掌握安全知识和技能。学生亲身参与活动不仅能提高学习效果，还可由此引发他们对防灾教育活动的强烈兴趣。在自然灾害多发的日本，中小学校的安全教育发挥着越来越重要的作用，其在防灾、减灾中的地位和作用是不可低估的。

第二节　欧洲各国的安全教育①

美国社会心理学家马斯洛的"需要层次理论"将安全需求仅放在生理需求之上，说明安全需求是社会需求、尊重需求和自我实现需求的基础保障，是人的基本需求。目前，世界各国对安全教育普遍高度重视，一些国家将安全教育予以立法保障并纳入国家课程。本节就欧洲各国中小学生安全教育开展情况以及具体措施等方面展开介绍，以期为我国中小学生安全教育带来一些启示。

第一部分　俄罗斯的安全教育

俄罗斯在中小学安全教育方面进行了积极探索，是世界上首次将安全教育课程纳入国家课程的国家。俄罗斯已将中小学生的安全素质拓展作为国家安全的一项基础性工作，无论是在内容上抑或在形式上都已经建立了比较完善的教育体系，对于推进我国的中小学生安全教育具有一定的启迪价值与借鉴意义。

20 世纪 90 年代，安全教育课程《青年应征训练》已无法适应俄罗斯发展的需要，迫切需要国家出台和颁发了一系列法律法规，为中小学校安全教育的有效实施和推进提供保障。1991 年 5 月 14 日，俄罗斯联邦教育部通过了《关于俄罗斯普通学校青年应征训练》，要求在普通学校、中等专科学校、职业技术学校中废止 20 世纪 60 年代的《青年应征训练》课程，代之以《生命安全基础》课程。②1994 年，俄罗斯联邦组织领导和专家分析了《生命安全基础》课程的社会和教育

① 本部分作者：单凌娟，博士，中学一级，北京市第十七中学教师。

② 唐宏贵、李双成、黄靖、孙计金：《俄罗斯"生命安全教育"对我国学校体育的启示》，载《体育学刊》，2004(6)。

价值。教育部与国防部颁发《关于在俄罗斯组织和开展“安全学校”的实验》的草案，通过了《国立普通教育机构中〈生命安全基础知识〉课程大纲》，建议在整个俄罗斯的基础教育开设生命安全基础知识课程。1995 年，俄罗斯联邦政府出炉了《在全俄创立儿童少年“安全学校”运动及其职能》的文件草案。1997 年，俄罗斯联邦普通教育与职业教育监察委员会又颁布《〈生命安全基础〉课程最低内容限度》。1997 年、2002—2003 年、2004 年俄罗斯三次颁发的《俄罗斯普通教育国家标准》中不仅论证了中小学开设《生命安全基础》的必要性，并且规定了在各年级实施该课程的学时。2003 年纳入必修课程，至今已形成了较为完善的课程体系，也是俄罗斯中小学生学习安全知识最完整、最系统的理论课程。① 为了有效促进学生对安全教育知识的掌握和理解，该课程遵循中小学生的认知特点与年龄特征，有针对性地向他们传授安全教育理论基础知识，逐渐深化不同年龄阶段中小学生对安全理论的认知。

除在中小学校开设生命安全基础知识理论课程外，俄罗斯中小学还会定期组织和举办专门的安全教育实践公开课，开展包括交通安全、消防安全、水中安全、野外求助等实践活动。通过这种内容丰富、实用性强的理论知识学习以及实践巩固，俄罗斯的安全教育让中小学生既获得了应有的理论知识，又掌握了预防及应对危险的安全技能，真正做到了学以所用，其成效显著。

俄罗斯安全教育具体措施如下。

一、学校开展理论学习和实践训练

俄罗斯中小学开发、开展安全教育课程，培训专门教师推进课程的实施，或聘请安全教育方面的专家给中小学生授课，并进行安全技能的培训与指导。学校会定期举行全校大型安全教育活动课程，如举办历史知识竞赛、召开大型校际运动会、参观博物馆和纪念馆等。定期组织教师、家长和学生一起进行演示、模拟训练，让学生亲身体验，模拟训练，如交通安全演示、火灾紧急情况处理、野外独立生存等，以此增强中小学生的安全防御能力与自救应对技能。还利用春游的机会，在户外野营，在大自然中进行辨别地形、方向，野外救助和灾难报警等实践活动。通过理论的学习以及实践的训练，增加了学生对危险情况的感性认识，使学生能够真正获得应对危险的技能，不断强化中小学安全教育的效果。

二、教材编写依据中小学生的年龄特点及认知发展水平

俄罗斯低年级小学生教材以图片呈现为主，包括认识简单的危险标志、遵

---

① 冯永刚、员志慧：《俄罗斯中小学安全教育及其对我国的启示》，载《外国中小学教育》，2017(3)。

守交通秩序、乘坐机动车安全、安全用电、预防火灾、卫生与饮食安全等生活中的安全隐患等内容。对低年级的小学生以游戏的形式开展实践活动课程，如抢救溺水者活动，小学生在学习抢救方法和动作后进行比赛，这样既能激发小学生对安全教育活动的兴趣，又能学习到必备的安全技能。高年级中学生教材除了生活安全内容，还包括卫生防病安全、生态安全、政治文化安全、信息安全、国防安全等内容。高年级的中学主要以实践的形式开展活动课程，与消防、交通、卫生防疫等部门合作，开展消防演练、交通安全演示等实践活动。

三、消防安全教育

全俄自愿防火协会定期教授学生安全防火知识，并在学校组建青年消防员队伍。在一些国立学校定期进行生命安全教育的实践公开课。在此过程中，高年级学生获得火灾安全行为的新知识，并进行实践训练，应对各种紧急情况的发生。并把消防员的装备样品展示给孩子们，教会他们正确使用面罩以及听到报警后如何正确行动。

各地的防火灾宣传与社会关系中心向参观者开放，展览防火的工业设施和住房、防火宣传、火灾原因及后果等。参观者有学龄前儿童、中小学生和大学生以及其他职业的人们。每年，防火灾宣传与社会关系中心与国家紧急情况部以及教育科学部会合作开展预防儿童玩火引起火灾的宣传月活动。

俄罗斯每年都会在夏季和冬季举办“安全校园”活动，举办消防主题的知识竞赛，培训人员会向孩子们提出一些有关消防安全的问题，如果孩子们正确回答问题，就能得到相应奖励。另外，还设置了少年消防队、少年消防员、少年救援者、少年水上救援人员、少年救援员野外训练营等课程。“安全校园”的顺利开展很大限度上得益于地方政府机关的支持和协助。培训过程中，当地的消防救援单位会为提供培训所需的物质、技术支持。教学过程中由专家进行授课，在课上会安排各种不同的任务，孩子们不仅自己接受了应对火灾紧急情况所需的知识和技能的培训，还受到了道德教育，帮助火灾遇险的人们及时处理。同时，孩子们在这个过程中也会对消防救援工作有一定的认识，这对学生的生涯教育也有重要意义。

四、利用现代信息技术模拟紧急情况的安全创新教育①

俄罗斯已将现代化信息技术广泛应用于生命安全教育体系中。俄罗斯国家创新发展计划中有一个项目“建立利用现代信息技术模拟紧急情况的安全创新教育中心”，规划并建立一系列电脑模拟的安全培训，将学生置于模拟紧急情况的虚拟环境中，以游戏的形式激发学生的兴趣，使学生在寻找逃离困境的方法的同时接受

---

① 潘立标、尼古拉斯·斯米尔诺夫：《俄罗斯消防安全教育从娃娃抓起》，载《消防技术与产品信息》，2014(8)。

紧急情况下安全知识、行动技能和急救方法的培训。俄罗斯还开发了一些真实情境的游戏，如居民住宅火灾。学生模拟从充满浓烟的房间撤离，在火场中进行呼救，向消防员寻求帮助以及使用模拟练习器械对受伤者进行急救。这一项目能够培养学生在各种紧急情况下的逃生意识，如洪灾、飓风、暴雨、野外遇袭等情况。

五、配发身份识别登记卡、建立纪念碑

2004 年 9 月 1 日，北奥塞梯-阿兰共和国别斯兰市第一中学发生恐怖分子挟持人质事件之后，俄罗斯政府为保证中小学生的安全，在开学时会派出警力对各个学校周边进行维护和排查，戒备恐怖分子袭击校园事件。俄罗斯政府计划采取一切必要措施加强全国中小学校的安全防范，其中就包括为中小学生配置类似军用的身份识别牌以及记录有学生身份和基本医疗信息的登记卡。登记卡内含类似军用的金属制身份识别牌，含有学生姓名、年龄、照片、指纹、家人资料和联系方式、基本医疗信息以及紧急救援、逃生等自我保护信息等，同时还有一些指导学生如何应对洪水、火灾、交通事故以及恐怖袭击等知识，即使遭到炸弹袭击，该识别牌上的信息也不会丢失。另外，俄罗斯在莫斯科的街道上竖起了一座纪念碑，纪念碑底部是孩子们喜欢的玩具熊、小火车等，象征童真稚弱的世界充满善良和欢乐。中部是人的形状，高处变化成飞鸟，飞鸟代表的就是“别斯兰人质事件”中受害的一百多个孩子。这时刻提醒人们和教育孩子们，在我们生活的世界上除了美好，还有许多危险和罪恶！

第二部分　英国的安全教育

英国的安全教育是世界上发展最好的几个国家之一，始于 20 世纪末的英国安全教育发展迅速，到目前为止，英国的安全教育已经在理论和实践领域取得了很大的成就，形成了自己特有的模式和特点。

英国的安全教育是由泰德·诺夫斯最先倡导的。他是一名社会工作者，长期关注青少年的吸毒问题。他认为有必要在社会中开展安全教育，从而降低吸毒对社会造成的危害。1986 年，在威利特俱乐部的赞助下，英国第一个安全教育机构建立。此后，多个安全教育中心相继出现。英国安全教育的另一个主要渠道就是学校，学校非常重视安全教育。中小学已将安全教育课程设置为学校的必修课程，比如，“社会与健康教育”等课程，设定了专门的教学时间，并且规定了专门的教学时间，配有专业教师。① 英国把针对学生的安全教育渗透到各相关科目之中，使其相互协作，让学生从各方面和角度来提升对生命的体验和认知。英国在 1988 年进行教育改革，首次将体育课程列为必修课程。很多学

① 周英会：《英国的生命教育及对我国的影响》，载《黑龙江高教研究》，2015(2)。

校也把与生命安全教育相关的内容融合在体育课程中，让学生通过体育课程学习运动损伤、身体安全及毒品危害等方面的知识。

英国的安全教育具体措施如下。

一、英国儿童安全教育十大守则

英国儿童安全教育十大守则中，直接地告诉了孩子该怎么去做，在孩子日常的安全教育中值得我们借鉴。

英国儿童安全教育十大守则

1. 平安比成功更重要。
2. 背心短裤覆盖的地方，不许别人摸。
3. 生命第一，财产第二。
4. 小秘密要告诉妈妈。
5. 不喝陌生人的饮料，不吃陌生人的糖果。
6. 不与陌生人讲话。
7. 遇到危险可以打破玻璃，破坏家具。
8. 遇见危险可以自己先跑。
9. 不保守坏人的秘密。
10. 坏人可以骗。

二、儿童交通安全

英国是交通安全做得较好的国家之一，每个公民从幼年起就开始接受交通安全教育。从 20 世纪 50 年代起英国就对中小学生实施交通安全教育。20 世纪 70 年代的行政法规又规定："地方自治机关要做出一切努力，在学校教育中向儿童、学生灌输交通安全的思想和技术。"儿童信息中心、幼教机构等相关部门开发安全教育材料，给孩子开发可以朗诵的故事、彩色图画和儿童动手活动。保证儿童道路交通安全的六个要素可总结如下。①

英国儿童道路交通安全的六个要素

1. 手拉手，保平安。
2. 选择安全的地方过马路。
3. 过马路前，要一停、二看、三听。
4. 乘坐小汽车时，时时刻刻系好安全带。（不要让孩子坐在膝盖上，或两人共用一个安全带）
5. 穿颜色明亮的外衣。
6. 游戏时，远离车辆。

① 胡树成：《英国儿童道路交通安全教育简介》，载《城市交通》，2009(1)。

三、儿童消防安全

英国各地别具特色的社区消防安全教育模式，取得了显著的成效。政府和消防部门通过网络上的消防教育、建立“个人消防站”、加强儿童防火教育、开展全方位社区消防教育等模式，对提高普通民众的消防意识和技能，对防范火灾和降低火灾损失都起到了重要作用。其具体措施如下。①

英国消防安全教育措施

1. 加大宣传力度，用多种文字和图画印制了宣传防火、灭火和逃生自救知识等实用的消防安全教育资料发给居民群众。

2. 建立社区消防教育中心，对辖区内的居民和企业主进行消防知识的普及教育。

3. 利用网络向居民提供网上消防教育，在电脑上进行火灾现场模拟演示和训练。

4. 社区提供消防和救援部门实习机会，在实践过程中掌握初步的消防安全知识。

四、网络安全教育

据调查，英国约有 80%的父母认为，孩子有关网络安全方面的经验与阅读、写作、算术同等重要。② 目前，网络安全成为学校开设的个人社交与健康课的一部分。但是，几乎有 1/3 的家长认为对孩子进行网络安全教育还不够。鉴于网络对学生的影响越来越大，且不良信息众多，而中小学生的分辨能力和抗诱惑能力不强，英国政府于 2011 年开始将网络安全教育列入英国中小学的必修课。现在，英国所有中小学全面实行“绿十字互联网安全守则”教育，其内容主要包括如下。

英国“绿十字互联网安全守则”

1. 学校要教育学生不轻易在网上公布个人信息。

2. 学校要教会家长和学生如何识别及过滤不健康的电子邮件。

3. 学校及家长要教育监督学生不登录浏览色情网站。

4. 教育学生一旦发现不良网站，要及时向老师、家长及警方报告。

第三部分　荷兰的安全教育

在荷兰的教育体系中，安全教育是一种必要的学习，荷兰的中小学安全教育的内容更是包罗万象。荷兰的安全教育离不开政府、学校、家庭的共同努力。学校根据大纲具体实施安全教育课程。政府联合社会力量、委派专业人员辅助学校开展安全教育工作。家长也积极参与针对孩子的安全教育活动，让安全知

① 郑言：《我国应借鉴英国社区消防安全教育模式》，载《安全生产与监督》，2009(2)。

② 张婷婷：《英国加大对孩子的网络安全教育》，载《比较教育研究》，2014(4)。

识深入学生心中，家长的配合与合作可以促进学校安全教育的顺利开展。荷兰安全教育具体措施如下。

一、骨折

许多人对骨折听起来很熟悉，但是对如何处理很陌生。骨折是指由于外伤或病理等原因致使骨质部分或完全断裂的一种疾病。其主要表现为：骨折部有触痛和剧痛，局部肿胀、可能出现瘀伤、伤肢无力、骨折处和附近关节处功能部分或完全丧失、骨折部位也有可能大量出血，导致休克。你知道骨折后正确的处理方法吗？错误的处理方法会造成伤者的伤势加重，严重的甚至落下残疾的后遗症。我们看看荷兰是如何处理骨折的。

骨折的处理方法
1. 让患者保持镇静。骨折部位会感觉很疼，所以要守在患者身边，安抚患者情绪。 2. 让骨折部分保持静止状态，不要移动，以免加重伤情。 3. 拨打医院急救电话，如果不方便，请求附近人员帮助拨打急救电话，尽快把伤者送去医院。

二、急救箱

现代家庭中会常备有一个小小急救箱，以备不时之需。有了这样的一个急救箱，一般家庭生活中或旅行中出现小伤、小病时就不会再惊慌失措。那么朋友们就会问了，一个家庭急救箱里都要配些什么急救用品呢？咱们看看荷兰的急救箱里有哪些东西。

器械名称	用途
安全别针	用于固定绷带或急救带。 使用时注意把别针别好，不要把针尖露出来。
包扎剪刀	剪刀为钝头的，使用时更安全。
脱脂棉花	可以很好地吸收伤口流出的血液。
创可贴	用于小创口。
绷带	常用于胳膊和腿。长条状，用橡皮膏和纱布一起固定。
消毒纱布	用于大创口。消毒为防止感染。
镊子	用于从伤口中取出异物、夹住消毒脱脂棉花处理伤口等。
橡皮膏	有黏性，用于固定绷带或纱布。
三角巾	用于支撑骨折的胳膊。
碘酒	用于清洗伤口，给伤口消毒，以防感染。
急救带	用于大创口，常与绷带和橡皮膏配合使用。

对于急救箱的使用还需要注意：第一，把急救箱放在容易拿到的地方，里面应该物品齐备，使用完一些物品后，要及时补充。第二，家庭每一个成员应该知道急救箱在哪儿。第三，处理完伤口后，要及时安抚伤者情绪。

三、外伤

皮肤包在身体表面，直接同外界环境接触，具有保护、排泄、调节体温和感受外界刺激等作用，由表皮和真皮紧密结合而成，是身体最大的器官。生活中由于我们的粗心大意，经常会造成皮肤受外伤，感觉疼痛，有时还会流血，我们该怎么办呢。不同伤害程度的伤口处理方法不同。

不同伤害程度	处理方法
小伤口	伤口如果比较表浅，比较小，比较干净，没有异物，可以自行用创可贴包扎。首先用碘酒做局部消毒，然后再贴上创可贴。 注意事项：创可贴上有个小垫，上面有一块消毒纱布，在贴创可贴时，不要用手接触消毒纱布。伤口愈合之前不要沾水，经常给伤口更换新的创可贴，顺便观察一下伤口有无化脓现象，如果出现化脓，要及时去医院处理。
不同伤害程度	处理方法
大伤口	对于大伤口来说，创可贴就太小了，要用速扎带。伤口速扎带有一个消毒过的小垫，有一条绷带，两个固定用的胶带。其包扎步骤如下。 1. 把消毒过的小垫放在伤口上，要一次放好。 2. 将一侧绷带绕在胳膊上，把一侧胶带固定在皮肤上。 3. 把另一侧绷带绕在胳膊上，把伤口处的小垫完全包住。 4. 最后，将另一侧胶带固定好。

急救中，如果没有现成的速扎带，我们需要自制一个类似的包扎带。需要用到的物品有包扎剪刀、消毒纱布、绷带、脱脂棉花、胶条。包扎步骤如下。

自制包扎带的包扎步骤

1. 取一块消毒纱布。
2. 用手指把纱布按在伤口一侧，不要按在伤口上面。
3. 在纱布上面放一层棉花，棉花可以吸收流出的血。
4. 取一块能吸收血液的绷带。
5. 用绷带缠绕，完全覆盖纱布，最后用胶条固定住绷带。

四、烧烫伤

烧烫伤在儿童意外伤害中后果较为严重，即使救治成功也可能伴随毁容、终身致残和心理创伤等，同时家庭和社会也面临巨大的经济负担和心理压力。在荷兰，烧伤按轻重程度分为：一度、二度和三度。其具体描述如下。

烧伤程度	严重程度	表现	怎么发生的
一度	糟糕	皮肤红肿	比如，手被热茶短时烫伤
二度	非常糟糕	皮肤红肿起水泡	比如，手较长时间被热锅烫伤
三度	极其糟糕	皮肤灰白色或黑色	比如，身上的衣服被火点燃

有些烧烫伤发生的主要原因是：对烧烫伤的危害认识不足、缺少正确的急救知识。烧烫伤作为意外事故，有些是可以预防避免的，其预防方法如下。

烧烫伤类型	预防方法
热液烫伤	让儿童认识到热的物体很可能是危险的，如热水瓶。将热水瓶、热汤等放置在儿童拿不到的地方。食用任何热饮，要先确定温度后再进食。
热的物体烫伤	使用电热毯、熨斗、电炉等高温物品，要注意温度及使用距离，以免皮肤因接触高温太久而造成烧烫伤。电线及插座不要让儿童摸到，插座可用塑料盖盖住。
火焰烧伤	不要让儿童玩火柴或打火机，使用蜡烛时要注意稳定性，远离火源。

如果发生烧烫伤，其紧急处理方法如下。

烧烫伤紧急处理方法

1. 在处理任何烧烫伤时，家长先冷静下来，并安抚孩子情绪。
2. 把伤口放在缓慢流动的水下冷却，至少保持 5 分钟。
3. 烧伤的地方有衣服粘住，不要直接揭开，要让水在衣服外面流动。
4. 绝对不要擅自使用药膏。（即使是烧伤药膏）
5. 降温后直接盖上消毒纱布送往医院治疗。

五、意外事故

日常生活中，意外伤害很难避免，有时也难以预料。如果我们操作不当，很可能会对自身或者他人的身体造成伤害。所以，掌握一些急救常识是非常必要的。下面就看一下荷兰日常生活中遇到小意外的处理方法。

意外伤害的类型	处理方法
鼻子流血	如果鼻子受到重击或不停地用力擤鼻子，就会流鼻血。这时，不要慌张，处理步骤如下。 应立即坐下，以减缓血液的流动，快速把心情稳定好，着急会心跳加快，给自己心理暗示，让自己平静下来。 把头向前俯一些，使血液从鼻孔流出来，而不是让血从鼻孔里倒回去。不应使劲抬头，如果把头高抬，血会流向口腔和咽部。 用拇指和食指在鼻骨下方把鼻子捏住，捏住 10 分钟之后，小心地松开。 如果还流血不止，要赶紧去医院，以查明病因。
被昆虫叮咬	1. 被蚊子叮咬。 几乎每个人都逃不过蚊虫的叮咬，被蚊虫叮咬后很痒并常伴有红肿，使得人们非常苦恼，不知所措。可以采用冷敷，多次冷敷患处，可减轻红肿。 2. 被蜜蜂叮咬。 蜜蜂一般是不会主动去侵犯人类的。如果一不小心被蜜蜂蜇了，首先要保持淡定、冷静。有毒刺刺入肌肤者，先用镊子拔去毒刺。然后把一块湿的毛巾或纱布敷在被叮的部位并固定住。如果是嘴或喉部被叮，或被叮的部位肿得很厉害，或出现头疼、头昏、恶心、呕吐、烦躁、发烧等症状时，一定要立马去医院。
嘴唇被咬伤	嬉戏打闹或摔倒时，不小心牙齿狠狠地咬到嘴唇，嘴唇被咬伤，流血不止。这时，先不要惊慌，处理步骤如下。 (1)取一块消毒纱布，把伤口按住，保持几分钟，待伤口血液凝集。 (2)检查牙齿是否受伤。 (3)如果伤口很大就一定要去医院，找医生消毒并缝合伤口。
挫伤	挫伤是闭合性损伤，常为皮下软组织损伤，表面无伤口。生活中常见的有摔跟头或者被狠狠地磕了一下导致的挫伤，在受伤部位会出现一块青紫。挫伤后，可用毛巾包冰块在肿胀处冷敷，至少敷十几分钟，以使血管收缩，减少继续出血。经过处理后，将伤者送往医院处理。

六、其他安全知识

所有事故都是可以预防的。为了确保人员、财产的安全，把危害降到最低限度，我们必须追根溯源，从源头上抓起，找到危险源，并及时解决安全问题，杜绝安全隐患，能够极大地降低生活和生产过程中安全事故的发生率，从而保障人身、财产的安全。

(一)家庭生活中隐藏的安全问题及预防方法

活动场所	隐藏的安全问题及预防方法
起居室	松脱的地面装饰、电线或建筑障碍物易使人绊倒。建议：去除不必要的地面装饰，将散落的电线电缆尽可能置于走线槽里，将屋里的杂物尽快并尽可能地清理干净，尽可能减少房间内的障碍物。 抽屉柜因倾翻和扣压，造成孩子受伤。建议：将柜子固定在地面或者墙面，以防倾翻。
卧室	卧室床上用品和衣物往往是可燃的。建议：绝不能在床上抽烟，经常整理散落衣物，经常检查电热毯等电器是否老化。
厨房	厨房里除了明火、热汤等容易引起烧烫伤外。还有一些容易爆炸的隐患，比如，使用微波炉加热鸡蛋容易爆炸，建议不要使用微波炉加热鸡蛋。高压锅是很多人的厨房好帮手，用它煮粥、炖肉高效又方便，然而如果使用不当，高压锅就不是帮手，而是“杀手”了。建议：使用高压锅前，一定要事先检查排气孔，严格按照说明控制食物体积，同时注意使用年限。 另外，厨房中的洗涤剂等溶剂放置不当容易造成孩子中毒。建议：将带有毒性的溶剂或洗涤剂(如丙酮、氯化物)存放在橱柜内，并尽量用无毒物质替代有毒溶剂或洗涤剂。
卫生间	卫生间的地面大多使用瓷砖，比较光滑，由于使用可能经常有水，易滑倒造成危险。建议：及时清理地面的水，使用防滑垫或防滑瓷砖，安装扶手以便抓扶。 卫生间热水的使用可能导致儿童和老人烫伤。建议：使用定温水龙头，设定使用温度。
家庭汽车	开车时，要遵守交通规则，系好安全带；把车辆熄火时，手刹拉起，防止溜车；小心汽车气囊，不要在事故车辆中停留。防止发生开车门事故，用离车门较远的那只手开门，眼睛通过后视镜观察，确认安全后打开车门。

(二)工作单位讨论并采取必要的安全措施

公司和单位必须讨论安全问题并采取措施以避免工作地点有危险发生，包括以下事项：第一，组织讨论可能存在哪些安全隐患。第二，应该采取什么措施。第三，提高安全意识，并安排相应的指导和培训。第四，形成公司内部的安全公约。第五，公司要设置急救措施和通道等。

(三)预防传染病

传染病指由细菌、病毒等病原体引起的能在人与人或人与动物之间相互传播的疾病。其建议如下。

预防传染病的建议
1. 在传染病高发季节，减少去人群密集处，可以减少与患病人群的接触机会，尽量避免接触呼吸道感染的患者。 2. 勤洗手，养成良好的卫生习惯，提高自我防病能力。 3. 保持充足的睡眠、充分的营养、适当的体育锻炼，增强对传染病的抵抗力。 4. 注意家庭和工作场所开窗通风及卫生情况。 5. 传染病人接触过的用品及房间要严格消毒。

第三节　美国的安全教育①

美国曾经是世界上校园安全问题比较严重的国家之一，从 1968 年美国学者在其创建的“阿南达学校”推行生命教育理论开始，美国中小学安全教育的历史迄今已有 50 多年。在其半个多世纪的教育实践中，逐渐形成了一套比较完整的安全教育体系，取得了良好的教育效果，降低了中小学生安全事故的发生率和伤害率。美国的中小学生安全教育经验、教育资源对我国的中小学生安全教育来说，有一定的借鉴意义。

本节将从美国的安全教育理念、安全教育课程、安全教育指南展开具体的介绍，以期为我国中小学生安全教育的开展带来启发。

第一部分　美国的安全教育理念

从定义来看，在美国，安全教育是指通过学习使学生掌握安全防范知识以及一系列的安全技能，防止无意或有意的伤害；同时也包括掌握受到伤害时的应急技能、急救技能、最基本的受伤治疗技能，即能够进行自我救助和互救，避免或减少伤害死亡事故。②

从目标来看，在美国，安全教育要循序渐进，同时注重中小学生安全知识的增长、安全意识的培养和安全技能的提高。学生通过安全教育课程的学习，需要达成能够对环境做出快速而准确的评估和抉择，减少意外伤害事故的发生。具体来说可分为以下 7 个目标：能够理解预防伤害、提升安全的概念；能够获得有效的安全信息、产品和服务；能够实施降低危险、提高安全的行为；能够分析个人信仰、文化、大众传媒、技术和其他因素对安全的影响；能够运用人际沟通技巧增进安全；能够使用后果预测和决策技巧提高安全度；具有倡导个

① 本部分作者：张萍，博士，中学二级，中国科学院附属实验学校教师。

② 谢银迪：《美国：多方共同参与学校安全教育课程》，载《上海教育》，2014(20)。

人、家庭和社区安全的能力。

从内容来看，以中小学生的安全为关注点，针对威胁少年儿童的主要意外事故、飓风、洪水等极端自然灾害频发以及枪支、毒品泛滥等特点，安全教育涵盖了以下内容：交通工具安全、远离火灾和烫伤、窒息防范、中毒防范、高处跌落防范、武器伤害防范、自行车和行走安全、溺水防范等众多领域。

第二部分　美国的安全教育课程

一、美国的安全教育课程

在美国，按照国家课程标准和地方课程设置的要求，安全教育课程在公立中小学为必修课程。各类专业协会、各学区根据自身特点都会开发不同的中小学生安全教育课程。专业协会、专业组织，以及社会其他职能部门的广泛协助和积极参与有效地促进了安全教育课程的开发和实施。其中，最为著名的课程有两种：其一是由美国红十字会主持开发的安全教育课程；其二是由美国家庭安全委员会联合美国防火协会、美国儿科协会等多家专业技术组织推出的“关注危险”安全教育课程。

美国红十字会主持开发的安全教育课程，一直在发展，从“Master of Disaster”到“Disaster Preparedness”，是对安全教育的一步步探索和改进。针对从幼儿园到八年级孩子可能遇到的意外伤害，开发有四类课程①：“小小熊”个人卫生课程、青少年急救护理课程、灾难演习课程、鲸鱼朗费罗的故事（水上安全教育课程）。课程囊括近200个灵活多样的课程活动可供选择，课程活动不同于常规的教学活动，多以参与、体验为主，体现其趣味性、实用性和互动性。学校可依据孩子的年龄阶段和身心特点，采用不同的形式，选择教授不同的内容。以“小小熊”个人卫生课程为例，课程面向3～8岁的儿童，结合低龄儿童的身心发展特点以及成长需要，以角色扮演、网络游戏、卫生竞赛等多种形式开展个人卫生教育课程。借助卡通人物“小小熊”的故事让孩子们知道个人卫生的重要性以及如何保持个人卫生。在课程实施中，为增强趣味性和扩大影响，同时联合美国国家卫生基金会创立“洗手俱乐部”，并创建丰富有趣的网站，深化课程的影响，达成安全教育实效。

在当前的“Disaster Preparedness”系列课程中，美国红十字会在其官方网站上向教师提供可参考的安全教育项目课程资源，包括以下三类：枕套项目（Pil-

---

① 田茂、李聪影：《美国中小学安全教育的经验与启示》，载《吉林省教育学院学报》，2013(12)。

lowcase Project)①、与佩德罗一起准备(Prepare with Pedro)、怪兽卫士(Monster Guard)。三类项目针对不同年龄阶段的孩子实施，根据不同年龄阶段孩子的特点，实施方式亦有所差别。

美国红十字会主持开发的安全教育课程(部分)

课程	年级	时长	内容及特点
枕套项目	K3～K5年级	40分钟/60分钟	有关个人和家庭的防备和安全技能，当地危害以及基本的应对技巧。通过“学习、实践、分享”框架引导学生参与防灾和生存技能。完成后，学生会收到一个结实的枕套，可以在其中放置个人应急物品。对不同地区可提供演示文稿定制，适合学校、课后活动等。
与佩德罗一起准备	K2年级	30～45分钟	如何防范家庭火灾或飓风等突发情况。目前处于试验阶段，配合 Pillowcase Project 使用，并为其做准备。故事性较强，主人公是一只名为 Pedro 的企鹅，在故事阅读、问题解决和分享中学习安全知识。适合学校和课后活动。
怪兽卫士	K1～K6年级	40分钟/60分钟	基于应用程序，教授学生如何在家里和全国范围内避免紧急情况的发生，如何在家庭以及其他环境中为真实生活中的紧急事件做准备。涵盖针对火灾、飓风、地震等10种特定危害的课程计划。在有趣且引人入胜的游戏中经历挑战并通关，执行动画培训任务，学习如何应对突发事件，最后通过交互式课堂活动练习并分享所学。适合学校和课外活动。

“关注危险”安全教育课程②，作为当前全球影响力最大的安全教育课程之一，以教育学、哲学、心理学、医学、地理学等多种学科专业知识为基础，统一化模式和程序，是第一个专门为课堂授课设计的综合性防灾课程。课程针对威胁少年儿童的主要安全事故，内容涵盖交通工具安全、远离火灾和烫伤、窒息防范、中毒防范、高处跌落防范、武器伤害防范、自行车和行走安全、溺水防范八大领域，将安全预防知识和技能同时融入中小学课程之中。根据青少年身心发展特点将课程分为五个阶段，每个阶段对应不同的角色、

① 枕套项目(Pillowcase Project)，起源于新奥尔良，红十字会负责人了解到一些学生在紧急情况下曾经使用枕套来携带应急物品，红十字会开始使用枕套教孩子们如何准备应急，枕套项目自此开始蔓延至其他州甚至世界各地。

② 田茂、孙远平：《美国“关注危险”安全教育课程的经验与启示》，载《现代中小学教育》，2012(7)。

教学方式、教学目标以及内容。在课程实施中，一方面与现有课程相融合，另一方面亦打破传统的教学形式，与美国红十字会安全教育课程活动宗旨一致，体现其趣味性、实用性和互动性，如角色扮演、编写新闻、在社区播放防灾纪录片、安全话题主题演讲、戏剧表演、安全影片制作等。以三四年级孩子的安全教育为例，教学目标设定为发现住宅周边潜在的危险，使用五个“W”准确判断环境是安全还是危险。考虑到此阶段的孩子在语言和写作技能上需要有所发展，角色设定为新闻记者。在课程具体实施时，可让学生编写安全新闻，在学校和社区展出，亦可在“消防日”，让学生在学校、社区进行防灾纪录片播放和知识宣传等，最终达到交通安全、安全防火教育的目的。

从以上美国两种安全教育课程可以看出，美国安全教育课程的开发集结了社会上多方力量的参与，尤其是专业组织的参与，保证了其科学性和专业性；打破学科壁垒，与数学、音乐、语言、美术等多门中小学课程相融合，更贴近师生需求，培养综合性人才；教学方式灵活，教学活动多样有趣，学生参与性强，体验感强，更能达到安全育人的目的；课程实施形式多样，不仅仅局限于课堂和学校；课程模式化、程序化、规范化，课程资源共享，课外资源补充，增强了课程资源的流通性和实用价值，便于课程推广和规模化。

此外，除多方专业组织联合学校共同开发专业的安全教育课程之外，还开发了以安全教育为主题的安全应用程序，如美国红十字会开发的3款安全应用程序：Emergency、First Aid和Monster Guard。其中，Emergency可以协助监控超过35种不同的恶劣天气和紧急警报，First Aid可以让你在第一时间获取有关处理最常见的紧急情况的急救信息，Monster Guard专为7～11岁的孩子设计，充分体现寓教于乐的精神，让孩子在家中玩游戏的过程中，在游戏中角色和所有怪物的帮助下，学会如何应对现实生活中的紧急情况。美国红十字会在其官方网站上提供了这些安全应用程序的下载方法。

二、美国的安全教育课程设计案例

下面以K3～K5年级枕套项目课程为例，给出美国安全教育课程设计案例之一。枕套项目作为科学课的补充，其教学设计包括三个课堂活动，帮助学生从科学的角度看待灾害地图上呈现的四种自然灾害——飓风、龙卷风、地震和火山。教学活动充分体现了科学教育面向下一代科学标准的概念转变，科学教育是对科学在现实世界中参与并和其相互作用的内在本质的反映。

美国的安全教育课程设计案例——枕套项目①

课题名称	常见地质灾害安全教育——枕套项目
教学对象	K3～K5 年级
教学目标	介绍常见气象地质灾害的主要术语和科学概念。 帮助学生了解在极端天气和其他紧急情况下会发生什么以及如何保持安全。 让学生和家人了解美国红十字会在官网提供的应急准备信息。 通过合作研究、概念建模和工程设计促进科学学习。
教学资源	一张教师指南、三份可复制的学生活动表、灾害地图、一份在线调查表。 每个学生及参与该项目的其他授课老师每人一份活动表。
教师活动	使用灾害地图向学生介绍发生在本国的一些自然灾害，指出所在地区常见的灾害，并和学生讨论他们的家人朋友所在地区的常见灾害，向学生介绍将要学习的四种自然灾害——飓风、龙卷风、地震和火山，以及当这些危险发生时，在紧急情况下如何保持安全。
学生活动	活动 1——风暴监视 活动 1 通过使用各种在线资源(网页、地图、动画和视频)指导学生完成一个协作研究项目。指派一些小组研究飓风，另一些小组研究龙卷风。当他们完成研究后，让每个小组在课堂讨论中做报告，分享他们的发现。使用黑板、白板或彩纸绘制图表，比较这两种强烈风暴的位置、原因和安全因素等。 活动 2——危险边缘 活动 2 向学生介绍板块构造学，解释构造板块的运动是如何为地震和火山创造条件的。接着，学生构想出一个基本模型，展示地质力是如何作用的，并以小组形式协作创作出模型，最终在班级展示。 活动 3——安全设计 活动 3 让学生提出一些工程想法，以减少飓风、龙卷风和地震对房屋和城市造成的破坏。活动表简要回顾了工程师们已经探索过的一些设计理念。 活动 4——应急准备 通过对比每个活动表和红十字网站上提供的应急准备信息，结束课程。针对所在地区发生的自然灾害，练习红十字会推荐的保护举措，鼓励学生分享他们所学到的关于在家里如何帮助他人的应急准备知识。
其他资源	CDC FEMA NFPA NOAA USGS Education American Red Cross Monster Guard

① 教学设计案例来自美国红十字会网站。

通过上述K3～K5年级枕套项目课程设计案例可以看出，美国安全教育课程关注学生的参与体验与真实收获，采用主动参与式的体验式活动，由此大大提高了学生的安全意识和真实感受。注重和其他学科的融合，在安全教育中不忘渗透科学素养。注重培养学生的合作研究、概念建模和工程设计等多种能力，以此来促进科学学习和科学素养的提升。学习资源丰富多样、有延伸。充分结合信息社会发展特点，合理利用网络资源，从生活中来到生活中去，让学生切实感受到安全教育学习有用。最后，在为家人朋友制订应急计划的过程中，发展学生关心他人、关心生活的人文情怀。

第三部分　美国的安全教育指南

据美国防火协会的报告，在美国中小学生群体中经常遇见的安全事故，其中三项为：溺水、火灾、自然灾害。其中，溺水是14岁以下儿童受伤致死的第二大常见原因。这三类安全事故，恰恰也在我国中小学生意外事故中排名前列。接下来，针对上述三类事故对应的安全教育——游泳池安全教育、火灾安全教育、地震灾害安全教育——展开美国安全教育指南说明。

一、游泳池安全教育

美国游泳池安全教育是从两个问题引发的，分别从监管人和孩子两个角度出发。

从负责监管的成人角度看，在游泳池里保护孩子安全、避免孩子发生危险的最好方法有三个方面。其一，监管的成年人必须是会游泳的人。其二，在游泳池里应该随时注意孩子。这一点和中国是一致的。其三，对于不同年龄阶段的孩子，对负责监管的成年人又提出了不同的监管要求。例如，对于婴儿和蹒跚学步的孩子，监管人应该站在水中并在孩子伸手可及的位置，被称为提供“触摸监控”。对于大一点的孩子，监管人应该随时保持关注并避免分心的活动，如打电话、社交、做家务或饮酒等。

对监管人的职责进行界定之后是泳池规则、泳池围栏及周围环境的要求、游泳课的一系列问题，以及潜水时可能遇到的安全问题、潜水常识、潜水规则。美国安全教育极尽细致，比如，给定泳池围栏高度范围和垂直板条宽度范围，提出游泳课的心理、物理、健康等问题。尽可能地把涉及游泳池安全的环境和人为因素全部排查一遍，可操作性极强。

从孩子的角度看，为什么在水中保持安全很重要？对孩子来说，明白为什么比知道是什么更重要，可以让孩子对生命、对安全更有敬畏感。关于这一问题，美国安全教育在以生动形象的例子给出解释的同时又不失科学性，在普及安全教育的同时进行生命科普。通过告诉孩子，鱼能够在水中生存和呼吸，人则需要呼吸空气，确切来说，是需要氧气。当太多的水进入肺部时，人们就会淹死。当这种情况发生时，肺就不能向血液中输入氧气。进入大脑和身体其他部分的氧气逐渐减少，人们就会窒息而死。

在受教育者明白重要性之后，给出游泳池、池塘、海滩、水上公园四种不同场景下的注意事项、规则、可能会遇到的问题以及解决对策。让孩子熟悉游泳的环境及设施，了解安全常识，能判断游泳环境的安全性，掌握必要的求生技能，尽可能避免意外的发生。下表是美国游泳池安全教育中不同场景下的安全提示，不仅有怎样做指南，更重要的是言简意赅地解释了为什么这样做。

美国安全教育指南——游泳安全小贴士

场所	安全贴士
游泳池	注意游泳池的边缘地带和底部，这些区域通常是由混凝土制成的，滑落或跌倒对孩子来说一般都会造成不同程度的伤害。观察游泳池边的醒目的大数字——深度标记。永远不要从游泳池边尝试跳水，除非工作人员告诉你水足够深可以跳。在进入游泳池之前先试水池的水温。水温如果过低，过冷的水会冲击你的身体，使你的血压和心率上升。如果你碰巧张开嘴大叫，水也会趁机而入。水温过低还会导致肌肉紧张甚至发生抽筋，这些都是潜在的危险。 其他规则。
池塘	在野外游泳要格外小心，和大人一起游泳。虽然在你周围游动的鱼不会伤害你，一些池塘和湖泊可能隐藏锯齿状的岩石，还有破碎的瓶子或垃圾。游泳时脚上穿专业的设备以保护双脚。注意水草，对于一个优秀的泳者来说，这也是致命的危险。如果你惊慌失措，试着让自己挣脱，反而会被水草缠得更紧。相反，摇一摇，慢慢地拉你的胳膊和腿来放松自己，并寻求成年人的帮助。 如果你要乘船，一定要穿救生衣，救生衣必须是得到海岸警卫队授权的合格救生衣。即使你是一个游泳好手，翻船的情况也是偶有发生的，每个人都有可能被困在船下面。 其他规则。
海滩	当你第一次到达一片新的海滩时，和救生员确认一下海浪的强度。在海里游泳比在游泳池里游泳要复杂得多，因为海浪和水流随时在变化。这也是为什么，一定要先确认海浪的强度。海浪可以把你打倒，也可以把你推到海底。如果在游的过程中，你开始感到累了，那就离开水域休息一会儿。如果你被一股水流困住了，你可以沿着与海岸平行的方向游，而不是朝着与海岸垂直的方向直直地游。沿着与海岸平行的方向游直到海水不再拉你，再斜着游回岸边。如果浪太大，你不能游回到海滩，就试着踩水，向救生员挥手求救。在这种情况下，保持冷静而不是惊慌是非常重要的。 在你游泳的地方，你可能会看到有一些可爱的海豚会飞跃而起，你可能看不到任何鲨鱼，但危险也是随时存在的。你可能会遇到水母或葡萄牙僧帽水母。这些伞状的、几乎透明的动物可以长到直径几英尺！它们经常被发现漂浮在海岸附近。被这些动物蜇到会有危险——它会伤害你的皮肤，让你起水泡。如果你被水母蜇了，就要尽快告诉大人。 其他规则。

续表

场所	安全贴士
水上公园	如果你不会游泳，或者不擅长游泳，那就一定穿上救生衣。 在乘车前阅读所有的安全标志。确保你符合安全说明中的乘车要求，没有任何所列的不适合乘坐的特殊身体状况。如果你有任何问题，可以咨询家长或询问救生员。 确保每次乘坐的时候都有救生员，听从救生员的指示。耐心等待，直到你前面的骑手通过了一个安全点，你才可以滑下滑梯。 总是先从水面滑下去，保持面部朝上，脚朝上。这是安全、正确的乘车方式。 当你从一个骑行设施到另一个设施的时候，不要跑，因为水上公园的通道通常很滑！ 每次骑行都是不同的，安全注意事项很可能是不同的。阅读每一项安全注意事项，并注意池中的水有多深。 其他规则。

二、火灾安全教育

每年，美国各年龄段的孩子加起来会引发 3.5 万多起火灾，美国的火灾安全教育的重要性不言而喻。美国的火灾安全教育遵循认识、理解、应对这一基本认知过程，让学生知道火灾的成因，理解火灾发生时的危险性，进一步知道在火灾发生时如何采取安全行动。针对青少年的身心发育特点和年龄特点，从火势蔓延快这一生活现象出发，引出对火为何令人着迷的解释。将火是什么、火的危害、火如何产生、火的原理简单给予说明，让孩子对火有了初步认识和了解，进而引出远离火灾应该遵循什么样的安全提示。在家可以做什么、应该做什么，在学校如何进行消防演习，以及如何制订安全逃生计划和安全逃生路线。

当火灾真实发生的时候，安全逃生计划可以帮助每个家庭成员从燃烧的房子里安全逃出来。这样做的目的是保证生命安全。火灾中如何做到快速安全逃出？安全步骤有哪些？什么是保持低位？如果不能马上出去该怎么办？家庭消防演习应该做什么？如果你的衣服着火了，又该怎么办？防止火灾需要做些什么？这些问题都是火灾安全教育中不可缺少的部分。火灾安全教育，防患大于未然。

美国消防协会编写有关于美国基本防火安全知识教育的小册子，有具体的步骤指南。指南上明确说明在不同的情况应该采取什么样的措施。

美国安全教育指南——如何在火灾中安全逃生

在火灾发生之前，确保自己知道并熟悉房间的逃生路线。逃生路线可以帮助每个家庭成员快速从燃烧的房子里安全出去。大火中冒出的浓烟会让你很难看清东西在哪里，所以了解和记住不同的逃生路线是很重要的。比如，有多少出口，从你的房间怎么去找它们。让你的家人画一张逃生路线地图是个好主意。

可能有一条出路会被火或烟挡住，所以你有必要知道其他的出路在哪里。如果你住在公寓楼里，你更应该知道去楼梯或其他紧急出口的最佳路线。

如果当火灾发生时，你在一个房门紧闭的房间里，你需要采取的步骤：检查是否有热气或烟雾从门缝或者房间其他缝隙进入，检查另一边是否有火。

如果你看到烟从门下面飘入，不要开门！

如果你看不到烟，试着摸一下门。如果门是热的或非常烫手的，不要打开门！

如果你看不到烟，门也不热，那么用你的手指轻轻地触摸门把。如果门把手是热的或非常烫手的，不要打开门！

如果你感觉门把手是凉凉的，看不到门周围有任何烟雾，你可以非常小心地慢慢地打开门。当你打开门时，如果你感到一股热气或烟雾涌入房间，赶紧关上门，确保门真的关上了。当你打开门时，如果既没有烟，也没有热气，请尽快从房间指示的应急逃生通道出口离开。

如果你能在房子里看到烟，那么就需要你在通往出口的地方保持在一个较低的位置。在火灾中，烟雾和有毒空气对人的伤害比实际的火焰更大。如果你越靠近地面，你就会吸入更少的烟。

烟会自然升起，如果你在逃生时有烟，要尽可能爬行通过。你可以趴在地板上，用手和膝盖在烟下爬行。门和窗都是可能的逃生出口。

学习如何在紧急情况下打开窗户，移除窗框。学习使用可折叠的救援梯子。

发生火灾时，必须先确保自己安全离开，你必须把宠物和玩具留在身后。尽可能快速离开，甚至不要拨打完救援电话再出去。其他人可以从外面打电话。

你一旦出去了，不要再回去找任何东西。

如果你不能马上出去怎么办?

如果你因为大火或烟雾阻挡了逃生路线不能很快离开，从开着的窗口大声呼救，如果有电话就拨打911。同时，用床单、毯子或衣服堵住门周围的裂缝，以防止热气和烟通过门。如果房间里有窗户，打开窗户，站在窗户前面。找到一件衣服或一条毛巾，用水打湿，放在你的嘴里，以防止吸入烟雾。

即使你害怕，也不要躲在床底下或壁橱里等其他比较隐蔽的地方。否则，消防员和施救人员会很难找到你。要知道当火灾发生时，消防员或其他急救员会尽快营救你。他们越早找到你，你就能越早获救。

美国的火灾安全教育贵在消防，演习是美国安全教育的一个重要环节，消防演习在美国火灾安全教育中的重要性不言而喻。消防演习同样是学校安全教育的重要组成部分，这让学生在遇到火灾时对需要做的事情有所准备。消防演习分为学校演习和家庭演习，基本防火安全知识教育的小册子中针对家庭消防演习有专门的介绍。在家庭消防安全教育中，每个家庭除了要制订紧急救援计划之外，同时还要进行家庭消防演习。其目的是让每个人都有机会看到在真正的紧急情况下他们会如何反应，可以看到每个家庭成员能多快、多安全地走出房间。

三、地震灾害安全教育

世界上的地震主要集中分布在三大地震带上：环太平洋地震带、欧亚地震带和海岭地震带。环太平洋地震带，是地球上最主要的地震带。贯穿于美国加利福尼亚州的圣安地列斯断裂带几乎每天都会发生3级及以下的小地震，最近的地震群在不到一个月的时间里已经发生了1000多次地震。我国位于世界两大地震带——环太平洋地震带与欧亚地震带之间，受太平洋板块、印度板块和菲律宾海板块的挤压，地震断裂带十分活跃。每一次大地震都会夺走一大批人的生命，带来不可估量的损失。研究美国的地震灾害安全教育，对我国来说，有一定的借鉴意义。

简单来说，美国的地震灾害安全教育从三个问题：是什么、为什么、怎么做展开说明。让孩子知其然并知其所以然，进而达到地震灾害安全教育的目的，认识及应对，侧重先认识、理解，再应对。

首先，地震是什么？地震是由于地表下岩石的断裂和移动而引起的突然而迅速的震动。地震引起的震动会使建筑物和桥梁倒塌；中断燃气、电力和电话服务；有时会引发山体滑坡、雪崩、山洪暴发、火灾和巨大的破坏性海浪(海啸)。通过联系当地的应急管理办公室或美国红十字会，了解地震在你所在地区是否存在风险。从知识层面上进行解释。

其次，为什么要谈论地震？几亿年来，板块构造的力量塑造了地球，形成地球表面的巨大板块相互缓慢地移动、下沉以及滑过。有时，运动是渐进的。在过去发生过地震的地方，地震会再次发生。借此明确地震话题的重要性及实际意义。

最后，能做些什么来防备地震呢？当地震发生时，自己可以做些什么，家人可以做什么。提前讨论地震有助于减少恐惧和焦虑，让每个人都知道如何应对。地震时该怎么办？遇到问题怎么办，在不同的场景中应该分别采取什么样的措施。地震后该怎么办？先检查自己，还是检查环境，如何确认是否安全。

当地震发生或火山在水下喷发时，海浪就像池塘上的涟漪一样在抛掷岩石后传播，引起海啸。波浪可以很高，移动很快，当它们登陆时会造成巨大的伤害。了解如下信息会显得很重要，如何在海啸中求生？在灾难发生前，你的家和家人是否有危险，该如何应对？如何确定自己是否生活在一个可能发生海啸的地区？如何准备一个应急包，应急包里有哪些内容？如何制定紧急疏散路线？在地震中如何保护自己？怎样帮助家人？有哪些注意事项？可能出现哪些危险？

其中，美国地震灾害安全教育中关于如何制作、准备一个应急包是一项重要内容。准备一个合适的应急包，当你在海啸中被困，你就有了维持生命所需要的基本物品，如食物、水和医疗用品，来维持几天的生命。不要小看这短短几天，就有可能为你赢得获救的黄金时间。应急包可以是一个行李袋、一个露营背包，甚至是一个没用过的垃圾桶。而应急包的内容才是最关键的。

美国安全教育指南——如何准备一个应急包

你的应急包中应该包括每人每天 3 加仑[①]的水。疏散一般需要预备 3 天的量。如果你是被困在家里，应该贮备好 2 周的量。

将易腐食品(如罐装豆子)打包。准备 3 天的疏散补给和 2 周一家够用的食用量。

确保你的应急包中至少有一个手电筒和一个装好电池的收音机，以追踪新闻报道。另外，在应急包中准备一套新电池备用。

为预防受伤的情况，还需在应急包中配备急救箱或急救包，以防轻伤。但是，如果你家里有人有特殊的医疗需求，如药物、眼镜或注射器，也应该把这些物品准备好。确保至少可以挺过一周。

如果你有弟弟妹妹(婴幼儿)，检查一下是否包括尿布、婴儿食物和配方奶粉的工具包。

如果你家里有宠物，你需要一些宠物用品，如项圈、皮带、宠物食品和宠物碗。

你的应急包应该有一个具备多功能的工具，如开罐功能。

应急包中应包通信设备，如添加一个带有充电器或双向收音机的手机。

海啸期间和海啸过后，你可能无法获得干净的饮用水，甚至包括个人卫生用品，如牙膏、牙刷和除臭剂。这些都需要包含在内，此外，一定要多带几卷卫生纸。

紧急毛毯、睡袋、雨具和每个家庭成员的换洗衣服也很重要。

把你所在区域的地图放在应急包里，如果你不知道你的家人应该疏散到哪里，地图就是一个很好的向导。

海啸发生时，你可能会被困在家里、避难所或其他疏散地点一段时间。准备一些游戏、书籍和其他活动，可以帮助你和你的兄弟姐妹以及其他家人在灾难期间打发时间，保持积极的心态。

美国的安全教育指南从学生、家庭、学校、社会多方位考虑，积极调动社会专业组织参与课程开发，提高安全教育的专业性和科学性；将安全教育和中小学课程有机融合，加强学科之间的渗透和联系，为安全教育的落地提供更多的可能性；从学生的身心特点和实际出发，关注学生，安全教育实施方式多样化，安全教育不只是安全知识的灌输，从认识到应对，是安全教育从意识到技能的外化，更是孩子安全素养的不断提升。

---

① 加仑，一种美制容积单位，1 加仑(美)＝3.785412 升。

参考文献

[1]《生命与灾害》编辑部．安全教育应成为中小学教学的“标配”[J]．生命与灾害，2018(3)。

[2]刘文文．论青少年安全教育与社会安全建设[J]．四川理工学院学报(社会科学版)，2011(6)。

[3]钟少波，韩芳．从我国社会安全治理格局看中小学安全教育策略[J]．北京教育(普教版)，2018(2)。

[4]王明明．小学 4-6 年级学生社会安全教育现状及改善对策研究[D]．辽宁：辽宁师范大学，2016。

[5]庞海荣．公共取向的安全教育探索[D]．上海：华东师范大学，2012。

[6]王运钦．中小学安全教育课实施现状与对策探讨[J]．教育观察，2019(14)。

[7]余璐姣．中小学安全教育存在的问题及对策研究[D]．湖南：湖南理工大学，2018。

[8]肖良平，薛海霞．试论中小学安全教育的形式创新[J]．南昌师范学院学报，2019(2)。

[9]周达章．构建学校家庭社会安全教育合作伙伴初探[J]．宁波教育学院学报，2010(6)。